Jorge Barudy
Maryorie Dantagnan

*Los buenos tratos
a la infancia*

Colección
Psicología

Editorial Gedisa

RESILIENCIA

La *resiliencia* designa la capacidad humana de superar traumas y heridas. Las experiencias de huérfanos, niños maltratados o abandonados, víctimas de guerras o catástrofes naturales, han permitido constatar que las personas no quedan encadenadas a los traumas toda la vida, sino que cuentan con un antídoto: la resiliencia. No es una receta de felicidad, sino una actitud vital positiva que estimula a reparar daños sufridos, convirtiéndolos, a veces, hasta en obras de arte.

Pero la resiliencia difícilmente puede brotar en la soledad. La confianza y solidaridad de otros, ya sean amigos, maestros o tutores, es una de las condiciones para que cualquier ser humano pueda recuperar la confianza en sí mismo y su capacidad de afecto.

La serie RESILIENCIA tiene como objetivo difundir las experiencias y los descubrimientos en todos los ámbitos en los que el concepto está abriendo nuevos horizontes, tanto en psicología y asistencia social como en pedagogía, medicina y gerontología.

Los buenos tratos a la infancia

Parentalidad, apego y resiliencia

Jorge Barudy
Maryorie Dantagnan

Prólogo de Ana M.ª Arón Svigilsky

Diseño de cubierta: Alma Larroca

Primera edición: febrero 2005, Barcelona
Primera reimpresión: mayo 2006, Barcelona
Segunda reimpresión: enero 2007, Barcelona
Tercera reimpresión: diciembre 2007, Barcelona
Cuarta reimpresión: septiembre 2009, Barcelona

© Editorial Gedisa, S.A.
Avda. del Tibidabo, 12, 3º
08022 Barcelona, España
Tel. 93 253 09 04
Fax 93 253 09 05
Correo electrónico: gedisa@gedisa.com
http://www.gedisa.com

ISBN: 978-84-9784-091-0
Depósito legal: B. 36885-2009

Impreso por: Service Point FMI, S.A.

Impreso en España
Printed in Spain

Índice

A nuestros padres:
Ema y Harold,
Jorge y Carmen,
que nos dieron el amor que nos permite
amar y sentirnos amados

Agradecimientos

Este libro fue escrito por sus autores, pero su contenido es el resultado de una obra colectiva en la que han participado muchas personas.

Gracias a los niños, a las niñas y a los jóvenes que hemos apoyado, que nos han dado su confianza mostrándonos sus heridas y permitiéndonos que nos sumemos a sus recursos resilientes. Ellos han reforzado nuestras convicciones sobre la valentía y la creatividad que los niños desarrollan para la superación de sus problemas cuando los adultos les ofrecen un contexto de amor y de respeto.

A las madres y a los padres que, a pesar de sus dolores del pasado y sus dificultades del presente, intentan aportar lo que pueden para que sus hijos tengan una vida mejor que las suyas, les agradecemos sus esfuerzos por aprender de nosotros en beneficio de sus hijos.

A nuestros colegas de los equipos EXIL de Bélgica y España que son parte de nuestra red, les agradecemos sus apoyos y afectos cotidianos que nos han permitido mantener nuestras energías y nuestro entusiasmo en nuestro trabajo y en la escritura de este libro. Nuestro reconocimiento va también a las mujeres terapeutas de la Asociación TAMAIA de Barcelona, con quienes nos hemos aliado en el apoyo terapéutico de hijos e hijas de mujeres víctimas de violencia de género.

Gracias a Joana Allegret, reconocida psiquiatra infantil y terapeuta familiar catalana, que leyó nuestro manuscrito aportándonos comentarios y correcciones que lo mejoraron, así como a Andrea Rojas Solari, que nos ayudó en las correcciones y en el trabajo de edición.

Gracias también a nuestras colegas y colegas chilenos del programa «Educación para la no violencia» de la Escuela de Psicología de la Universidad Católica de Santiago. Y, finalmente, a Chile, que nos ha dado su confianza y un lugar para seguir intentando mejorar la situación de los niños y niñas de nuestro país.

Jorge Barudy
Maryorie Dantagnan

Prólogo

El prólogo de un libro es un ritual en el que alguien que conoce la obra y a los autores los presenta al lector que no los conoce para contextualizar su lectura. Es difícil pensar que alguien que se interese por los problemas de la infancia no conozca a Jorge Barudy, psiquiatra chileno, formado en Bélgica –su país de acogida luego del exilio–, asentado en España los últimos años y cuyo impacto en la formación de los profesionales de la salud y de las ciencias sociales ha sido enorme en Europa y en Latinoamérica. Con su generosidad característica no sólo ha instalado los temas del maltrato infantil desde una perspectiva ecológica en el discurso de las ciencias médicas y psicológicas, sino que ha hecho aportes sustantivos en el desarrollo de modelos de comprensión y de intervención psicosocial en esos ámbitos. A la vez ha sido «tutor de resiliencia» de innumerables víctimas de maltrato, de ese que se da en el interior de las familias y de aquel que es el resultado de la violencia organizada, como la tortura y el exilio. También nos ha hablado de cómo restañar las heridas de las víctimas y de la importancia del apego temprano y de los apegos adultos en los procesos de sanación. Maryorie Dantagnan, su esposa, llega a su vida como un ejemplo vivo de lo que son los apegos sanos y su contribución completa, en perfecta sincronía, los aportes de Jorge Barudy en esta obra a cuatro manos y a un solo corazón.

El libro aborda uno de los problemas más actuales y relevantes para el bienestar de la infancia y de la sociedad en general, como es el problema de los malos tratos: cómo prevenirlos y cómo curarlos ¿Cuál es el poder que contrarresta la violencia y el abuso tan frecuentes, en una sociedad marcada por la cultura patriarcal, el adultismo, el sexismo y la discriminación? Los buenos tratos parecen ser el único antídoto: tratar a los otros como semejantes, como seres de la misma especie y no como «otros cosificables» y por lo tanto apropiables, usables, desechables. El tema nos plantea dos desafíos: dónde y cómo se aprenden los «buenos tratos» y cómo lo hacemos con quienes no lo aprendieron. ¿Cómo es posible desaprender una cultura del maltrato y reaprender una cultura del buen trato? Los autores nos entregan varias claves para abordar el bienestar infantil, que más adelante se transformará en bienestar de los adultos y bienestar psicosocial de toda la comunidad. El punto de partida parece ser el apego. Las experiencias de apego sano crean personas capaces de tratar bien a otros, de conectarse con sus necesidades, de contener y reparar sus sufrimientos. Pero si las experiencias tempranas no han sido de apego sano, es posible repararlas a través de nuevas experiencias de apego, como adultos. Esto es alentador: nos habla de la resiliencia de los seres humanos, de que –gracias a que existen otros seres humanos capaces de contenernos, protegernos y cuidarnos– es posible sobreponerse a experiencias tempranas de carencias y de dolor.

Las investigaciones antropológicas han relacionado los estilos de crianza de las comunidades con sus sistemas de organización social. En la época de los recolectores y cazadores, los sistemas de crianza no se limitaban sólo a la madre sino que incluían a todos los miembros de la tribu. Como dice la tradición keniana «hace falta toda una aldea para criar a un niño». Ese estilo de crianza responsabiliza a toda la comunidad del bienestar de cada niño y a la vez cría niños y niñas con una gran seguridad básica que desarrollan sentimientos de confianza en los demás y forman grupos humanos en que las emociones que circulan son las de confianza, solidaridad y respeto. Cuando el padre o la madre biológica presentan alguna incapacidad, esto no se transforma automáticamente en un problema para el niño, ya que siempre están presentes las otras figuras parentales, figuras de apego que reemplazan sin transición a la parentalidad biológica. Estas sociedades se organizan en torno a relaciones horizontales, y cuando existe un «jefe» éste se define no por sus relaciones de poder sobre los otros sino por la responsabilidad que tiene en la protección y cuidado de quienes están bajo su tutela. Se parece mucho a lo que se ha descrito como «jerarquías de actualización», en las cuales quien está en una posición jerárquica tiene la responsabilidad de crear los contextos que permitan la actualización de las potencialidades de quienes están en niveles jerárquicos más bajos. Los grupos sociales de los recolectores y cazadores se caracterizan por tener economías que no generan excedentes: se recolecta y se caza lo necesario para la subsistencia del clan o de la tribu. No están familiarizados con los conceptos de apropiación o de acumulación de riqueza, por lo tanto no necesitan jerarquías que administren los excedentes.

En contraposición, los grupos de pastores y agricultores, sí generan excedentes y aparece una organización social jerarquizada, en que existen personas o grupos que se encargan de la administración de estos excedentes. Estos grupos humanos dejan de ser nómades, se asientan en un lugar estable. La tribu ya no deambula de un lugar a otro en busca de alimento. Curiosamente cambian también los estilos de crianza: aparecen las «madres exclusivas» o «madres profesionales» dedicadas únicamente a la crianza, en que de alguna manera se aísla a la díada madre-hijo del resto de la comunidad. Algunas hipótesis plantean que de ese estilo de crianza surge el aprendizaje de lo que son las relaciones jerárquicas, en que el niño desde pequeño depende exclusivamente de una sola persona adulta. A la vez, ese sistema de crianza excluye a la «madre profesional» de las actividades económicas y sociales de su tribu: las posiciones jerárquicas del grupo son ocupadas por hombres adultos. Si además ha habido luchas por el territorio y por la propiedad de las tierras, quienes ocupan las posiciones de poder son además hombres adultos pertenecientes al grupo de los vencedores. Los niños y niñas criadas en estos sistemas, aprenden a ser respetuosos de la jerarquía y desarrollan además sentimiento de desconfianza y temor frente a los extraños.

Éstas son las descripciones que la antropología nos entrega de los modelos de crianza y los sistemas de organización social y económica de los recolectores y de los agricultores. Nos entregan un punto interesante de reflexión en relación con nuestros actuales modelos de crianza, sin la pretensión de volver románticamente a la época primitiva de los recolectores. Mientras aislemos a la díada madre-hijo, mientras los padres no participen en la crianza de los niños y niñas y la comunidad se mantenga al margen de lo que ocurre en el interior de la familia, más difícil será la tarea de lograr el bienestar infantil. Los padres suficientemente competentes son siempre más de uno o más de una. Pero dos tampoco son suficientes, porque los avatares de la vida pueden crear incompetencias parentales que acarrean riesgos para el niño o la niña que está creciendo. Tal como indican sabiamente los autores de este libro, una parte fundamental de las competencias parentales es la capacidad de acceder a los recursos de la comunidad… pero, por supuesto, es importante que la comunidad tenga recursos y esté dispuesta a ofrecerlos.

A estas alturas, junto con Jorge y Maryorie, entendemos que el tema de los buenos tratos no depende exclusivamente de las capacidades de la madre biológica, o del padre y la madre biológicos, sino de toda la comunidad, que debería convertirse en fuente de apegos múltiples, de las instituciones que han creado las comunidades para colaborar en la crianza y de la disposición solidaria a suplir las deficiencias en recursos y en capacidades de los adultos responsables de los niños. Esta disposición solidaria puede equiparar las desigualdades de nuestro sistema social: las de recursos y las de habilidades.

Los autores nos entregan descripciones acuciosas e impactantes del resultado que pueden tener los malos tratos en el desarrollo de niños y niñas, que se traduce en sufrimiento para las víctimas y para quienes los rodean, reproducción de circuitos de violencia y perpetuación de una cultura del maltrato. Sin embargo, a la vez nos entregan una visión muy esperanzadora de confianza en la naturaleza bientratante de la especie humana, ese altruismo social que ha llevado a hombres y a mujeres a cuidarse los unos a los otros, y especialmente a las crías más jóvenes a través de los siglos. La responsabilidad social que deriva de percibirnos no como individuos aislados sino como parte de una red humana más amplia en que cada uno es responsable por las otras y los otros, especialmente por los miembros más débiles y vulnerables del tejido social, es justamente lo que ha permitido que sobrevivamos como especie. La pérdida de ese sentido de responsabilidad social está poniendo en riesgo la supervivencia de la especie humana, la única especie depredadora con respecto a sí misma.

La lectura de este libro nos permite atisbar no sólo la miseria humana, a través de las descripciones del sufrimiento de las víctimas, sino que también nos abre ventanas y nos señala caminos para el alivio de ese sufrimiento y su reparación y, lo más importante, cómo comenzar los cambios necesarios que nos encaminen hacia una cultura del buen trato. Es necesario que cambie cada una de las personas, tienen que cambiar las organizaciones sociales y familiares, tienen que cambiar las instituciones, tienen que cambiar los sistemas de creencias que avalan la violencia y el maltrato. Parece una tarea titánica, pero la verdad es que es una tarea sólo para hombres y mujeres de buena voluntad. ¿De dónde partir? Parafraseando a Jorge Barudy, cada uno desde donde está, con lo que tiene y lo mejor que pueda, con la esperanza de que en esta inmensa red humana haya otros y otras que están pensando y haciendo lo mismo, con paciencia y perseverancia, por distintos caminos pero con la mirada puesta en un mismo horizonte.

Dra. Ana María Arón Svigilsky
Profesora de la Escuela de Psicología de la
Universidad Católica de Santiago de Chile

Introducción

Este libro nace de una necesidad de argumentar y convencer que tratar bien a los niños y niñas es uno de los pilares fundamentales para lograr una humanidad más sana, más solidaria, más feliz y menos violenta.

En él defendemos la idea de que ser bien tratado es una de las necesidades básicas de los seres humanos y que cuidar y aceptar ser cuidado es fundamental para mantenerse vivos y en buena salud. Esto tiene una especial relevancia cuando se trata de los niños y niñas, ya que nacen sin terminar su desarrollo, y por lo tanto vulnerables y dependientes de su progenitores. Por ello, cuidar y tratar bien a las niñas y a los niños se inscribe en la genética singular de la condición humana.

Para nosotros, los buenos tratos a los niños y niñas debe ser una de las finalidades de esa sociedad más justa, ética y no violenta que queremos para todos y todas.

Compartir el resultado de nuestras experiencias e investigaciones es una aportación, pero también una forma de sumarnos a todas y todos aquellos que luchan por lograr que el bienestar, la salud y la felicidad de todos los niños y niñas sean colocados en el centro de las prioridades de los adultos.

El modelo teórico de los buenos tratos que queremos presentar se inscribe en un intento radical por colocar en el centro de las prioridades humanas el bienestar y la salud de todos los niños y niñas, particularmente el de aquellos cuyos derechos han sido o son vulnerados.

Desde nuestro punto de vista, deseamos colaborar para hacer válida esta opción, defendiendo la idea de que uno de los derechos fundamentales de los niños y niñas es que sus necesidades sean satisfechas, tanto por sus padres y cuidadores como por el conjunto de la comunidad. En este sentido, nos parece importante insistir en que es responsabilidad de cada adulto y de cada Estado crear las condiciones para que todos accedan a los cuidados, la protección y la educación que necesitan para desarrollarse sanamente. Esto es una garantía para que lleguen a ser ciudadanos y ciudadanas adultos, poseedores de una postura ética y de los comportamientos altruistas necesarios para establecer relaciones conyugales, parentales, familiares y sociales basadas en modelos de buenos tratos hacia sí mismos y hacia los demás. Por ello, insistimos en la idea de que la prevención de los malos tratos infantiles tiene que anclarse en la promoción de dinámicas de buen trato de todos los niños y niñas en todos los ámbitos de la sociedad.

Este libro es una forma constructiva de transformar nuestro dolor e indignación por el sufrimiento y el daño que presentan los niños y niñas víctimas de malos tratos. Nuestro interés por comprender y describir las dinámicas familiares y sociales que aseguran los buenos tratos infantiles emerge de una necesidad de comprender por qué existen familias cuyos padres y madres dañan a sus hijos e hijas y, al contrario, por qué en otras familias los progenitores pueden asegurar el desarrollo sano y feliz de sus hijos. El campo de nuestras observaciones e investigaciones está constituido por los programas de tratamiento y prevención de malos tratos infantiles en los que participamos como psiquiatra y psicóloga. Esto en Bélgica, Chile y España.

Los diferentes tipos de malos tratos que sufren los niños y niñas indican la incompetencia de los padres, y también la de la sociedad adulta, incapaz de asegurar la satisfacción de sus necesidades y la protección de sus derechos.

Afortunadamente, en muchos países se intenta introducir cambios legislativos, culturales, sociales e institucionales para proteger los derechos de la infancia y, entre éstos, el derecho a la protección. Aunque aún queda mucho por avanzar para que los adultos nos sintamos orgullosos del modelo de sociedad que estamos ofreciendo a nuestros niños y niñas, los progresos desde la Convención Universal sobre los Derechos de la Infancia son alentadores. Es evidente que estos progresos son el resultado de la lucha comprometida y perseverante de todas aquellas personas, profesionales o no profesionales, que desde las instituciones del Estado, así como desde las universidades y, sobre todo, desde las organizaciones de la sociedad civil, están logrando que el respeto de los derechos infantiles sea un tema prioritario para cualquier sociedad democrática y moderna.

Nuestro trabajo nos ha permitido acompañar a muchas niñas y niños que nos han mostrado su sufrimiento y dolores, a menudo invisibles e inimaginables. No obstante, nos han nutrido de sus fuerzas creativas para sobrevivir y resistir a través de lo que se conoce actualmente como «resiliencia». Acompañarles en la superación de sus dolores nos ha permitido desarrollar un modelo de tratamiento de las consecuencias de los malos tratos infantiles basado en el buen trato y en el apoyo a sus recursos resilientes.

Asimismo, también hemos apoyado a padres y a madres, intentando que integren prácticas de buenos tratos con sus hijos. En este trabajo, hemos aprendido que la mayoría de ellos dicen querer a sus hijos e hijas, pero también que les descuidan y les hacen daño porque no saben cómo cuidarles, protegerles o educarles. Estas madres y padres no pudieron desarrollar las competencias necesarias para cuidar a sus hijos porque crecieron en familias y entornos sociales carenciales y violentos. En muchos casos un apoyo social, educativo y terapéutico permite que estos padres desarrollen competencias para hacerse cargo de la atención de sus hijos sin volver a dañarles. Pero a veces estos padres y madres están tan dañados que ya no les quedan recursos para respetar a sus hijos como seres humanos. Este grupo de padres y madres no puede, a pesar de la ayuda que reciben, desarrollar competencias necesarias para cuidar y respetar a sus hijos.

De estas experiencias nace nuestro interés por comprender y describir los procesos a través de los cuales las mujeres y los hombres aprenden a ser padres y madres. Es por ello por lo que la parentalidad es otro de los temas que abordamos en este libro. A menudo nos referimos a esta función utilizando el término de «marentalidad» como una forma de reconocer que han sido las madres las que históricamente han asegurado el cuidado de los hijos. Por otra parte, queremos destacar que, en la actualidad, existe un número creciente de familias «monoparentales» en donde, gracias al compromiso de las madres, los hijos y las hijas reciben los cuidados que necesitan.

Nuestro interés por la función parental es una forma de ayudar a todos los adultos, y en particular a los padres y a los profesionales de la infancia, a que se haga realidad el derecho de los niños y las niñas a contar con cuidadores competentes capaces de satisfacer sus necesidades y respetar sus derechos.

Desde esta perspectiva, en las páginas de este libro planteamos la legitimidad de distinguir la parentalidad o «marentalidad» biológica de la social, pues el sufrimiento infantil está siempre asociado a una deficiencia de esta última.

La parentalidad social se corresponde con las capacidades que posee una madre o un padre para atender las necesidades de sus hijos. Se trata de que sean capaces no sólo de nutrirles o cuidarles, sino además de brindarles la protección y la educación necesarias para que se desarrollen como personas sanas, buenas y solidarias. Cuando las madres y los padres tienen esas capacidades, ejercen lo que hemos llamado «una parentalidad sana, competente y *bientratante*». Cuando éstas no están presentes, y las madres y los padres son incapaces de satisfacer las necesidades de sus hijos y les provocan sufrimiento y daño, hablamos de «una parentalidad incompetente y *maltratante*».

Por ello, en nuestro libro, defendemos la idea de que la evaluación de las competencias parentales es uno de los pilares para proponer cualquier medida tendente a proteger a los niños y niñas de padres o madres biológicos que les maltratan; también cuando se trata de decidir un régimen de visita en una situación de divorcio o evaluar a padres y madres que se ofrecen para un acogimiento familiar o para adoptar a un niño o niña.

Este libro es una contribución, una propuesta constructiva para abordar uno de los fenómenos más dolorosos del mundo adulto que conformamos: los malos tratos a nuestros niños y niñas. Como una forma de insistir en la necesidad de seguir buscando alternativas a este fenómeno, en el sexto capítulo presentamos una descripción de la ecología humana desde la que emergen estos malos tratos y sus consecuencias en los niños y las niñas. En él destacamos especialmente el carácter altamente traumático de aquéllos, sobre todo como responsables de los trastornos del apego. Hemos querido terminar con la presentación de nuestro modelo de intervención destinado a tratar el sufrimiento y los daños que son resultado de los malos tratos, un modelo cuyos ejes fundamentales son ofrecer buenos tratos a los niños y niñas, así como promover su resiliencia.

Jorge Barudy
Maryorie Dantagnan

1
El poder de los buenos tratos: bases biológicas, psicológicas y sociales

Jorge Barudy

Uno de los grandes logros de los investigadores de lo humano ha sido demostrar la importancia de las relaciones afectivas y de los cuidados mutuos en la conservación de la salud psíquica. La constitución biológica y las experiencias relacionales son fundamentales para las personas, pues se influyen, se complementan y se perturban mutuamente. Gracias a nuestra biología podemos relacionarnos con los demás. Incluso en nuestra vida intrauterina, cuando somos un prototipo de mujer o de hombre, las relaciones sociales y la afectividad también forjan nuestra biología en el modo en que los genes se manifestarán. A este respecto, la investigadora Shelley E. Taylor (2002) hace una excelente revisión de diferentes investigaciones que han demostrado cómo los buenos cuidados maternales previenen los efectos mórbidos y potenciales de un gen. De esta manera, si la crianza de un niño o de una niña se basa en los cuidados y en los buenos tratos, es posible que una enfermedad hereditaria no llegue a hacerse efectiva. Por lo tanto, un contexto de cuidados y de buenos tratos puede explicar por qué en algunos niños, con la misma predisposición genética a contraer una determinada enfermedad, la afección se manifiesta o no.

En otro ámbito, numerosos autores han encontrado pruebas fehacientes de que las dinámicas biológicas, psicológicas y sociales se articulan en lo humano como piezas de un gran y complejo rompecabezas. Para armarlo y comprenderlo han sido esenciales las contribuciones de varios investigadoras de ciencias diversas (Varela, F., 1996; Cyrulnik, B., 1989). Shelley E. Taylor (2002), por ejemplo, señala que el descubrimiento del genoma humano ha ayudado a trazar un mapa preciso de nuestro organismo. Afirma Taylor en referencia al genoma: «Podemos considerarlo como el plano de una máquina compleja y sofisticada. Se trata de una proyección de cómo será una persona. El mapa genético de los humanos o de los seres vivos puede ser muy similar, pero cuando la organicidad humana se relaciona con su entorno es cuando los genes se manifiestan de una manera o de otra».

Desde la vida intrauterina hasta la vejez, el entorno afectivo y social moldea y conforma la expresión de la herencia genética de manera imperceptible. La investigación clínica nos ha brindado material suficiente para convencernos de que un entorno de cuidados y de buenos tratos durante nuestra vida facilita la construcción de la herencia genética.

Uno de los componentes más importantes de las relaciones afectivas que forjan a una persona sana es el hecho de haber sido atendido, cuidado, protegido y educado en períodos tan cruciales de la vida como la infancia y la adolescencia, lo cual determina la capacidad de cuidarse a sí mismo y de participar en dinámicas sociales para atender las necesidades de los demás. Estos procesos, que denominamos «buenos tratos», han sido fundamentales para sobrevivir como especie, pues han hecho que surgieran, desde tiempos remotos, dinámicas de colaboración entre seres humanos y capacidades adaptativas frente a los desafíos del entorno. Por otra parte, esto ha sido vital para asegurar los cuidados de las crías humanas, que nacen inacabadas y para sobrevivir dependen de los cuidados de los adultos.

Nadie puede negar que las relaciones afectivas constantes –como las que se dan entre progenitores e hijos en familias suficientemente sanas– son vitales para el desarrollo de los niños, tanto como los alimentos y las calorías. En los adultos, por ejemplo, los buenos tratos y la atención de las necesidades mutuas nos protege de los efectos provocados por el estrés y las dificultades de la vida cotidiana. Así, según muchas investigaciones, un clima conyugal de solidaridad y respeto prolonga las expectativas de vida y promueve la buena salud (Tousignant, M., 1995).

LOS BUENOS TRATOS COMO RESULTADO DEL ALTRUISMO SOCIAL

Aunque en nuestra práctica profesional ofrecemos atención terapéutica a personas víctimas de la violencia, pensamos, al igual que muchos investigadores, que lo que caracteriza a nuestra condición humana es el altruismo y el amor, no la violencia. El concepto de instinto ha sido y es utilizado para legitimar cierto tipo de creencias. Sin embargo, consideramos que la necesidad de cuidado y de buenos tratos puede considerarse instintiva, pues son fundamentales para proteger y conservar nuestra vida como individuos y como especie. Algunos estudios han demostrado que los niños y las niñas se preocupan por sus padres desde muy pequeños e intentan participar de los cuidados a ellos (Stern, D., 1997; Goleman, D., 1996).

A diferencia del «instinto» de alimentarse o de protegerse –conductas que comienzan y acaban en el individuo–, los cuidados y los buenos tratos son relaciones recíprocas y complementarias, provocadas por la necesidad, la amenaza o el peligro y sostenidas por el apego, el afecto y la biología. En situaciones de crisis sociales o familiares, además de regular la conservación de la vida en grupo, este tipo de conductas reduce las manifestaciones orgánicas, psicológicas y neuroendocrinas del estrés y del dolor. Los efectos positivos de estas prácticas resultan evidentes si observamos la interacción de las madres suficientemente sanas con sus bebés, sobre todo en niños y niñas afectados por relaciones de cuidado o por ausencia de ellas.

Existen suficientes argumentos y testimonios que justifican el hecho de que proporcionar cuidados y buen trato es tan indispensable para la supervivencia como otras funciones vitales. Junto con algunos investigadores compatimos la idea de que los seres humanos somos una especie afectuosa y cuidadora. La biología, como ciencia de la vida, ha permitido que lo concibamos de forma positiva y reconozcamos las competencias y capacidades para producir, proteger y reproducir la vida mediante ese conjunto de sentimientos, comportamientos y representaciones que constituyen el amor (Maturana, H., 1990; Varela, F., 1996),

> *Desde el momento de la concepción de una nueva cría, en la infancia, en la vida adulta y en la vejez ninguna persona puede sobrevivir sin los cuidados de otra. La sanidad física y sobre todo mental depende de los buenos o malos tratos que recibamos en nuestra existencia.*

una de las manifestaciones más relevantes del «buen trato» y de la capacidad de cuidar a los demás.

Los orígenes del «buen trato» se encuentran en las profundidades de nuestra naturaleza como animales sociales. A primera vista, una manada de antílopes tiene pocas cosas en común con una comunidad humana, pero como muchas especies, incluso la nuestra, los antílopes han descubierto que pastar y viajar juntos y organizados es el mejor modo de protegerse de sus predadores. En la organización de la manada, además, un pequeño grupo cuida al resto pese al riesgo de ser atrapados más fácilmente. Se trata de un «equipo» formado por los antílopes más fuertes, ubicados en una posición de retaguardia, que intentan permanecer en las zonas más elevadas para detectar la presencia de predadores y que sólo se pone en marcha cuando la manada se halla fuera de peligro. Si cada antílope funcionara por su cuenta, sería muy difícil escapar de sus perseguidores (Maturana, H. y Varela, G., 1984).

Los seres humanos presentamos comportamientos sociales análogos a los de los antílopes, pues nuestra naturaleza social se ha ido perfeccionando durante el largo período de la prehistoria humana. En las sociedades primitivas, la organización en grupos mantenía alejados a los animales predadores, y la vida colectiva facilitaba las tareas de caza, de recolección y de defensa del ataque. Los datos arqueológicos y antropológicos así lo sugieren. Algunos biólogos han afirmado que si la condición natural de los humanos no hubiera sido el altruismo social y los cuidados mutuos que se derivan, la especie humana se habría extinguido inexorablemente (Maturana, H. y Varela, F., 1984; Cyrulnik, B., 1989; Taylor, S.E., 2002). De hecho se han encontrado esqueletos de seres humanos primitivos que, pese a tener alteraciones congénitas o cicatrices de huesos fracturados, han vivido bastante tiempo para esas épocas. Sin los cuidados de alguien, no habría sido posible (Taylor, S.E., 2002).

En el presente, cuando la vida familiar y en comunidad se basa en dinámicas de buenos tratos y de cuidados mutuos, sus miembros gozan de ambientes afectivos nutrientes, reconfortantes y protectores. Varias investigaciones, pero sobre todo nuestras experiencias cotidianas, nos han permitido constatar que las buenas compañías, los cuidados y la solidaridad hacen la vida más feliz, más sana y duradera. Vivir en redes familiares y sociales que proporcionan un apoyo afectivo y material contribuye al bienestar y, además, regulan el estrés y alivian los dolores inherentes al desafío de vivir. Ante situaciones de estrés y de intensos dolores provocados por una enfermedad, un trastorno relacional o una agresión externa, podemos encontrar en nuestro grupo las fuentes de apoyo emocional y los cuidados necesarios para superarlos. Claro que la familia o nuestros grupos de pertenencia también pueden ser fuente de estrés y sufrimiento, pero cuando sus dinámicas fundadoras son los buenos tratos y los cuidados mutuos, los procesos de curación de enfermedades físicas o de traumas psíquicos resultan más fáciles.

Además de ser el resultado de convenciones sociales, las relaciones humanas basadas en el «buen trato» son recursos biológicos que influyen en nuestra vida y que, al mismo tiempo, son influidos por ella. El cuidado mutuo y los buenos tratos son una tarea humana de vital importancia que moldea y determina la personalidad, el carácter y la salud. Éste es uno de los argumentos más válidos para prevenir los malos tratos infantiles o disminuir las posibilidades de daños irreversibles.

> *Nuestras experiencias profesionales como terapeutas nos han enseñado que unos de los ingredientes principales de los procesos terapéuticos es ofrecer a las víctimas de los malos tratos un ambiente relacional caracterizado por el afecto, el respeto incondicional y los buenos tratos.*

Las comprobaciones de que los gestos altruistas de cuidados y de buen trato benefician el desarrollo de los seres humanos son certeras, aunque no se le haya dado la importancia suficiente como generadoras de bienestar y salud.

Como decíamos en la introducción, el contacto cotidiano con los estragos provocados en niños y en mujeres por la violencia familiar nos ha motivado el interés por la otra cara de la realidad humana: la no violencia, el respeto, los cuidados y los buenos tratos entre las personas. Por esta razón, desplazamos momentáneamente nuestro interés. Si antes nos preguntábamos el por qué de los malos tratos en los niños y las mujeres, ahora el interrogante es el siguiente: ¿por qué la mayoría de las personas necesitan ser bien tratadas para sentirse mejor y sanas? ¿Por qué la mayoría de las mujeres participan en dinámicas sociales de buenos tratos?

Hasta hace muy poco tiempo, la idea dominante –sustentada por creencias religiosas, corrientes filosóficas y modelos psicológicos– era que la naturaleza humana es primitivamente violenta y esencialmente egoísta y que los instintos agresivos y sexuales aseguraban la supervivencia. Esta perspectiva, además, ha sido forjada por hombres que, en algunos casos, sólo estudiaban los comportamientos masculinos. Al considerar estas teorías se tiene la impresión de que sus autores y defensores olvidaron por completo a las mujeres, en particular a las madres, y no hicieron ningún esfuerzo en conocer la especificidad del comportamiento femenino.

LOS BUENOS TRATOS DESDE UNA PERSPECTIVA DE GÉNERO

Las mujeres desempeñan el papel más importante en la producción de buenos tratos y de cuidados a los demás. Ello alcanza su máxima expresión en el cuidado de los niños. Aunque la capacidad de hacerlo no es exclusiva de las mujeres, al observar la historia del quehacer masculino desde una perspectiva de género vemos que los hombres han dado prioridad a la lucha por el poder, a la competitividad y a la dominación de sus congéneres. Afortunadamente, durante las últimas décadas, y gracias a la influencia de los movimientos feministas, muchos hombres hemos despertado a la emoción y a la ternura y nos hemos implicado en el mundo de la afectividad. Eso nos ha llevado a comprometernos en los cuidados de los niños y las niñas, en especial nuestros hijos e hijas, y a luchar por la protección y la defensa de sus derechos. Esto ha ampliado y mejorado «la manada de hombres buenos» que siempre han existido, aunque minoritariamente, en la historia de lo humano.

Como hombres formamos parte de la red invisible pero activa que intenta crear nuevas formas de masculinidad. Nos negamos a participar en dinámicas de dominación y de abuso de poder y violencia para implicarnos en relaciones más justas y cooperativas. También en el cuidado y el buen trato a los demás. Esto, a su vez, ha permitido que nos cuidemos mejor a nosotros mismos y juguemos un papel activo en la producción de redes de afectos mutuos para implicarnos en la crianza y educación de los niños y niñas. Los pequeños cambios en los roles impuestos por la ideología patriarcal permiten adoptar nuevas formas de ser hombres, remodelar de forma constructiva la expresión del poder y la agresividad.

A partir de lo expuesto, tenemos derecho a preguntarnos por qué durante tantos años no se consideró la ternura, el amor y la solidaridad como capacidades prevalentes del género femenino. La «patriarcalización universal de la cultura» nos sirve como explicación. El predominio de las representaciones y las prácticas masculinas ha negado estos atributos como demostración de sus fuerzas, sus recursos y sus competencias. El adoctrinamiento, la manipulación y la corrupción sexista explican el hecho de que una minoría de mujeres se identifique con las ideologías y prácticas abusivas del patriarcado y se represente a sus congéneres como miembros de un sexo débil. Sin embargo, tenemos suficientes elementos para afirmar que las mujeres son esencialmente cuidadoras. Esto, lejos de ser un signo de fragilidad, es la manifestación de una capacidad y de un poder que ha permitido, entre otras cosas, la supervivencia de la especie humana.

> *Las mujeres han sobrevivido a la violencia ancestral que los hombres han ejercido sobre ellas gracias a sus capacidades de asociarse, colaborar y brindarse cuidados mutuos. Estas capacidades han sido manipuladas por la ideología patriarcal para someterlas en su rol de cuidadoras al servicio de los hombres y de los hijos.*

LAS BASES BIOLÓGICAS DEL BUEN TRATO Y DE LOS CUIDADOS MUTUOS

En el libro *Lazos vitales*, Shelley Taylor (2002) proporciona una interesante revisión de las últimas investigaciones que muestran cómo el cerebro y el sistema nervioso central participan en la producción de los cuidados. Dichas investigaciones han demostrado la existencia de circuitos neurológicos y fisiológicos que gobiernan procesos conductuales para solicitar y proporcionar cuidados del mismo modo que contamos con circuitos biológicos para conseguir alimentos, regular emociones o excitarnos sexualmente.

No cabe ninguna duda de que el propio desarrollo cerebral depende de los cuidados y de los buenos tratos que cada persona haya recibido tanto en su niñez como en su vida adulta. Diferentes investigaciones sobre el impacto de la negligencia y los malos tratos físicos en bebés y en niños pequeños han demostrado diferentes formas de atrofia y daño cerebral (Bonnier, C. et al., 1995).

La evolución ha hecho que el cerebro humano sea más grande y más complejo que el de cualquier otra especie y que, además, sea el responsable de un rasgo tan humano como la inteligencia. Su origen se remonta a la etapa posterior del bipedismo, el segundo y definitivo acontecimiento que marcó la separación entre nuestro linaje y el que condujo a los actuales chimpancés.

Según los estudios genéticos, el bipedismo se produjo hace unos seis o siete millones de años, y aunque se acepta el hecho de que sea una especialidad humana, aún no se sabe el motivo de su surgimiento. Hasta hace poco tiempo se creía que el origen de la postura bípeda había sido la adaptación a la sabana, que antes era un ambiente boscoso, o un cambio de clima. Pero los últimos hallazgos indican que los primeros bípedos aún vivían en territorios arborícolas, con lo cual se desestimaron las teorías de la adaptación a la sabana y se buscaron nuevas y distintas interpretaciones (Acarín, N., 2001).

El otro rasgo que nos identifica, la inteligencia, sin duda es la consecuencia más espectacular de este proceso de encefalización, aunque es difícil saber cómo y cuándo emergió. Dos pistas pueden ayudarnos a encontrar su origen: una es el llamado coeficiente de encefalización, que explica la relación entre el tamaño del cerebro –deducible por el volumen del cráneo– y el del cuerpo; la otra, la aparición de las primeras manifestaciones de la inteligencia: las herramientas y los utensilios, que prueban la existencia de una cultura. Los *Homo sapiens* modernos, nosotros, que somos los animales más encefalizados, aparecimos hace unos 100.000 años, pero las manifestaciones de la inteligencia no se vieron en los registros fósiles hasta mucho tiempo después. Las herramientas más sofisticadas, el arte, los adornos corporales y los entrenamientos rituales brotaron de forma explosiva hace unos 40.000 años con independencia de algún tipo de cambio corporal que se haya fosilizado. Lo que parece haber ocurrido es un cambio genético, que disparó las capacidades del cerebro humano y dio origen al lenguaje y al pensamiento abstracto. La emergencia del lenguaje fue el salto clave para dar significado al mundo, cohesionar y diversificar la sociedad y, en último término, comprender la realidad. Desde nuestro punto de vista, nos resulta relevante insistir en que fue en un entorno social de convivencia –basado en la emocionalidad fundamental, el amor– donde se hizo posible el nacimiento del lenguaje.

Para Maturana (1990), el origen de lo humano como una realidad peculiar está ligado íntimamente con el lenguaje y la emoción. En una perspectiva integrada y circular, el aumento de las capacidades cerebrales trajo consigo el surgimiento del lenguaje y del pensamiento abstracto; pero en un entorno social de convivencia y amor este rasgo amplió los comportamientos de cuidados mutuos, especialmente los relacionados con las crías. En ese sentido podemos afirmar que la encefalización y los cambios genéticos posteriores son la contribución natural a la preservación de la especie humana, que a su vez facilita la aparición del lenguaje simbólico y nos permite representarnos a los niños y las niñas como sujetos con necesidades y derechos propios. Aunque las posibilidades del lenguaje también provocan creencias que atentan contra la infancia, en todas las culturas predominan modelos de crianza destinados a favorecer el desarrollo infantil mediante prácticas de buenos tratos.

La encefalización, entonces, permitió el desarrollo y la transmisión de las capacidades humanas de crear contextos de cuidado y buen trato, que a su vez han estimulado el desarrollo del cerebro. Todo esto se expresa en la aparición de comportamientos sociales altamente complejos que garantizan la promoción y el cuidado mutuo, que protegen la vida de los miembros de una sociedad. Si uno reflexiona sobre la forma en que se desarrolla la vida cotidiana de un pueblo o de una gran ciudad, las dinámicas de cuidado y de buen trato están mayoritariamente presentes en relación con las diferentes formas de negligencia social, agresiones o malos tratos. Si esto no fuera así, la vida cotidiana sería insoportable.

No se puede negar que muchos sectores de la sociedad viven en contextos de injusticia social, pobreza o violencia y en regiones donde las guerras y los malos tratos se han convertido, con la complicidad de los poderosos del planeta, en una forma de vida o, mejor dicho, de supervivencia. Pero lo que deseamos resaltar es que la investigación sobre la biología humana y la influencia de los contextos psicológicos y sociales sobre ella nos permiten afirmar que los recursos humanos para producir buenos tratos y cuidados mutuos siempre son una posibilidad presente. Nuestro cerebro nos ayuda a enfrentar los múltiples desafíos de la existencia gracias a su plasticidad, con lo cual podemos tomar decisiones y elegir las respuestas más adecuadas frente a los escollos de la vida.

El cerebro y el sistema nervioso constituyen una red de intercomunicación que asegura el funcionamiento de nuestro cuerpo de manera coordinada y nos permite vincularnos con otros organismos y, sobre todo, con otras personas. De esta capacidad de crear relaciones y vínculos interpersonales surgen fenómenos tan fundamentales como el apego de los hijos a sus padres y viceversa. Esto es el fundamento de los vínculos familiares, que cuando son sanos y nutritivos garantizan los cuidados mutuos y el buen trato, tal como lo hemos descrito en otros trabajos (Barudy, J., 1998).

Por otra parte, gracias a nuestro cerebro, tenemos más recursos biológicos que otras especies para hacer frente a los cambios del entorno, lo que sin duda nos ha hecho el animal con mayor capacidad de adaptación. Por lo tanto, podemos conservarnos como especie a lo largo del tiempo y evolucionar favorablemente en muchos aspectos. Otros animales de mayor tamaño, como por ejemplo los dinosaurios, no pudieron sobrevivir a los cambios del medio ambiente. En los seres humanos, la capacidad de construir contextos sociales de buen trato, que permitan el cuidado de los otros, en particular los niños, es uno de nuestros recursos adaptativos y una fuente de esperanzas para mejorar la humanidad.

Gracias a nuestra plasticidad cerebral podemos, entre otras cosas, desempeñar cualquier papel que elijamos. Con nuestras capacidades cognitivas, por ejemplo, podemos producir representaciones, creencias y sistemas ideológicos. Pero estos mismos recursos cognitivos también sirven para cuestionarlas y crear formas alternativas de pensamiento. Por esa simple razón, los cambios culturales pueden ser posibles. Con su lucha, las mujeres asumen papeles que tradicionalmente se habían atribuido los hombres, quienes, por otra parte, pueden adoptar los roles que antiguamente se creían exclusivos de las mujeres. Así, la capacidad es de ambos sexos.

LAS HORMONAS DEL BUEN TRATO

Muchos investigadores que han explorado la naturaleza de las relaciones de cuidado y buen trato según la tasa hormonal han descubierto que algunas sustancias aparecen en mayor cantidad en situaciones donde los cuidados son vitales (Taylor, S., 2002). La oxitocina, la vasopresina y los péptidos opioides endógenos son sustancias que intervienen en conductas sociales de muchos tipos y forman parte de lo que los neurofisiólogos denominan «circuito neurológico asociativo». Se hallan en la sangre, y su número puede variar en contextos diferentes, aunque la cantidad se eleva cuando las relaciones entre madres e hijos, entre mujeres y hombres, están matizadas por el buen trato y el cuidado.

Además de formar una estructura compleja, con conexiones bioquímicas concurrentes e interactivas en las que participan de manera diferenciada, las hormonas del buen trato determinan muchos aspectos de la conducta social y tienen un papel importante en algunas relaciones interpersonales, así como en la regulación de la intensidad y en el contenido emocional que aquellas puedan adquirir (Pankseep, 1998; Carter, C.S., 1998). La existencia de estos «circuitos hormonales asociativos» se expresa mediante sentimientos de vinculación emocional como el apego intenso de una madre por sus crías o los lazos de amistad entre diferentes personas.

Pero el papel de estas hormonas no sólo se limita a facilitar la vinculación emocional sino que, como veremos, también son fundamentales en situaciones de amenaza o de peligro, sobre todo cuando provienen de un entorno en que se requiere protección y cuidados de todo tipo.

LAS RESPUESTAS CUIDADORAS EN SITUACIONES DE ESTRÉS

Las respuestas al estrés pueden concebirse como mecanismos de adaptación cuya función es distribuir energía por las diferentes partes del cuerpo donde intervengan la inmunidad, el crecimiento, la reproducción, el movimiento muscular y la cognición. La tendencia a cuidar de los demás y procurar un clima de buen trato aparece de forma elocuente cuando los contextos vitales se rompen y existe una acumulación de factores de estrés. Esto, sin embargo, al principio fue descuidado por los primeros investigadores, quienes afirmaban que las respuestas humanas al estrés sólo eran la huida o el ataque.*

Cuando en nuestra experiencia profesional reconstruimos las respuestas al estrés de las mujeres que fueron víctimas de la violencia organizada o de violencia en su propia familia, vemos que no siempre han reaccionado con el ataque o la huida. De hecho, en algunos casos más bien ocurrió lo contrario. En África, muchas madres cuyas familias fueron perseguidas jamás dejaron de hacer todo lo necesario para salvar, proteger y cuidar de sus hijos y de los otros miembros de la familia. Tampoco lo hacen ahora, en el exilio belga, y siguen procurando relacio-

---

* Para un examen de los orígenes históricos de la respuesta de lucha o de huida véanse Cannon (1932) y Selye (1956). Para una perspectiva sobre cómo la metáfora de lucha o de huida ha guiado la investigación sobre el estrés y el modo de afrontarlo, véase Taylor (1999).

nes de buen trato a sus hijos e hijas. Pese a que el estrés puede transformarse en un fenómeno crónico –resultado, entre otras cosas, de dificultades sociales, del racismo cotidiano y de las políticas de expulsión de los países europeos–, estas madres se preocupan por sus hijos y tratan de asegurarles todo tipo de cuidados. Además, participan en los programas comunitarios de autoayuda ofrecidos por el Centro Exil de Bruselas y España. Tal como vemos, existe un tipo de respuesta diferente al estrés que es propio de las mujeres: solicitar ayuda y participar en dinámicas de cuidado mutuo (Barudy, J., Marquebreucq, A. P. y Crappe, J.I., 2001).

La mayoría de los estudios biológicos del estrés han tomado como modelos las respuestas de los varones y han sido realizados por hombres. Lo más probable, sin embargo, es que las respuestas al estrés hayan evolucionado durante los millones de años de existencia humana. La resistencia a las amenazas del entorno ha sido siempre una tarea fundamental en la preservación de la especie, pero la selección natural en gran medida moldeó el tipo de respuesta, pues quienes no podían ofrecer una reacción adecuada ante situaciones graves como el ataque de los depredadores, los desastres naturales o la agresión de los intrusos morían jóvenes, sin haber transmitido la «herencia genética» a su descendencia. En la teoría de la evolución se supone que si dichas amenazas eran comunes para hombres y mujeres, cabe deducir que las respuestas al estrés habrán evolucionado de forma similar. Si esto es así, tanto los hombres como las mujeres, frente a una situación de estrés, experimentamos una reacción fisiológica parecida a la aceleración del ritmo del corazón, con aumento de la presión arterial, sudoración y ligero temblor en las manos, como resultado de la activación del sistema endocrino, que segrega neurotransmisores como la adrenalina y la noradrenalina y prepara al organismo ante la amenaza. El proceso, conocido como «activación simpática», es el responsable de las respuestas de lucha o de huida.

Otro sistema que se activa en situaciones de estrés es el hipotálamo-hipófiso-suprarrenal, que provoca las sensaciones de preocupación angustiosa y el peligro de amenaza que caracteriza la vivencia en los períodos de tensión. Cuando los factores de estrés lo activan, el sistema libera hormonas que fomentan respuestas oportunas y efectivas ante el estrés, favorecen la agudeza mental y la liberación de energía. Estas sustancias, además, preparan el cuerpo con sus mejores recursos para afrontar las amenazas con los mejores recursos corporales. En los seres humanos, el temor puede ser real y, en muchas ocasiones, las amenazas imaginarias desencadenan respuestas intensas. Basta que una persona crea que otro es peligroso, incluso sin conocerle, para que tenga un comportamiento defensivo o agresivo.

Por lo general los seres humanos experimentamos las mismas reacciones orgánicas frente a una amenaza, pero la lucha y la huida no son siempre las respuestas prioritarias en las mujeres. Para una madre que ha sido víctima de un ataque junto a sus hijos pequeños e inmaduros, sería peligroso huir porque sus crías quedarían desprotegidas. Lo mismo ocurriría si le diese por luchar, pero si el atacante es un depredador, no tendría otro remedio que defenderse y proteger a sus crías.

En efecto, la respuesta de lucha o de huida ante el estrés puede ser más viable en los machos que en las hembras. Las hormonas masculinas, sobre todo la testosterona, parecen avivar la necesidad de lucha. Existen muchas pruebas –desde las peleas de los niños en los patios de recreo hasta las estadísticas de delitos violentos, desde la violencia hacia la mujer hasta el origen de las guerras– para sugerir que la agresión física como respuesta al estrés es más común en los hombres que en las mujeres. Asimismo, a los hombres les resulta más fácil huir, pues han interiorizado la idea de que el cuidado de los niños es una obligación de las mujeres. Desde nuestro punto de vista, observamos que la prioridad en el cuidado y la atención de los niños en situaciones de amenaza vital es una respuesta femenina.

Pero lo que los investigadores masculinos del estrés no advirtieron es que las finalidades de los hombres y de las mujeres ante situaciones de amenazas y de estrés son diferentes. En general, lo que distingue a un sexo de otro es el orden de prioridades frente a una amenaza vital.

Las hembras de los mamíferos, incluidos los humanos, son las principales protectoras de las crías porque a lo largo de la evolución han incorporado modelos para cuidar a sus crías, a veces más prioritarios que las conductas de lucha o de huida. Si hubiera ocurrido de otro modo, la especie humana habría estado en peligro de extinción.

En las situaciones en que las mujeres se vieron amenazadas, las madres no eligieron huir y abandonar a sus hijos, con

> *El mérito de las mujeres es inmensurable. Por una parte han sobrevivido a la barbarie sexista de los modelos patriarcales impuestos por los hombres. Y por otra, han desarrollado mecanismos de protección, buen trato y cuidados no sólo para sus crías, sino también para los otros miembros de su familia y de su comunidad.*

lo cual las posibilidades de vida habrían sido escasas, sino que se enfrentaron al peligro.

Las investigaciones recopiladas o realizadas por la doctora Shelley E. Taylor y su equipo (2002) describen cómo los comportamientos cuidadores de las madres, como calmar a sus hijos, tranquilizarles y atender sus necesidades al mismo tiempo que encontrarles escondites en el entorno, resultan muy efectivos ante un amplio conjunto de amenazas. Al tranquilizar a sus crías y ponerlas fuera de peligro, en muchas ocasiones logran salvarles la vida. Esto es corroborado por nuestras observaciones en el programa para sostener el buen trato y el cuidado de los hijos en familias exiliadas. Los múltiples testimonios de madres apoyadas por nuestro programa dan cuenta de una gran creatividad para protegerse a sí mismas y a sus hijos en situaciones tan extremas que a la mente humana, a veces, le es difícil imaginar.

> Es el caso de lo que aconteció a una madre ruandesa cuya familia fue atacada por una banda perteneciente a una etnia rival. A los hombres de la familia los mataron y a ella y a sus hijas se las llevaron. La madre fue víctima de una violación colectiva, y las dos niñas de pequeña edad, abandonadas en el campo. La madre nos cuenta, ya exiliada en Bélgica, que lo único en que pensaba era cómo encontrar y salvar a sus hijas.Lo consiguió, pues tuvo la inteligencia de burlar la vigilancia de sus verdugos, encontrar a sus hijas y caminar días y días alimentándolas con lo que encontraba en el campo. Después de varios días de marcha llegó a un campo de refugiados, pudiendo viajar posteriormente a Europa. Esta mujer fue madre por tercera vez en Bélgica, como resultado de la violación; en ningún momento rechazó a su bebé, pues lo consideraba una víctima más de la barbarie humana. Actualmente es una de las mujeres que más aporta en nuestro programa de autoayuda y de apoyo a los buenos tratos a los niños y muestra una gran capacidad de empatía con otras mujeres que, como ella, han sufrido la violencia organizada.

En relación con esto último, resulta evidente para nosotros que otra de las conductas propias de las mujeres confrontadas a situaciones de amenaza es la de solicitar ayuda a otras mujeres y participar en dinámicas grupales de cuidado mutuo. Recurrir al grupo social ante las amenazas puede ser muy eficaz en la disminución del estrés. Por supuesto que eso protege a los hombres y a las mujeres, aunque sea más accesible para ellas porque culturalmente se lo permiten con mayor facilidad. En las madres también es fundamental, pues su participación grupal hace que otras personas ayuden en la educación y protección de sus hijos (Barudy, J. y Marquebreucq, A.P., 2005).

> *La inclinación de las mujeres a recurrir al grupo social para solicitar y aportar ayuda en situaciones de estrés figura, junto con la posibilidad de embarazarse y parir, entre las diferencias de sexo más fiables que existen.*

Uno de los primeros investigadores que demostró que la atención a la progenie es un aspecto central de la respuesta al estrés de las hembras fue Michael Meaney (citado por Taylor, S. E, 2002), un biólogo y psicólogo que estudió con agudeza una serie de fenómenos que otros especialistas habían pasado por alto. Por ejemplo, algunos investigadores habían constatado que si apartaban a las crías de su madre para golpearlas y después devolverlas a su sitio –en un proceso que se repetía varias veces–, el desarrollo físico era mejor que el de las crías que permanecían solas en un nido. Meaney observó lo que hacían las madres cuando les devolvían a sus crías: después de cada sesión de golpes prodigados por «sádicos» humanos en nombre de la ciencia, las ratas madres se acercaban a sus crías y las cuidaban con lamidos, caricias y alimentos. Traducido al lenguaje humano, lo que las madres parecían decirles era: «*Qué bueno que has vuelto. Estaba tan preocupada. Siento no poder defenderte de las palizas de esos abusadores de delantal blanco, pero ahora por lo menos puedo curar tus heridas y cuidar de ti*». La investigación posterior de Meaney y sus colegas descubrió que la atención maternal hacía que el desarrollo de estas crías fuese mejor que el de las que no recibían ningún tipo de cuidado.

OXITOCINA: LA HORMONA DE LOS CUIDADOS MATERNOS

Diferentes investigaciones señalan que lo que impulsa a las madres a priorizar el cuidado y el buen trato de sus crías tiene relación con la capacidad del organismo femenino de producir una hormona llamada oxitocina (Nelson, Pankseep y otros autores citados por Taylor, S.E, 2002). Conocida por su contribución durante el parto, la oxitocina, relacionada con la producción de leche materna, es responsable de las sensaciones agradables posteriores al sufrimiento del parto, cuando la madre, si ha estado bien atendida y rodeada por los suyos, siente que una intensa tranquilidad se adueña de ella. Haber terminado con una de las experiencias más agotadoras de la vida femenina puede explicar la alegría. Muchas madres describen una sensación de calma superior cuyo origen es el alivio de saber que han vivido un hecho doloroso. El amor y las capacidades de apego hacia el recién nacido también forman parte de este bienestar.

La oxitocina tiene un efecto sedativo. De hecho, muchas investigaciones con animales han llegado a la conclusión de que la oxitocina les tranquiliza. Esta hormona no se libera sólo durante el parto y la lactancia; también entra en acción en situaciones de estrés, aunque en estos casos se libera en cantidades menores. Por otra parte, la secreción de oxitocina es la base biológica de las capacidades femeninas para brindar cuidados y tratar bien a los demás (Taylor, S.E., 2002). Lo mismo vale para la facultad de asociarse con otras mujeres en dinámicas de ayuda mutua. La oxitocina no sólo produce un estado de calma, sino que además se la considera la hormona social de la mujer. Su presencia en la sangre en situaciones de estrés también explica el hecho de que muchas mujeres, ante una situación de amenaza, mantengan la calma suficiente para no luchar ni huir y optar por la protección de su progenie.

La oxitocina puede ser uno de los recursos más importantes que la naturaleza ha proporcionado a las mujeres para asegurarse de que las madres se ocupen de sus crías, las traten bien y les proporcionen los cuidados necesarios para que lleguen a la madurez, sobre todo en épocas de estrés. La cantidad de oxitocina también aumenta cuando las mujeres cuidan los niños de otras madres. Otras hormonas relacionadas con la conducta maternal –como los péptidos opioides endógenos, un conjunto de morfinas naturales segregadas por el cerebro– provocan un sentimiento de placer cuando las madres cuidan a sus crías. El estrógeno y la progesterona, producidos en gran cantidad durante el embarazo, predisponen emocionalmente a las mujeres hacia la maternidad después del parto. También se eleva el nivel de otras hormonas como la noradrenalina, la serotonina y el cortisol para facilitar una predisposición emocional hacia la futura cría.

La capacidad natural de las mujeres para implicarse en relaciones de ayuda también parece estar regulada por algunas de las hormonas mencionadas. Esto puede explicar el placer de las relaciones de amistad. Por ejemplo, los péptidos opiodes endógenos facilitan las conductas sociales positivas y hacen que las mujeres sientan mayor placer que los hombres al participar en relaciones de amistad y de ayuda mutua. Considerando estos elementos específicos de la biología femenina, el llamado sexo débil según el modelo sexista es portador de una fuerza extraordinaria y de una capacidad fundamental para la supervivencia de la especie. La capacidad de cuidar y de asociarse en dinámicas cooperativas está lejos de ser un signo de debilidad. Al contrario, constituye un poder que dignifica al género femenino porque se ejerce con y para los demás. La cultura patriarcal ha manipulado el altruismo social de las mujeres y las ha reducido a un papel obligatorio de cuidadoras. En los contenidos culturales sexistas, además, se encuentra una serie de premisas para que las mujeres consideren que sus capacidades son inferiores a las de los hombres Desgraciadamente, la historia ha mostrado que el poder masculino se ejerce para mandar, dominar, oprimir o violentar a los demás. Al mismo tiempo, dentro del discurso patriarcal existe un cúmulo de mensajes y mecanismos de manipulación para que las mujeres se sientan culpables cada vez que no cumplen su papel de cuidadoras a la perfección.

LAS CAPACIDADES CUIDADORAS Y BIENTRATANTES DE LOS HOMBRES

Como veremos, los hombres también poseen una estructura orgánica que les permite implicarse en los cuidados de sus crías. Pero los dictados de la cultura patriarcal parecen ser más poderosos para la mayoría de los hombres que los condicionantes orgánicos. Esto también es válido para muchas mujeres, pero afortunadamente sólo algunas responden a los cánones impuestos por el patriarcado: se las ve en los medios de poder económico, político o militar. A veces, por sus identificaciones con los modelos sexistas masculinos, pierden las características femeninas altruistas que hemos descrito.

Los hombres se implican más en funciones protectoras de defensa de su progenie por influencias hormonales diferentes. En una mujer, el estrógeno potencia los efectos de la oxitocina, con lo cual se amplían los cuidados hacia los otros y las dinámicas de cooperación. Pero las investigaciones muestran que en los hombres el efecto puede ser el opuesto, pues producen poca oxitocina. Los andrógenos son sus antagonistas, es decir, la presencia de las hormonas masculinas puede reducir el efecto de la oxitocina. Por ejemplo, la testosterona suele aumentar en situaciones de estrés, pero la repercusión de la oxitocina sobre la biología y la conducta masculina en estas condiciones puede ser mínima (Taylor, S.E., et al., 2000).

Los cambios culturales producidos por los movimientos feministas han hecho que muchos hombres puedan sacudirse los condicionantes patriarcales y mostrar que también pueden ser buenos cuidadores sin perder el carácter específico de su función. Lo interesante, sin embargo, ha sido determinar cuáles son los condicionantes biológicos que lo permiten. En ese sentido, David Geary (1999) sostiene que la capacidad de cuidar y de crear amistades está también presente en los hombres, pero su origen es diferente. Comparados con otros mamíferos, en particular con los primates, los padres tienen una mayor capacidad de cuidar y atender a sus crías. Los buenos padres no sólo son capaces de proporcionar el sustento a su progenie; también pueden ser amorosos, cuidarles y demostrar lo orgullosos que están de ellos. Estos son los padres que invierten tiempo en las actividades de sus hijos, se interesan por sus formas de ser y aprender. Son padres capaces de enseñar, proteger y cuidar a sus hijos, quienes ocupan un lugar prioritario en sus vidas.

LAS BASES BIOLÓGICAS DE LA PATERNIDAD BIENTRATANTE

Lo que realmente distingue al buen padre humano aún no ha sido bien dilucidado. Es difícil identificar los componentes universales de la buena paternidad o comprender el circuito neuronal subyacente. No se sabe con certeza cuáles son las hormonas que guían y condicionan la paternidad y, por ende, por qué algunos padres son mejores que otros. Los padres no han sido estudiados atentamente en las investigaciones sobre el origen biológico y psicológico de las capacidades de cuidar y tratar bien a los niños. Hasta hace poco se consideraba el papel del padre como un apoyo a la madre, la cuidadora primordial, pero en la práctica hay padres capaces de sacar a un hijo o una hija adelante por sí solos y facilitar su crecimiento y desarrollo.

En nuestros talleres de promoción de buenos tratos hemos visto interactuar a padres e hijos, con lo cual podemos afirmar que en ciertos contextos las conductas paternales son parecidas a las maternales. Al relacionarse con sus hijos pequeños, los padres describen sentimientos de felicidad similares a los de las madres. Exploran a sus bebés como ellas: primero les tocan los dedos y las extremidades y están atentos a sus necesidades. Como las madres, elevan las voces, disminuyen la velocidad y pronuncian cada sílaba con cuidado. Así, los niños bien tratados crean lazos seguros con sus padres y con sus madres. Cuanto el padre se interesa y juega y cuida de sus hijos, los indicadores de apego entre ellos se hacen más evidentes.

Aunque no se puede afirmar con exactitud que exista un circuito neuronal paternal semejante al maternal, hay pistas tentadoras. Por ejemplo, las hormonas masculinas que suelen asociarse con la agresión se reducen en buena medida cuando los hombres se ocupan de los cuidados de sus hijos, pues el circuito neuronal de la agresión se desconecta parcialmente. Pero esto no basta, pues la ausencia de agresividad no es el único factor que explica una paternidad cuidadora.

La vasopresina, considerada una de las hormonas que predispone a los hombres a cuidar de los demás en momentos de estrés, se diferencia de la oxitocina en dos pequeñas cadenas de aminoácidos. Ello sugiere que el origen de ambas hormonas obedece a una versión más simple: la oxitodicina. En un momento determinado del proceso, la hormona única se duplica y desarrolla funciones diferentes. La vasopresina, que poseen hombres y mujeres, regula la tensión arterial y el funcionamiento renal. Pero al igual que la oxitocina, también es una hormona responsable de la respuesta de estrés. Y aquí es donde las cosas se vuelven interesantes de verdad. Los hombres y las mujeres liberan vasopresina como respuesta al estrés, pero las hormonas masculinas, además de amortiguar los efectos de la oxitocina, pueden ampliar los de la vasopresina y convertirla en una influencia potencial sobre las respuestas cuidadoras de los hombres. Si la oxitocina se asocia con la capacidad de cuidar y procurar buenos tratos a sus crías, en algunos animales –el ratón macho de las praderas, por ejemplo– los niveles de vasopresina se elevan cuando se comporta como un centinela protector que patrulla su territorio y mantiene fuera de peligro a la hembra y a las crías (Cyrulnik, B., 1994; Taylor, S.E., 2002).

A diferencia de otros mamíferos, el ratón de las praderas es monógamo. Elige compañera y permanece junto a ella el resto de su vida. La cuida, la protege y trata de mantenerla a salvo. Puesto que la mayoría de los humanos también son monógamos, el ratón de las praderas sirve de modelo animal para comprender si los hombres tienen o no una capacidad de cuidar y proteger a sus hijos en situaciones de amenaza y de estrés. La escasa investigación sugiere que la vasopresina podría estar involucrada en este tipo de respuestas masculinas. Algunos hombres protegen y tratan de cuidar a las mujeres y a los niños en épocas de estrés y en situaciones de amenazas, pero en general sus conductas tienden a la huida o al ataque. Es probable que en los años venideros se sepa más sobre los componentes biológicos de los cuidados paternales.

En la actualidad, los cuidados paternales, comparados con los de la maternidad, son más volubles. Tal vez no estén tan determinados por la biología. Es posible que los factores culturales influyan más sobre la biología cuidadora de los hombres que en las mujeres. Por consiguiente, se puede afirmar que muchos hombres son buenos padres, es decir, bientratantes y cuidadores de sus hijos porque deciden serlo. En esta toma de decisión han sido apoyados por mujeres emancipadas de la opresión patriarcal, que les han ayudado a perder el miedo a la ternura y a los cuidados corporales de sus hijos. Las madres también toman una importante decisión sobre su maternidad, pero la naturaleza, además, les da recursos biológicos. No hay que olvidar que las historias de vida y las dificultades sociales, así como la desvaloración de la mujer en la cultura patriarcal, son factores que pueden influir desfavorablemente en la biología femenina. Quizás los hombres que optan por ser buenos padres no tengan tantos recursos para resistir el peso de la influencia de la cultura sexista, por lo que la paternidad cuidadora constituye un sistema de conductas intrínsecamente menos fiable y menos integrado que la maternidad. En este sentido, debemos reconocer el mérito que supone el aprendizaje de la parentalidad cuidadora, en la que el hombre debe desarrollar una sensibilidad especial a las señales de sus hijos – también a las señales de la madre– para responder con conductas de buenos tratos y cuidados.

La paternidad no es lo mismo que la maternidad. Incluso no es frecuente que los padres se encarguen de los cuidados básicos –como la alimentación– con la misma empatía que una buena madre. Pero pueden ser excelentes organizadores y animadores de los juegos de sus hijos y ser más estimulantes y vigorosos con los bebés que las madres. Esto puede crear un contexto estimulante para su desarrollo, puesto que los niños necesitan momentos excitantes para madurar. Las circunstancias nutritivas y menos agitadas las obtienen con mayor frecuencia de las madres. Por lo tanto, podemos ver allí una complementariedad, la base de una parentalidad sana y productora de buenos tratos.

2
La ecología social de los buenos tratos infantiles

Jorge Barudy

Nuestro concepto de «buen trato» se basa en la idea de que la capacidad de tratar bien a las crías es inherente a los seres humanos. Nuestra estructura biológica determina el carácter social y altruista de los comportamientos. En este sentido, cuidar de los niños y niñas ofreciéndoles contextos de buenos tratos es una «producción social» al alcance de cualquier comunidad humana. Pero sólo los adultos son los responsables de crear contextos sociales y culturales que impiden o entorpecen el ejercicio de esta capacidad biológica. En este libro queremos aportar nuestro modelo para explicar el proceso social en el que emergen los «buenos tratos infantiles», pero haremos hincapié en el hecho de que su surgimiento es el resultado de la cooperación grupal en la familia y en la comunidad. A diferencia de lo que ocurre con las dinámicas socio-familiares que provocan el hábito del maltrato, la colaboración social evita los sufrimientos de los niños y la vulneración de sus derechos.

El bienestar infantil es la finalidad de cualquier modelo preventivo de malos tratos. En la actualidad hay suficiente material científico que afirma que recibir buen trato durante la infancia proporciona una óptima salud mental y física. Por otra parte, las investigaciones sobre el origen de la resiliencia han demostrado que su aparición se relaciona con experiencias de respeto y de buen trato en la niñez.

El ecosistema social favorece los buenos tratos infantiles cuando hay una buena interacción entre los diversos sistemas que nutren, protegen, socializan y educan a los niños y las niñas (Bronfenbrenner, U., 2002). Estos sistemas son:

a) El ontosistema, que corresponde a las características propias del niño o de la niña.
b) El microsistema, que corresponde a la familia, considerada en un sentido amplio e integral.
c) El exosistema, que corresponde a la comunidad.
d) El macrosistema, constituido por la cultura y el sistema político.

Cuanto más significativo y cercano sea el sistema, mayor será la influencia que ejercerá sobre el niño o la niña. Así, los buenos tratos familiares garantizados por una parentalidad competente serán benéficos para el desarrollo sano de los niños, a veces mucho más que la escuela o la cultura.

A. El ontosistema o las características propias de los niños y las niñas

Las características físicas y los temperamentos de los bebés los hacen sujetos únicos, con lo cual hay necesidades, demandas y comportamientos diferentes entre ellos. Estudios actuales señalan que algunas caracterírscas del temperamento tienen una raíz genética y que los efectos intensos y permanentes del entorno influyen de manera considerable en su conformación. Por lo general, para determinar el grado de normalidad en el comportamiento de un bebé, se utilizan tres tipos de categorías:

1. *Temperamento agradable.* En su mayoría, los bebés presentan un temperamento agradable, de buen humor, y se adaptan fácilmente a nuevas situaciones y a cambios de rutina. Además, comen de manera regular en horas precisas. Cuando están inquietos, lo revelan de forman amena, y a veces ellos mismos encuentran algún modo de calmarse y consolarse.

2. *Temperamento reservado.* Los bebés con este tipo de temperamento por lo general son tímidos, Tardan bastante tiempo en adaptarse a la gente extraña y a nuevas experiencias; incluso pueden mostrar rechazo. Son precavidos, propicios a observar cuidadosamente lo que ocurre a su alrededor, y se agitan con facilidad. Cuando esto ocurre, voltean la mirada o se alejan. También reaccionan con lentitud frente al malestar.

3. *Temperamento difícil.* Casi siempre están ocupados en actividades físicas. Los bebés de temperamento difícil suelen ser inquietos y propensos a distraerse fácilmente. Responden vigorosamente a los malestares, con llantos intensos. A veces es difícil consolarlos, incluso hacen esfuerzos para consolarse ellos mismos. No duermen profundamente, y requieren la atención constante de sus padres.

B. El papel del los microsistemas o familias en la producción de los buenos tratos

Los estudios sobre la salud mental infantil muestran el papel central de una familiaridad sana para el desarrollo de recursos que permiten a los niños hacer frente a los desafíos de su crecimiento, incluyendo las experiencias adversas que les puede tocar vivir. A esta capacidad se la denomina «resiliencia». Las investigaciones sobre resiliencia señalan el papel central de la familia en la protección psicológica del niño o de la niña frente a las experiencias traumáticas (Manciaux, 2003).

La presencia de por lo menos un progenitor que asegure una parentalidad competente y que proporcione afecto a sus tipos es un factor de resiliencia. Esto ha permitido que reconozcamos el papel de los padres como la fuente necesaria de los buenos tratos a sus hijos, a pesar de las experiencias vividas. Por otra parte, nuestro trabajo con familias víctimas de la pobreza en Latinoamérica y en los países europeos nos ha permitido constatar la importancia de los cuidados y del buen trato materno para la salud mental y el desarrollo de la resiliencia de los hijos en situaciones de carencia material.

La parentalidad es el mejor nivel para examinar la fuente de los buenos tratos infantiles. Con la expresión de «parentalidad competente y resiliente» nos referimos a la capacidad de los padres, sobre todo de las madres, para asegurar los cuidados necesarios y ayudarles frente a los sucesos dolorosos que les toca vivir.

La parentalidad resiliente es la que ejerce la madre o el padre como apoyo afectivo a sus hijos en los sucesos de la vida, que son parte de un proceso continuo donde existen perturbaciones y consolidaciones. En el desafío de existir, las dificultades pueden ser fuentes de crecimiento, siempre y cuando el niño encuentre en una madre o en un padre el apoyo necesario para enfrentarlas y darles un sentido. La existencia de este apoyo es un indicador de que los progenitores también poseen una capacidad de resiliencia que se nutre de un sentimiento de pertenencia a una familia. Entre las características de estos padres competentes y resilientes se encuentran la flexibilidad, la capacidad para enfrentar y resolver problemas, las habilidades de comunicación y las destrezas para participar en redes sociales de apoyo.

C. Exosistema o colectividad y buenos tratos

Diferentes autores señalan el papel dañino de un ambiente social adverso para la salud y el desarrollo infantil. Nuestra lectura explicativa de los malos tratos infantiles señala, por una parte, el papel nocivo de los entornos sociales afectados por carencias, resultado de la pobreza y la exclusión social. Por otra parte, también se insiste en que los entornos caracterizados por la acumulación de las riquezas materiales corran el riesgo de transformar las relaciones familiares y sociales en meros formalismos que privan a los niños de la afectividad y el apoyo social que necesitan para crecer sanamente (Barudy, J., 1998; Barudy, J. y Dantagnan, M., 1999).

En la perspectiva de los buenos tratos infantiles queremos insistir en la importancia de la presencia de adultos significativos en el exosistema o colectividad que puedan influir positivamente en el desarrollo de los niños y de las niñas cuando sus padres están incapacitados o les falta disponibilidad (Garbarino et al., 1992). Estos adultos significativos constituyen «verdaderos tutores de resiliencia» (Cyrulnik, B., 2001, 2003) por la calidad del apoyo afectivo e instrumental que aportan a los niños: compensan las carencias de cuidados paternos y permiten la elaboración del sufrimiento de aquéllos. El papel de este apoyo social en el control del estrés y en la elaboración del sufrimiento es importante en poblaciones infantiles muy variadas: en hijos de refugiados latinoamericanos, africanos y de los países del este de Europa; en niños y niñas de barrios con conflictividad social en Bruselas o en Barcelona. Esto también lo hemos constatado en niños y niñas víctimas de negligencia, malos tratos físicos y abusos sexuales como consecuencia de las incompetencias crónicas y severas de sus progenitores. En esta perspectiva, el apoyo de los iguales sirve también de protección psicológica para los hijos de padres con diferentes incompetencias transitorias o con incompetencias múltiples y crónicas.

En ambos casos, la escuela también debería servir como apoyo para los niños expuestos a sucesos traumáticos o a un ambiente de riesgo. Para muchos niños, el medio escolar es la segunda fuente de cuidados, buenos tratos y seguridad después del hogar. A veces, incluso la única (Arón, A. M.ª., 1999, 2002).

El personal docente y directivo de un colegio puede constituir un modelo adulto de buen trato. Mediante relaciones afectivas de apoyo y respeto puede brindar experiencias que a menudo faltan en el hogar familiar o en el barrio en que vive un niño o una niña en situación de riesgo. Muchas historias de vida de hijos cuyos padres son incompetentes testimonian experiencias reparadoras encontradas en la relación con una maestra o con un profesor. Estas personas, sin pretender ser sustitutos parentales, por su cariño y coherencia educativa, lograron despertar en los niños la confianza incondicional en sus capacidades, así como valorar sus esfuerzos y sus dificultades. La descripción de un segmento de la historia de vida de Regina, por ejemplo, nos permite ilustrar lo enunciado:

Regina, hija mediana. Cuando tiene dos años, su madre fallece al dar a luz a su tercer hijo. Su padre y su abuela paterna, anciana, se encarga de su crianza. La ausencia de su madre y la atención y los cuidados que la abuela y su padre ponen en el hermano recién nacido hacen que Regina no reciba los cuidados necesarios para poder asistir al colegio con sus tareas cumplidas y con su ropa limpia. Este descuido en la higiene personal de esta pequeña de 7 años será la razón para que su maestra la humille constantemente ante sus compañeras de clase. Después de 4 años con esta maestra en los que muestra un bajo rendimiento escolar y un marcado retraimiento y timidez, Regina se resiste a ir al colegio al año siguiente y no quiere seguir estudiando. Ya con 12 años, después de un año sin asistir al colegio, por insistencia de su padre ella vuelve y la vida le brinda la reparadora experiencia de ser alumna de Fulvia, su nueva maestra que se interesa por ella y le hace saber que es capaz e inteligente. El cariño, el compromiso y la confianza hacen que Fulvia la prepare para su posterior ingreso en la escuela que la formará como maestra. Gracias a ella, esta niña que rehuía del colegio y de sus compañeros se convierte, pasados unos años, en una destacada estudiante, graduada con honores al recibir su título de maestra.

D. La influencia del macrosistema en la génesis de los buenos tratos infantiles

El nivel macrosistémico es el contexto cultural y político en que evolucionan los niños. El modelo dominante que determina mayoritariamente el contenido de las relaciones entre adultos y niños o jóvenes es lo que denominamos «cultura adultista». En la mayoría de las sociedades, este conjunto de representaciones y comportamientos sirve como argumento mitificado del abuso de poder de los adultos sobre los niños y niñas, pues éste se presenta como «necesario» en nombre de la educación, el orden y la patria potestad. Esta última es concebida en la cultura adultista como un derecho de los padres sobre los hijos, sin considerar los derechos y las necesidades de la infancia.

En lo que se refiere a los contextos políticos, en diversos escritos hemos señalado los riesgos que implica para la infancia un modelo económico neoliberal globalizante, impuesto por las clases dominantes en todos los países (Barudy, 1998, 2002; Barudy y Dantagnan, 1999). Las consecuencias de este modelo basado en el libre mercado se hacen notar de manera diferente en los países ricos que en los países pobres. Esta diferencia se constata también entre ricos y pobres, tanto en los países pobres como en los países ricos.

El impacto de esta nueva realidad económica se siente en el niño, en la familia y en la comunidad, y supone la existencia de dos entornos socioculturales que determinan en una parte importante el papel que se atribuye a niñas y niños en el mundo actual. Ambos contextos están representados en el siguiente esquema:

Infancia y modelos de dominación	
El modelo de la modernidad	**El modelo de la posmodernidad**
Autoritario Clerical Militar	Manipulador Individualista Materialista
Adultista Patriarcal	Basado en el deseo Indiferencia
Explotación de la fuerza de trabajo	Consumismo
Control social por represión	Control social mediante la alienación Pensamiento único
↓	↓
Hipertrofia de la «función paternante»	Hipertrofia de la «función maternante» (alimenticia)
Represión infantil	*Libertinaje infantil*
NIÑOS COMO FUERZA DE TRABAJO (Futura mano de obra explotada)	NIÑOS COMO OBJETO DE CONSUMO (consumistas precoces)

A pesar de lo enunciado, la integración gradual en la cultura del concepto de que los niños y las niñas son sujetos con derechos, por lo menos contenidos en la Convención Internacional de Derechos del Niño y de la Niña, mantiene la esperanza de que los adultos seamos capaces de crear otro mundo para todos, en particular para la infancia. Porque la existencia de un contexto de buen trato para los niños y niñas depende también de las políticas públicas que aseguren la equidad a todas las familias mediante la redistribución de la riqueza. Pero también hay que asegurar una educación para la no violencia y políticas sociales basadas en el bienestar de la población, incluidos los niños, el respeto de los derechos humanos y el desarrollo de programas destinados a promover formas no violentas en la resolución de conflictos familiares y en la promoción de los buenos tratos.

Los buenos tratos infantiles como producción social

Según nuestro modelo, los factores principales que contribuyen a la existencia de un contexto de buenos tratos para niños y niñas están representados en la siguiente ecuación:

El proceso de los buenos tratos infantiles

$$B.T. = \frac{\text{Recursos comunitarios}\quad\text{Competencias parentales}}{\text{Factores contextuales}\quad\text{Necesidades infantiles}}\ \text{Resiliencia}$$

Con esta fórmula presentamos los diferentes componentes de este proceso para mostrar que el desarrollo sano de niños y niñas es la consecuencia del predominio de experiencias de buen trato en su vida. Estos buenos tratos no sólo corresponden a lo que los padres son capaces de ofrecer, pues también son el resultado de los recursos que una comunidad pone a su servicio para garantizar la satisfacción de las necesidades infantiles y el respeto de sus derechos, así como la promoción, el apoyo y la rehabilitación de las funciones parentales.

Los recursos comunitarios y la promoción de los buenos tratos

En lo que se refiere al aporte de la comunidad, podemos afirmar que los programas destinados a la promoción de los buenos tratos deben contar con los recursos específicos que la sociedad pone a disposición de las familias para contribuir al buen trato infantil. En este sentido, los profesionales de las diferentes instancias sociales que trabajan con la infancia participan de estos procesos si con su trabajo pueden influir positivamente en las competencias parentales, ya sea promoviendo su adquisición, facilitando sus mejoras o rehabilitándolas cuando sea necesario. Además, se puede apoyar a las familias con recursos materiales, educativos y terapéuticos para asegurar una cobertura de las necesidades infantiles y la protección de los derechos de los niños y niñas.

Por otra parte, en lo que se refiere a la prevención secundaria, en el caso de familias donde los padres no poseen las competencias parentales y como consecuencia dañan a sus hijos, los profesionales de los diferentes servicios que se ocupan del bienestar infantil deberían, en primer lugar, desarrollar programas específicos para evaluar estas incompetencias parentales, determinando su recuperabilidad y, en segundo lugar, evaluar las necesidades especiales de los niños dañados por estas incompetencias para proporcionarles el apoyo terapéutico necesario.

Un modelo que considere como objetivo el bienestar integral de los niños y niñas deberá, por lo tanto, responder a tres desafíos:

Primero, evaluar y aportar recursos terapéuticos y educativos para generar cambios cualitativos y cuantitativos en las competencias de las figuras parentales.

Segundo, cubrir las necesidades terapéuticas y educativas singulares de estos niños, consecuencia de las incompetencias de sus padres y de los factores socioeconómicos y culturales que han favorecido los malos tratos.

Y, tercero, favorecer y proteger los recursos resilientes de los niños de los padres y también de los profesionales.

Esta forma de introducirnos en la prevención aportando como marco conceptual los modelos de buenos tratos pretende ser un aporte para seguir contribuyendo al desarrollo de las buenas prácticas. En lo que se refiere a los niños y adolescentes en situación de riesgo familiar y social, nuestra tarea es promover su bienestar integral. Por desgracia les ha tocado vivir en el seno de familias cuyos padres, por sus tragedias infantiles y la falta de apoyo de su comunidad, no desarrollaron las competencias para cuidarles, protegerles ni asegurarles un desarrollo sano. Además, en muchas ocasiones les provocan daños irreversibles.

Hacer frente a la tarea de evaluar las competencias de estos padres y, a partir de datos objetivos, proponer las mejores medidas para el niño y programas de rehabilitación parental que parezcan los más adecuados, nos parece en la actualidad una muestra de valentía, pero sobre todo de solidaridad con todos los implicados. A los primeros, para asegurarles el derecho a una vida sana y sin violencia; a los segundos, para proporcionarles los recursos adecuados para el desarrollo de competencias parentales, que por las injusticias de la vida no pudieron adquirir.

Proporcionar recursos a los padres para que mejoren sus capacidades parentales es al mismo tiempo facilitar a los hijos modelos más sanos para la crianza de sus futuros hijos. Si a pesar de los recursos proporcionados los padres no pueden mejorar sus competencias, tenemos la posibilidad de ofrecer a sus hijos una acogida familiar o residencial para asegurarles un desarrollo sano como personas. Si además se complementa el acompañamiento de estos niños con experiencias familiares, esto podrá facilitar la adquisición de modelos de crianza que podrán permitirles superar en sus propias historias el rol de padres que sus progenitores no pudieron cumplir adecuadamente. En otra perspectiva, un modelo basado en el buen trato y el bienestar infantil pretende ayudar a disminuir la duración de los períodos de inestabilidad en que muchos niños se encuentran a la espera de medidas que les protejan, una vez que se ha detectado su situación de riesgo e incluso de desamparo. Esto significa asegurarles medidas que garanticen los cuidados que los niños necesitan, pero además la continuidad de vínculos significativos necesarios para su desarrollo.

3
Resiliencia y buenos
tratos infantiles

Jorge Barudy

El concepto de resiliencia nace de la constatación de que algunas personas resisten mejor que otras los avatares de la vida, la adversidad y la enfermedad. A pesar de que esto es un hecho admitido desde hace siglos, en gran parte no se había explicado ni mucho menos utilizado para organizar intervenciones psicoterapéuticas.

Durante mucho tiempo se atribuyó esta característica poco común a una «constitución» especial. Ha sido gracias a diferentes investigadores anglosajones y francófonos que se ha demostrado que estas características son el resultado de las interacciones entre el individuo y sus semejantes, sus condiciones de vida y, por último, su ambiente vital. Muchos investigadores clínicos nacidos en Latinoamérica, entre los que nos incluimos, siempre nos hemos interesado por los recursos personales, familiares y comunitarios movilizados para hacer frente a los desafíos de la existencia. Esto es para crecer, mantenerse sanos y enfrentar experiencias traumáticas.

Por otra parte, los investigadores francófonos que han contribuido a la elaboración del marco teórico para explicar la resiliencia reconocen que diferentes conceptos previos han abierto el camino para llegar a esta clase de corriente portadora. Así, hacen hincapié en el concepto de vulnerabilidad desde enfoques biológicos, psicológicos y epidemiológicos. También mencionan los estudios sobre resistencia al trauma y a los sucesos desestabilizadores como las pérdidas y las separaciones, a la capacidad de enfrentarse a las dificultades y a la adaptabilidad

(Manciaux, M., Vanistendael, S., Lecomte, J. y Cyrulnik, B., 2003). Lo que resulta interesante para nosotros es la relación entre resiliencia infantil y competencias parentales.

Los estudios sobre el desarrollo infantil nos ponen en contacto con el maravilloso mundo del desarrollo de habilidades y conocimientos con los que los niños y niñas van ganando competencias, hasta alcanzar la madurez. Al poner el foco en el entorno inmediato que facilita este desarrollo vemos en primer plano a los padres, especialmente a las madres. En 1980, el equipo interdisciplinario del Centro Internacional de l'Enfance de Bélgica publicó los resultados de un estudio longitudinal sobre el desarrollo infantil donde se demostró la importancia de la competencia materna. En condiciones socioeconómicas equivalentes y a menudo precarias, los hijos de algunas familias tuvieron un crecimiento, un desarrollo y resultados escolares significativamente superiores a los de otras familias supuestamente similares. La diferencia se daba en las cualidades maternas sobre intercambios afectivos y relacionales con sus hijos, sus capacidades educativas, la organización de la vida familiar y la gestión presupuestaria. Estas madres del primer grupo de niños eran competentes y, sin duda, resilientes, y hoy en día pueden ser consideradas como tutoras de resiliencia para sus hijos, utilizando la denominación propuesta por Cyrulnik (2003).

En esta misma perspectiva, nunca se insistirá lo suficiente en el gran aporte del estudio longitudinal hecho y publicado por E. E.Werner (1989). Aunque el objeto de estudio no fue la resiliencia, las observaciones de esta investigadora y su equipo jugaron un papel fundamental en lo que más tarde se llamaría resiliencia. Esta psicóloga estadounidense observó de una manera continuada a un grupo de 698 niños y niñas nacidos en 1955 en la isla de Kanai, perteneciente al archipiélago de Hawai. Tomando como referencia una serie de indicadores como la presentación de un alto riesgo de trastornos conductuales, de 201 niños examinados a la edad de dos años 72 evolucionaban favorablemente sin intervención terapéutica, y se hicieron jóvenes, adultos, competentes y bien integrados. La autora afirma que lograron «sobreponerse» pese a una infancia difícil y, aunque eran vulnerables, en la práctica fueron invencibles o al menos resultaron invictos en su recorrido vital. Además, dos tercios de las personas que podrían considerarse como no resilientes en la adolescencia llegaron a serlo en la edad adulta, por lo que al final hubo casi un 80% de evoluciones positivas. Estas observaciones jugaron un papel importantísimo en el surgimiento de la realidad clínica de la resiliencia, llegando a ser el objeto de investigación que es en la actualidad.

Por otra parte, a los que hemos optado por consagrar nuestras vidas personales y profesionales a contribuir al bienestar infantil nos retribuyen con creces las observaciones cotidianas respecto a las competencias de los niños y de las niñas. Los estudios que han puesto de manifiesto las competencias tempranas ya presentes en la vida intrauterina nos sirven de marco de referencia para nuestras observaciones (Brazelton, T.B. y Cramer, B.G., 1990; Stern, D., 1991, 1997; Cyrulnik, B., 1994).

No podemos dejar de sentir admiración por este constante proceso creativo de los niños para hacer frente a los desafíos del desarrollo y a las dificultades de sus entornos de vida. Pero hay que recordar que muchas de las capacidades de los niños y de las niñas son capacidades potenciales. Para desarrollarse deben ser acompañadas no sólo de los nutrientes necesarios, sino del reconocimiento y el estímulo de las interacciones permanentes con la madre, el padre, los parientes y los miembros de su entorno familiar y social. Todo en un clima de afectividad.

El reconocimiento de estos recursos en los adultos, sobre todo en los niños, es un aporte fundamental del mundo de los profesionales a la constitución de contextos que faciliten la resiliencia.

DIFERENTES DEFINICIONES PARA LA RESILIENCIA

Como muchos fenómenos relevantes de lo humano, hay muchas personas que proponen diferentes definiciones. Este fenómeno también humano puede ser enriquecedor para la práctica, siempre y cuando las definiciones no se contradigan unas con otras.

En el marco de nuestro modelo de buen trato nos ha parecido importante mencionar cuatro de ellas como información para los lectores y presentar la quinta, a la que nos adherimos y que aplicamos en nuestras prácticas terapéuticas.

La primera es de Goodyer (1995), y enuncia lo siguiente: «En general, se admite que hay resiliencia cuando un niño muestra reacciones moderadas y aceptables si el ambiente le somete a estímulos considerados nocivos». En su definición, dicho autor subraya la capacidad para reaccionar adecuadamente a los estímulos desfavorables del entorno. Rutter (1993), por su parte, plantea que «la resiliencia es un fenómeno que manifiestan sujetos jóvenes que evolucionan favorablemente, aunque hayan experimentado una forma de estrés que se estima que implica un grave riesgo de consecuencias desfavorables». Esta definición pone el acento en la capacidad de mantener un desarrollo favorable pese a los factores de riesgos de su entorno.

En su definición, Vanistendael (2000) afirma que: «La resiliencia es la capacidad de tener éxito de modo aceptable para la sociedad, a pesar de un estrés o de una adversidad que implican normalmente un grave riesgo de resultados negativos». Este autor pone el énfasis en la capacidad de mantener un nivel de adaptabilidad adecuada. La última de las definiciones es la de Kreisler (1996), quien se refiere a la resiliencia «como la capacidad de un sujeto para superar circunstancias de especial dificultad, gracias a sus cualidades mentales, de conducta y adaptación». En esta definición los recursos personales aparecen como el elemento fundamental de la resiliencia.

La definición adoptada por nosotros, y que hemos incluido en nuestra fórmula de buen trato, es la propuesta por Manciaux, Vanistendael, Lecomte y Cyrulnik (2003): «La resiliencia es la capacidad de una persona o de un grupo para desarrollarse bien, para seguir proyectándose en el futuro a pesar de los acontecimientos desestabilizadores, de condiciones de vida difíciles y de traumas a veces graves».

Esta definición nos parece sobre todo útil, pues su contenido nos ha permitido incorporarla como uno de los objetivos educativos, sociales y psicoterapéuticos de nuestras prácticas, tanto en lo que se refiere a las acciones de promoción del buen trato como a las intervenciones destinadas a la reparación terapéutica del daño en los niños de los malos tratos o las destinadas a la rehabilitación de las competencias parentales. Para visualizar los diferentes niveles que participan en la construcción de la resiliencia, hemos adoptado el modelo de «la casita» propuesto por Vanistendael (2000). Este autor sostiene que la resiliencia es como construir una casita. En primer lugar, se encuentra el suelo sobre el que está construida: se trata de las necesidades básicas, materiales elementales como la alimentación y los cuidados de la salud. Luego viene el subsuelo con la red de relaciones más o menos informales: la familia, los amigos, los compañeros de la escuela o los colegas del trabajo. En el corazón de estas redes se asientan los cimientos de la resiliencia de una persona, su aceptación incondicional. En nuestro modelo, esta aceptación incondicional equivale al concepto de amor. En la planta baja se encuentra una capacidad fundamental: encontrar un sentido, una coherencia, a la vida. En la metáfora de este autor, en el primer piso encontramos las cuatro «habitaciones» de la persona resiliente: la autoestima, las competencias, las aptitudes y el humor. El altillo representa la apertura hacia otras experiencias que también pueden contribuir a la resiliencia.

LOS FUNDAMENTOS BIOLÓGICOS DE LA RESILIENCIA

La neuroetología nos ofrece los fundamentos neurológicos de la resiliencia. Boris Cyrulnik, etólogo, psicoanalista y neuropsiquiatra francés, a quien le debemos una parte importante del marco teórico que anima nuestra práctica, plantea que «los genes codifican el desarrollo del sistema nervioso central que equipa a todos los miembros de una especie. Gracias a captadores sensoriales, este sistema busca en su medio físico y ecológico los objetos a los que su equipo y su desarrollo le hayan hecho más sensible». Por otra parte, afirma: «las presiones del medio intervienen en la modulación de ese sistema nervioso, lo que explica cómo puede influir un proceso neurológico en un estado motivacional. La filtración de esas informaciones, el modelado del sistema nervioso, los procesos de memoria y las reparaciones o compensaciones posibles tras una lesión explican el fundamento neurológico de la resiliencia, punto de partida de un proceso en que lo innato se difumina rápidamente para dar paso a otros determinantes, afectivos, psicológicos y socioculturales, que intervendrán muy pronto en el curso del desarrollo» (Cyrulnik, 2003).

Para ilustrar esta idea, el autor propone como ejemplo el síndrome de Down, donde la sobreexpresión de los genes del cromosoma 21 triplicado provoca anomalías morfológicas y psicológicas. A pesar de esto, se pueden constatar importantísimas variaciones de los rendimientos intelectuales según las respuestas afectivas que el niño o la niña encuentran en su entorno familiar y social (Cyrulnik, B., 2001).

Clara y Luisa tienen la misma alteración cromosómica y la misma edad: 18 años. Clara, que pudo aprender a leer y a escribir, escribe las obras de teatro que un grupo de adolescentes con el mismo síndrome presenta con éxito en su país de origen. En cambio, Luisa, que nunca pudo pasar más allá del jardín de infancia, no es capaz de expresar claramente lo que quiere y presenta múltiples trastornos del comportamiento. Una misma alteración cromosómica llega a importantes déficits intelectuales y conductuales en el caso de Luisa, que creció en un medio afectivo empobrecido por la negligencia de sus padres, provocada sobre todo por una depresión crónica de su madre. Los rendimientos de Clara son mucho mejores, el contenido de sus obras de teatro expresa una enorme sensibilidad con relación a sus dificultades y a la de sus padres. A diferencia de Luisa, creció en un medio familiar donde sus padres pudieron ofrecerle un entorno de cuidados, seguridad y aceptación de su diversidad. Junto con esto recibió los estímulos y el apoyo necesarios que le permitieron desarrollar su pasión por el teatro.

A pesar del determinismo genético marcado es posible, en el caso de Clara, asistir a un proceso de resiliencia.

La resiliencia es un concepto que nos interesa para orientar los programas de prevención de los malos tratos y la promoción del buen trato, en tanto que su origen son las dinámicas sociales que aseguran la afectividad y la posibilidad de dar un significado a las experiencias, especialmente cuando éstas son dolorosas.

La resiliencia es una capacidad que emerge de las interacciones sociales. Esta capacidad es sobre todo el resultado de nutrientes afectivos, cognitivos, relacionales y éticos que los niños y niñas reciben de su entorno

Diferentes investigaciones sobre este fenómeno han permitido establecer una lista de factores relacionales que facilitan la emergencia y el desarrollo de la resiliencia (Cyrulnik, B., 1994, 2001, 2003; Vanistendael, S., 2000). Los resultados de muchos estudios longitudinales (Garmenzy, 1993; Rutter, 1993; Werner, 1986; Werner y Smith, 1982) han proporcionado los factores que distinguen a los niños que superan la adversidad de aquellos que se agobian por los factores de riesgo: (a) un acercamiento activo, evocador hacia el problema a resolver, permitiéndoles negociar una serie de experiencias emocionalmente arriesgadas; (b) una habilidad en la infancia para ganar la atención positiva de los otros; (c) una visión optimista de sus experiencias; (d) una habilidad de mantener una visión positiva de una vida significativa; (e) una habilidad de estar alerta y autónomo; (f) una tendencia a buscar nuevas experiencias; y (g) una perspectiva proactiva.

También debe notarse que un porcentaje significativamente más alto de niños resilientes sea el primogénito. En cuanto a sus madres, ellas los recuerdan como infantes activos y amables (Werner, 1986). En la personalidad de estos niños sobresalen características como la autoestima, la confianza, el optimismo y un sentido de esperanza; también la autonomía o un sentido de independencia (en este aspecto las familias pobres desarrollan sus propios factores de protección contra la pobreza, cuando por medio de la recursividad, la lucha y el trabajo diario se apoyan para contrarrestar las privaciones); así como sociabilidad, capacidad de experimentar emoción, habilidades de imitación y competencia.

Además de los factores protectores de temperamento, de la familia y el apoyo medioambiental, las investigaciones han demostrado en qué medida el autoconcepto juega un papel de resiliencia. Las capacidades de entenderse a uno mismo y poner los límites respecto a los factores de estrés intrafamiliares, así como a la enfermedad psicológica de uno de los progenitores, refuerzan una autoestima positiva como resultado de las competencias para adaptarse a las circunstancias de la vida y para respetarse a sí mismo. Guédeney (1998) resume los factores resilientes al decir que algunos de los componentes protectores del desarrollo, pese a unas circunstancias traumáticas, son: una actitud parental competente, una buena relación con alguno de los padres, el apoyo del entorno, una buena red de relaciones informales que no estén ligadas a obligaciones sociales o profesionales, la educación y el compromiso religioso bajo la forma de participación en un grupo de escucha del otro, de reflexión sobre sí mismo y sobre el grupo.

Las investigaciones sobre la resiliencia han orientado en gran medida nuestra labor clínica e investigadora, la cual nos ha llevado a conocer lo que le ocurre al niño como individuo y en relación con su entorno: su mundo interior, la transformación de debilidades en fortalezas, la supervivencia en ambientes de pobreza y el mejoramiento de las condiciones de vida.

El concepto de resiliencia nos sirve no sólo como guía para establecer criterios de actuación preventiva con los niños y sus padres, en el sentido de apoyar sus recursos para afrontar el daño, sino que además son criterios para que los profesionales pongan sus propios recursos resilientes al servicio de la prevención de los malos tratos mediante la promoción de los buenos tratos.

Las acciones preventivas y curativas basadas en los modelos de resiliencia

La investigación longitudinal mencionada, así como nuestra propia investigación clínica, nos ha permitido establecer el contenido de las experiencias que favorecen la emergencia de la resiliencia. Estas experiencias constituyen el ingrediente de nuestras intervenciones tanto preventivas –promoción de los buenos tratos– como curativas, es decir, la reparación del daño producido por los diferentes tipos de malos tratos. Por esta razón, nuestras intervenciones se basan en acciones destinadas a ofrecer o a facilitar:

- Ofrecer vinculaciones afectivas seguras, fiables y continuas por lo menos con un adulto significativo, de preferencia de su red familiar o si no de la red social, incluyendo a los profesionales.
- Facilitar los procesos relacionales que permitan dar un sentido o significado a las experiencias. Esto equivale a facilitar la toma de conciencia y la simbolización de la realidad familiar y social por muy dura que sea.
- Brindar apoyo social, es decir, facilitar la emergencia de redes psicosocio afectivas para los niños y sus padres.
- Facilitar la participación de los niños, padres, profesionales, cada uno/a de acuerdo con sus capacidades en los procesos destinados a obtener una mejora en la distribución de los bienes y de la riqueza, así como en las dinámicas sociales para obtener más justicia y asegurar el buen trato y la erradicación de la violencia en las relaciones humanas. También participar en la defensa del planeta y de su ecología.
- Promover y participar en procesos educativos que potencien el respeto de los derechos de todas las personas, especialmente de los niños y niñas, así como el respeto por la naturaleza.
- Participar y promover la participación de los niños y niñas en actividades que por su contenido ético y espiritual les permitan acceder a una visión trascendente de lo humano, así como a un compromiso social, religioso o político altruistas para lograr sociedades más justas, solidarias y sin violencia.
- Favorecer las experiencias que promuevan la alegría y el humor
- Favorecer el desarrollo de la creatividad y el arte.

4
Las necesidades infantiles

Jorge Barudy

Toda acción destinada a asegurar el buen trato de los niños debe basarse en paradigmas teóricos, resultado de las investigaciones multidisciplinarias que han contribuido a revelar las necesidades fundamentales de los niños y la mejor manera de satisfacerlas. En esta perspectiva, todos los derechos de los niños podrían resumirse en la afirmación: «Todas las niñas y todos los niños tienen el derecho de vivir en condiciones y contextos donde sus necesidades puedan satisfacerse».

Como hemos señalado varias veces, esto no significa que tengamos que poner toda la responsabilidad del bienestar y el desarrollo del niño en sus padres, los miembros de su familia o los profesionales de la infancia. Esto nos parece injusto e irresponsable. Los esfuerzos de los padres y de los profesionales son insuficientes si la sociedad, a través del Estado, no asume la responsabilidad de promover los derechos de los niños aportando los medios financieros para asegurar el bienestar de las familias y ofreciendo a los niños que lo necesitan programas de protección para garantizar sus derechos.

A partir del conocimiento de estas necesidades, consideramos que es responsabilidad de los adultos de una comunidad responder colectivamente para asegurar el derecho a la vida y al desarrollo de todos los niños.

Varios investigadores han contribuido a establecer un inventario de las necesidades de los niños. En nuestra práctica, utilizamos como referencia el modelo complejo propuesto por Félix López y su equipo de investigación de la Universidad de Salamanca (López, F., 1995). Es verdad que el modelo de López puede parecer poco operativo a la hora de evaluar el grado de satisfacción de las necesidades de un niño. Sin embargo, por tratarse de una lista extremadamente completa, es interesante para recordar el enorme desafío que representa la parentalidad. Esto tiene dos aplicaciones prácticas. La primera permite argumentar que para que la función parental de una familia sea posible son necesarios los aportes y el apoyo social de toda la comunidad. La segunda es que esta lista puede ayudar a todos los adultos, y en especial a los profesionales de la infancia, a comprender las dificultades de las madres y de los padres en general, en particular de aquellos que por su falta de recursos y competencias dañan a sus hijos. Tomar conciencia de la complejidad de la función parental puede servir a cualquier adulto para situarse de una manera diferente frente a sus propios padres, comprendiendo sus dificultades y exonerándolos mediante el reconocimiento de que aquello que hicieron por cada uno de nosotros fue lo que podían hacer.

El mérito de las madres y de los padres reside en el hecho de que deben responder a múltiples necesidades de sus hijos, necesidades que, además, cambian con el tiempo. Deben, por consiguiente, disponer no solamente de recursos y capacidades, sino también de una plasticidad estructural para adaptar sus respuestas a la evolución de estas necesidades del desarrollo infantil.

Una de las conclusiones que surgen de la experiencia de la parentalidad y que encontramos en casi todas las culturas es la siguiente: ser madre o padre es uno de los desafíos más difíciles y más complejos que el adulto debe afrontar. Si la parentalidad ha podido parecer una cosa natural, hasta el punto de crear el mito del instinto maternal y creer en él, es porque, como señalábamos en el capítulo primero, el ser humano dispone de potencialidades biológicas para ocuparse de sus crías. Cuando encuentran un entorno sociocultural adecuado, estas potencialidades se manifiestan en dinámicas relacionales de buenos tratos, permitiendo el desarrollo sano de los hijos.

El grado de satisfacción de las necesidades que el mundo adulto, y en particular los padres, proporciona a los niños nos sirve de marco para organizar nuestras intervenciones de ayuda. Considramos, por una parte, los grados de satisfacción de las necesidades fisiológicas: necesidades físicas, biológicas y, por otra parte, la satisfacción de las necesidades fundamentales asociadas al desarrollo psicosocial de niños y niñas: las necesidades afectivas, cognitivas, sociales y éticas (Pourtois, J.H. y Desmet, H., 1997).

LAS NECESIDADES FISIOLÓGICAS

La idea de que los niños y las niñas tienen necesidades de cuidados materiales y fisiológicos para permanecer vivos es evidente. A pesar de esta evidencia, el mundo adulto debería asumir la vergüenza de no haber podido garantizar a millones de niñas y niños en el mundo el mínimo necesario para garantizar este derecho a la vida. Para los niños de padres que viven en países pobres o en países ricos, el riesgo de sufrir, incluso de morir, como consecuencia de la situación de precariedad de sus familias es enorme. En diferentes regiones pobres, la tasa de mortalidad es un 40% mayor que en los sectores más favorecidos. El analfabetismo supera el 50% en los más pobres; una tercera parte de los niños que nacen no serán nunca escolarizados, y apenas un 1% llegará a la universidad.

Hablamos aquí también de los miles de niños asesinados por las balas y las bombas de unos adultos incapaces de solucionar sus conflictos sin más recursos que la violencia y la guerra. Para ser más justo en este sentido, debo precisar que cuando hablo del mundo adulto hago referencia sobre todo al mundo masculino. Históricamente, son los hombres, fuera de algunas excepciones, los que toman posiciones de poder y deciden hacer la guerra. Y es el género masculino el responsable de las más grandes atrocidades cometidas a los niños, las mujeres y la población civil.

Los niños tienen derecho a la satisfacción de sus necesidades fisiológicas básicas:

- Existir y permanecer vivo y con buena salud.
- Recibir comida en cantidad y calidad suficientes.
- Vivir en condiciones adecuadas.
- Estar protegido de los peligros reales que pueden amenazar su integridad.
- Disponer de asistencia médica.
- Vivir en un ambiente que permita una actividad física sana.

La necesidad de lazos afectivos seguros y continuos

La satisfacción de necesidades afectivas permite al niño vincularse con sus padres y con los miembros de su familia, tejer lazos con su medio ambiente natural y humano, y desarrollar un sentimiento de pertenencia a una comunidad de seres vivos y de seres humanos. Si los niños reciben el afecto que necesitan, serán capaces de aportarlo a los demás y podrán participar en dinámicas sociales de reciprocidad. Varios investigadores insisten en que la base del altruismo social depende principalmente de los cuidados afectivos que los niños reciben, sobre todo en su primera infancia. Los niños y las niñas tienen derecho a vivir en un contexto de seguridad emocional, así como a disponer de lazos afectivos con adultos «suficientemente disponibles» y accesibles. Capaces de transmitirles una aceptación fundamental, de proporcionales el apoyo indispensable para la aventura de crecer y un clima emocional donde la expresión de los afectos sea posible.

Existe un acuerdo general entre los investigadores de la infancia según el cual, para lograr la salud mental de los niños, hace falta asegurarles lazos afectivos de calidad –de buen trato– incondicionales, estables y continuos (Bowlby, J., 1972; Spitz, R., 1978; Berger, M., 1992; Barudy, J., 1998; Stern, D., 1997; Cyrulnik, B., 1994). Esto no es siempre respetado por los responsables administrativos o judiciales de la protección infantil. Muchas de las intervenciones destinadas a «ayudar» a los niños están basadas en lo que M. Berger (2003) denomina «la ideología de los vínculos familiares biológicos».

> *La ideología de los vínculos familiares biológicos, que defiende como principio el valor absoluto del vínculo entre los padres biológicos y sus hijos, es responsable de que muchos niños y niñas se dañen irreversiblemente. Por este principio se les sacrifica, dejándoles en sus familias, a pesar de los malos tratos.*

Por otra parte, cuando los niños son retirados de sus familias, la continuidad de los vínculos afectivos no siempre se garantiza de una manera adecuada. En muchos casos, el niño es considerado como un paquete que puede ser enviado de un lado a otro, sin tener en cuenta que, como ser vivo, él o ella se vinculan afectivamente con las personas adultas que ejercen de cuidadores. Todavía estamos confrontados con discursos y prácticas profesionales que parecen considerar que la historia de un niño o una niña es una especie de salchichón que se puede trocear. Los múltiples cambios de lugar de los niños se deciden por razones administrativas, sin preocuparse mucho de sus necesidades ni de una continuidad de vínculos afectivos significativos para construir su identidad. Los niños son transferidos de un lugar a otro, perdiendo así en este proceso episodios significativos de su biografía. Así, pasan de su familia biológica a centros de acogida de urgencia y de diagnóstico, y después a diversos centros residenciales o a diferentes familias de acogida. En muchas ocasiones, vuelven a sus familias de origen, en varios intentos de retorno al seno familiar que fracasan porque no se ha ofrecido a los padres un programa de rehabilitación de sus competencias parentales.

Estos procesos destructivos, que provocan lo que hemos llamado el «síndrome del peloteo», favorecen el desarrollo de uno de los trastornos más graves del apego: el apego desorganizado. Como veremos más adelante, estas perturbaciones producen niños desconfiados, con comportamientos disruptivos y violentos, incapaces de crecer con los demás y para los demás. Estas perturbaciones dificultan el trabajo terapéutico y educativo, sobre todo en la adolescencia. Los adolescentes con este tipo de trastorno terminan estigmatizados como los responsables de su sufrimiento y cuando sus trastornos de comportamiento perturban el orden social son castigados y excluidos. He aquí un ejemplo más de lo que hemos llamado «la alienación sacrificial» de los niños y de los adolescentes. En la Antigüedad, se sacrificaban niños para calmar la cólera de los dioses, provocada, según las creencias, por errores que los adultos habían cometido. En la era posmoderna, los adultos continúan violentando a niños y niñas, obligándoles a adaptarse a un mundo caracterizado por la competitividad, la desconfianza y la agresividad relacional. Cuando en la adolescencia éstos responden con comportamientos violentos y disruptivos se les acusa de ser los responsables del sufrimiento de sus padres y de las preocupaciones de los adultos. Estos adultos son a menudo padres que maltratan, profesores que no han tenido el coraje de intervenir, profesionales que administran su miedo, su ignorancia y su impotencia a través de la exclusión de los jóvenes del tejido social. Para ello, recurren a argumentos que la ideología psicológica o psiquiátrica les propone.

LA ESFERA AFECTIVA DEL BUEN TRATO

La esfera afectiva del buen trato está constituida por la satisfacción de las necesidades de vincularse, de ser aceptado y de ser importante para alguien:

a) *La necesidad de vínculos.* Los vínculos profundos que el niño o la niña establecen con sus padres, con otras personas que les cuidan y con otros miembros de su familia originan la experiencia de pertenencia y de familiaridad. Uno de los desafíos de la parentalidad productora de buen trato es asegurar un apego sano y seguro. Esta fuente de amor es la responsable, entre otras cosas, del desarrollo de la empatía y de la seguridad de base (Bolwlby, J., 1972). Una experiencia de este tipo de vínculo en la tierna infancia asegura el desarrollo de la capacidad de diferenciarse, para convertirse en una persona singular, psicológicamente sana y con vínculos de pertenencia a su familia de origen y a su comunidad.

b) *La necesidad de aceptación.* Se satisface en la medida en que el niño o la niña reciben gestos y palabras que le confirman y le acogen. Esto, por parte de las personas que conforman su medio ambiente humano próximo y significativo. Los padres, los demás miembros de la familia y más tarde los pares, los profesores y los profesionales de la infancia deben ser capaces de producir estos mensajes para crear alrededor del niño un verdadero espacio afectivo de aceptación incondicional de su persona. Los mensajes de ternura dan al niño un lugar propio, donde se siente aceptado y donde podrá comenzar a aceptar a los otros. Todo niño necesita una dosis suficiente de afecto y de cuidados, sin entrar en una relación fusional exagerada. Aceptación sí, pero no fusión: éste es el equilibrio que hay que encontrar. El niño o la niña podrán diferenciarse del otro y ser una persona autónoma en la medida en que posee un lugar donde desarrollarse, y donde los otros significativos le acepten y confíen en sus capacidades.

c) *La necesidad de ser importante para el otro.* Una de las necesidades básicas de los niños y niñas es la de ser importante, al menos para un adulto. En el funcionamiento de una familia, la satisfacción de esta necesidad se inscribe en el proyecto que los progenitores tienen para sus hijos. Esto corresponde al conjunto de representaciones que ellos se hacen del futuro de su(s) hijo(s). Este proyecto parental es complejo porque pone en juego componentes psicológicos y sociológicos. Hay una misión para cada niño, una demanda de parte de los padres. Esta «delegación» se funda en los vínculos de lealtad entre los hijos y sus padres (Stierlin, H. et al., 1981). Estos vínculos se forman ya en la intimidad de la relación precoz entre padres y niños, y en primer lugar entre madres y niños. En una relación de buen trato donde la delegación es la expresión de un proceso relacional necesario y legítimo. Al dejarse «delegar», la vida del niño adquiere una dirección y un sentido que se inscribe en la historia de los derechos y de los deberes que contribuyen a asegurar la continuidad de los cuidados a lo largo de las generaciones.

Cuando asumimos una delegación nuestra vida recibe una dirección y toma un sentido, se adhiere a una cadena de obligaciones que pasan de una generación a otra. En tanto que delegados de nuestros padres tenemos la posibilidad de probar nuestra lealtad y fidelidad para cumplir las misiones que no tienen un significado personal, sino también un sentido supraindividual que afecta al conjunto del grupo familiar (Stierlin, H. et al., 1981).

Por otra parte, los padres experimentan una serie de contradicciones que oscilan entre la reproducción («sé como nosotros») y la diferenciación («sé diferente de lo que somos»). El proyecto parental también puede estar en oposición con el proyecto personal del niño y originar un cúmulo de tensiones. Si el proyecto parental es indispensable para la construcción de la trayectoria del individuo, éste puede revelarse demasiado invasivo y no dejar lugar para el desarrollo de un proyecto personal. Aquí también hemos de buscar un compromiso.

Basándonos en el modelo propuesto por Stierlin, podemos definir tres formas de trastornos en este proceso de delegación, que se corresponden con formas singulares de maltrato psicológico:

— *Las delegaciones que implican una sobrecarga para el niño.* En este caso, las misiones confiadas al niño o a la niña sobrepasan sus capacidades físicas, psicológicas y sociales. De hecho, se trata de misiones intrínsecamente peligrosas, pues no se corresponden con los talentos, los recursos y las necesidades, ni con la edad del delegado. Se trata de una forma de explotación psicológica porque las presiones ejercidas imponen al niño un contexto psicosocial inadecuado para su desarrollo.

Un ejemplo de este tipo de trastorno es el caso de un padre que necesitaba que su hijo fuera un superdotado, y que le exigía desde su tierna infancia resultados que iban más allá de sus capacidades intelectuales. Este padre obligaba a su hijo de 4 años a conocer de memoria todas las capitales de Europa. Estas exigencias acompañaron la infancia de este niño, que a los 15 años sufrió una depresión profunda, con tentativa de suicidio.

- *La delegación de misiones contradictorias.* Se trata aquí de situaciones donde varios adultos piden al niño que realice tareas contradictorias, a menudo incompatibles. El niño, teniendo en cuenta sus lazos de lealtad y de dependencia, siempre perderá, puesto que ni siquiera puede enunciar su conflicto entre sus diferentes misiones.

Por ejemplo: un niño chileno, hijo de exiliados, era constantemente acosado por su padre para que fuera leal a su cultura y a su pasado político, a pesar de que el niño tenía 3 años en el momento de su exilio. Además de ser crítico, despreciaba la cultura belga, los valores capitalistas y de consumo de la sociedad europea, al mismo tiempo que exigía a su hijo que fuera brillante en el plano escolar en una escuela belga.

- *La delegación de «traición».* En este caso, el niño delegado es utilizado por uno de sus padres contra el otro. De esta manera, el niño es obligado a traicionar a un padre en provecho del otro, lo que le expone a profundos sentimientos de culpabilidad. Un ejemplo dramático de estas situaciones es el niño que ha sido tomado como rehén en situaciones de divorcio. Más dramáticos todavía son los casos de niños empujados por uno de los padres a acusar al otro de abusos sexuales. Este fenómeno constituye hoy en día una de las fuentes más importantes de lo que se llama las falsas alegaciones de abuso sexual en el caso de divorcio, de custodia de los niños y derechos de visita.

LAS NECESIDADES COGNITIVAS

Los niños y las niñas son sujetos de conocimiento. Deben satisfacer sus necesidades cognitivas porque tienen necesidad de comprender y de encontrar un sentido al mundo en el que deben vivir, adaptarse y realizarse. El buen trato al niño incluye también permitirle vivir en un ambiente relacional capaz de ofrecerle interacciones que faciliten el desarrollo de sus capacidades cognitivas. El niño debe ser estimulado y ayudado en el desarrollo de sus órganos sensoriales, su percepción, su memoria, su atención, su lenguaje, su pensamiento lógico y sobre todo su capacidad de pensar y de reflexionar. Los adultos han de aportar a los niños la estimulación y las informaciones necesarias para que puedan comprender el sentido de la realidad, reconociéndose en ella y distinguiendo su medio de vida. En un modelo de buen trato, los adultos significativos harán todo lo posible para satisfacer las necesidades cognitivas de estimulación, de experimentación y de refuerzo.

a) *La necesidad de estimulación*. Estimular a los niños es alimentar sus necesidades de crecer y desarrollarse. No se puede esperar que el niño se desarrolle en un nivel cognitivo completamente solo. Hace falta que le estimulen la curiosidad por todo lo que sucede a su alrededor con el fin de motivarle a explorar el mundo y conocerlo mejor. La ausencia de estimulación en los niños, resultado de situaciones de negligencia, de violencia emocional o de maltrato físico, puede provocar perturbaciones importantes, a veces irremediables, en su desarrollo. Dichas perturbaciones se expresarán mediante todo tipo de retrasos, dificultades de aprendizaje y de fracaso escolar. Es importante señalar que demasiada estimulación también puede ser nefasta para el desarrollo infantil. Un «bombardeo de estimulaciones» intensas puede generar estrés y angustia. Este riesgo existe de una forma permanente en la época actual, donde ser moderno significa también ser único, original, individualista y consumidor. Las estrategias de mercado presionan a los padres y a los hijos para que crean que ser alguien significa crear y vivir en contextos prometedores de nuevas aventuras, de nuevas fuentes de poder, de gozo y de desarrollo personal. En estas dinámicas, el valor de lo afectivo y de la comunicación, así como la transmisión de historias y experiencias entre adultos y niños, son descuidados, incluso despreciados. El riesgo es que esta cultura amenace con desorganizar lo que somos, lo que la historia nos ha enseñado y lo que la humanidad ha construido.

b) *Experimentación*. Es una necesidad intensa en el niño y la niña, indispensable para que aprenda a entrar en relación con su medio.

Aprender a actuar sobre el medio con el fin de modificarlo de una manera constructiva permite que los niños adquieran una mayor libertad y seguridad personal. Una actitud bientratante debe estimular y mantener esta necesidad de experimentar y de descubrir el mundo. Lo importante es que los adultos favorezcan la incorporación de nuevas experiencias a lo que han adquirido anteriormente, incluso desde la temprana infancia. La satisfacción de las necesidades de experimentación está fuertemente vinculada con las necesidades de apego. Los niños se permiten la exploración de su entorno a partir de la seguridad que le proporciona la presencia de sus figuras de apego.

c) *Refuerzo.* Los niños necesitan que los adultos significativos para ellos les refuercen, es decir, les manifiesten su apoyo y su alegría por los esfuerzos y los logros que van realizando para crecer y desarrollarse. Los niños tienen necesidad de recibir una información sobre la calidad de sus prestaciones. Esta información va a darles un sentido a lo que dicen o lo que hacen, ayudándoles a tomar conciencia del impacto de sus conductas, corregir sus errores y reforzar sus conductas adecuadas. En otras palabras, el reconocimiento del resultado de una tarea efectuada favorece el aprendizaje. Un niño o una niña aprende para alguien; por lo tanto, las palabras y los gestos alentadores de sus padres o de otros adultos significativos serán el mejor aliciente para su proceso de aprendizaje. Gracias a ello el niño llegará a reconocerse en sus propias capacidades y a reconocer las de los otros.

En nuestras observaciones cotidianas constatamos con bastante frecuencia la dificultad de los padres, y de los adultos en general, para hablar de manera positiva a los niños. Existe una confusión entre el hecho de ejercer una autoridad y el de reforzar positivamente la capacidad de un niño o de una niña. Como vestigio cultural de la pedagogía autoritaria existen padres, educadores y profesores que siguen creyendo que la mejor manera de educar o de reeducar a un niño es indicarle continuamente sus faltas y sus errores. No son conscientes de que esta manera de actuar es maltratante y que, en vez de ayudar a los niños a superarse y a convertirse en personas autónomas, los estimulan para la rebelión o la sumisión. Estas dos posiciones mantienen a los niños emocionalmente dependientes de los adultos, impidiéndoles madurar responsablemente. Más que una técnica educativa, este tipo de modelo es un instrumento para mantener la sumisión.

LAS NECESIDADES SOCIALES

Para llegar a ser una persona, el niño y la niña tienen derecho a inscribirse en una comunidad para desarrollar un sentimiento de alteridad y de pertenencia y disfrutar de protección y de apoyo social. En primer lugar, su familia de origen es la que asegura la mediación entre el tejido social más amplio y el niño. A medida que desarrolle su autonomía, será el niño quien participará directamente en las dinámicas relacionales con su entorno social. Los adultos bientratantes son aquellos que facilitan la autonomía de los niños y las niñas apoyando sus capacidades y animándoles a ser responsables, tanto en el ejercicio de sus derechos como en el cumplimiento de sus deberes. Como resultado de estos procesos, los niños pueden aceptar su interdependencia, lo que equivale a aceptar las reglas que aseguran el respeto de toda persona y de sí mismo. A partir de esto, los niños tendrán acceso a la convivencia, cumpliendo sus deberes y sus responsabilidades hacia su comunidad.

Para facilitar el desarrollo de las potencialidades sociales de los niños, los adultos deben contribuir en la satisfacción de tres tipos de necesidades específicas: comunicación, consideración y estructura.

– *Comunicación*. Es de gran importancia en el ser humano. A través de los diferentes tipos de conversación, los niños y las niñas se sienten reconocidos como parte del sistema social. Gracias a la comunicación los niños reciben las informaciones indispensables para situarse en su historia y en el contexto social y cultural al que ellos, su familia y su grupo pertenecen. Por otra parte, la comunicación define también su lugar y la importancia de su existencia para el grupo, comenzando por su familia. La comunicación bientratante confirma la condición de sujeto al niño y a la niña cualesquiera sean sus circunstancias y conductas. La comunicación es fundamental no sólo para el niño pequeño, sino que lo será durante toda su infancia y tomará un valor especial durante la adolescencia. El adolescente debe encontrar en los adultos la capacidad de escucha y de comprensión. Se le deben ofrecer espacios de discusión, reflexión y expresión de sus vivencias, dándole el apoyo necesario para que pueda hacer frente a su ansiedad de separación de su mundo familiar y de su acceso al mundo adulto. Al mismo tiempo, es fundamental sostener sus esperanzas y aspiraciones. Ayudarle a traducir en palabras y a compartir los acontecimientos de su infancia o de su historia que le preocupan o le agobian le permite a menudo situarse mejor consigo mismo y también le ayuda a tomar decisiones que no estén influidas por sus emociones.

– *Consideración.* Asegurar el buen trato de los niños es también ofrecerles un ambiente de consideración y de reconocimiento como personas válidas. El mérito de la Convención de los Derechos del Niño ha sido recordar al mundo adulto que los niños son sujetos de derechos y que nuestro deber es respetarlos, porque nos reenvía a la idea de consideración, de estima. Para aprender a sentirse parte de una colectividad y a vivir en sociedad, todo niño necesita ser reconocido como persona con méritos, competencias específicas y dignidad. Para existir como ser social es importante que el niño se represente como un valor para la sociedad, como una persona singular. La mirada de la otra persona significativa permite la emergencia de una parte importante del concepto de sí mismo o de la identidad de los niños. Cuando esta mirada transmite afecto y consideración, contribuye a una identidad positiva y a una autoestima elevada. Sintiéndose considerado, el niño o la niña tendrá la energía psicológica necesaria para desarrollar sus proyectos y sus esperanzas y comprometerse en proyectos altruistas.

– *Estructuras.* Ningún ser humano podría sobrevivir sin los cuidados y el apoyo de sus semejantes. Para participar en esta dinámica, los niños tienen derecho a ser educados. Para ser bientratante, la satisfacción de las necesidades enunciadas anteriormente debe ser el pilar de los procesos educativos. El niño tiene el derecho de aprender a comportarse de acuerdo con las normas sociales de su cultura, pero también de rebelarse si las normas son injustas. Las normas culturales no son legítimas por sí mismas; lo son en la medida es que estén basadas en el respeto a la vida, a la integridad y a los derechos de todos. Las normas serán bientratantes y éticamente aceptables si su finalidad es la convivencia con la participación de todos y todas y el respeto de los derechos humanos y la aceptación de la diferencia.

En el ámbito familiar, las reglas sociales son modos de regulación que aseguran el ejercicio de las funciones de los miembros del sistema familiar. Ellas son necesarias para garantizar la existencia de una jerarquía basada en las competencias de los adultos que permita la educación de los niños. Los padres deberán no sólo garantizar la transmisión de las normas familiares y sociales, sino también facilitar conversaciones que permitan integrar el sentido de esas normas y respetarlas. Pero los niños, además, necesitan aprender a modular sus emociones, deseos, pulsiones y comportamientos y manejar sus frustraciones. Afortunadamente, la mayoría de los progenitores intentan cumplir su papel educativo ayudando a sus hijos a integrar las normas necesarias para la convivencia social. Desgraciadamente, cada vez existen más factores coyunturales que impiden el ejercicio de la función educativa. Los factores culturales y las dificultades laborales son algunos de ellos. El paro y la precariedad del empleo, la violación frecuente de los derechos de los trabajadores, las exigencias de una disponibilidad casi absoluta para conservar un puesto de trabajo y la obligación de aceptar una movilidad para conservar el empleo son un riesgo permanente para padres y madres, pues tiene un impacto directo sobre la disponibilidad que es necesaria para educar a los hijos.

Por otra parte, en casos de paro laboral, los hijos e hijas reciben a menudo mensajes directos o indirectos de los medios de comunicación de masas en los que sus padres aparecen como responsables de estar sin trabajo porque no son lo suficientemente dinámicos, competitivos y flexibles como para adaptarse a los cambios impuestos por la modernidad o la globalización económica.

En las familias bientratantes, los padres y madres insertos en redes sociales de apoyo, conscientes de las contradicciones de la estructura social, luchan para no claudicar en su misión educativa. Estas madres y padres desarrollan prácticas basadas en la exigencia de estar atentos a los derechos y a las necesidades de sus hijos, inculcándoles obligaciones y deberes para sí mismos y para los demás. Se trata, por consiguiente, de un estilo que, fijando las reglas, alienta la autonomía. Los niños educados en este ambiente muestran un humor positivo, confianza y control de sí mismos y competencias emocionales y sociales.

La necesidad de valores

Los niños y niñas tienen derecho a creer en valores que les permitan sentirse parte de su cultura. Esta dimensión engloba de hecho a las tres anteriores: son los valores los que dan sentido ético al buen trato. Los niños y las niñas aceptan someterse a las normas porque son legitimadas por los valores de su cultura, especialmente si las normas y las reglas sociales garantizan el respeto de todos y permiten la emergencia de la justicia, la tolerancia, la solidaridad, el altruismo social y la ayuda mutua.

Interiorizar las reglas sociales mediante valores positivos y significativos permite que los niños se sientan dignos, orgullosos y confiados en los adultos de su comunidad. Para nosotros, la interiorización de dichos valores positivos es una garantía para asegurar el buen trato.

Desde siempre, los niños han estado confrontados con la incoherencia de los adultos. Los seres humanos son los únicos animales capaces de construir el peor o el mejor de los ambientes sociales y de modificar el medio natural para mejorar las condiciones de vida o empeorarlas. A propósito de esto, numerosos ejemplos muestran la capacidad de los humanos para contaminar y desorganizar el medio natural hasta el punto de destruirlo y de poner en peligro la vida de los seres vivos. Este poder de la condición humana sin duda está vinculado a nuestra capacidad de representarnos la realidad mediante el pensamiento simbólico, produciendo las explicaciones necesarias para dar un sentido a lo que nos ocurre y a lo que sucede a nuestro alrededor. Muchos ejemplos indican que los seres humanos no siempre se valen de esta capacidad de manera constructiva, pues en algunos casos se la utiliza para destruir a otros seres sustentándose en ideologías y creencias.

Cada vez que los miembros de un sistema humano creen que sus maneras de ver y comprender el mundo mediante creencias ideológicas, teorías científicas y religiones absolutas defendidas a cualquier precio, incluso destruyendo a otros seres humanos, estamos en una zona límite donde puede desencadenarse una situación de violencia organizada.

A partir de sus creencias, los seres humanos participan muy a menudo en contextos producidos por ellos mismos que facilitan la emergencia de la violencia, la injusticia, los malos tratos, la enfermedad y el sufrimiento. Pero lo más dramático es que a la vez producen discursos mistificadores y mentiras para sustraerse de la responsabilidad de la realidad que han producido. A menudo, imponen estas explicaciones y justificaciones gracias a su posición de poder, acechando a sus semejantes para hacerles creer por medios legítimos o ilegítimos que los contextos mórbidos o mortíferos que los han producido son la mejor opción para el bienestar de la humanidad. A esto lo hemos llamado la «violencia ideológica», que produce dolor y muerte, pero que se legitima a través de creencias y discursos.

El modelo cultural dominante, que resulta de la economía de mercado impuesta por un neoliberalismo salvaje, intenta imponer valores consumistas e individualistas a los niños a través de los medios de comunicación. Los niños y las niñas están sometidos con frecuencia al bombardeo de una publicidad mentirosa, que les hace creer que su felicidad sólo depende de la satisfacción de los deseos. Nos parece evidente que este tipo de presión influye en los niños y en la misión educativa de los padres.

El éxito de la globalización neoliberal en tanto que modelo económico depende de la interiorización de una idea terrible: el dinero y las ganancias son más importantes que la condición humana. El riesgo es, por consiguiente, devastador: las personas son cosificadas por el dinero.

En una cultura del dinero basada en valores de consumo, la presencia de los niños sobre la Tierra es un peligro. Ellos pueden ser una carga, una causa de incomodidad, un obstáculo para la felicidad consumista.

La transmisión de valores en una cultura de buen trato

La comunicación de valores colectivos que enseñan a los niños y a las niñas el respeto a la vida, a los seres vivos y a los derechos humanos de todos y todas es fundamental para que un mundo sin violencia sea posible. En esta sociedad alternativa por la que luchamos, los niños y las niñas tendrán la posibilidad de integrar una ética que les haga responsables de sus actos, tanto de los que deben sentirse dignos y orgullosos –por ejemplo, la construcción de relaciones sociales altruistas y solidarias– como de los que producen violencia y comportamientos abusivos.

Tratar bien a un niño es también darle los utensilios para que desarrolle su capacidad de amar, de hacer el bien y de apreciar lo que es bueno y placentero, Para ello debemos ofrecerles la posibilidad de vivir en contextos no violentos, donde los buenos tratos, la verdad y la coherencia sean los pilares de su educación.

5
Familiaridad y competencias: el desafío de ser padres

Jorge Barudy

De los componentes de nuestra fórmula, las competencias parentales son uno de los factores esenciales que aseguran el buen trato infantil en la familia. El buen trato aquí y ahora es el resultado de competencias parentales que, a su vez, son el resultado de experiencias de buen trato cuando niños. Dado que una historia de malos tratos no facilita el desarrollo de competencias parentales, una incompetencia en el ejercicio de la función parental puede provocar el desarrollo de malos tratos infantiles. De ahí nuestro interés en compartir el modelo teórico que nos permite comprender el origen de las competencias parentales y nuestros esfuerzos para confeccionar una guía para evaluar su existencia o carencia (Barudy, J. y Dantagnan, M., 1999) con el fin de promoverlas y de ofrecer a los padres ayuda social y educativa.

El concepto de «competencias parentales» es una forma semántica de referirse a las capacidades prácticas de los padres para cuidar, proteger y educar a sus hijos, y asegurarles un desarrollo sano. Las competencias parentales son parte de lo que hemos llamado la parentalidad social para diferenciarla de la parentalidad biológica, es decir, la capacidad de procrear o dar la vida a una cría. La mayoría de los padres pueden asumir la parentalidad social como una continuidad de la biológica, de tal manera que sus hijos son cuidados, educados y protegidos por las mismas personas que los han procreado. Sin embargo, para un grupo de niños y niñas esto no es posible. Sus padres tuvieron la capacidad biológica para copular, engendrarlos y, en el caso de la madre, parirles; pero desgraciadamente no poseen las competencias para ejercer una práctica parental mínimamente adecuada. Las causas de las incompetencias de estos padres se encuentran en sus historias personales, familiares y sociales. En la mayoría de los casos, vemos antecedentes de malos tratos infantiles, medidas de protección inadecuadas, institucionalización masiva, pérdidas y rupturas, antecedentes de enfermedad mental de uno o de los dos padres, pobreza y exclusión social.

Al observar las causas de estas incompetencias puede existir la tentación de identificarse con el sufrimiento de los padres en desmedro de las necesidades y derechos de sus hijos. Desgraciadamente, los malos tratos como consecuencia de las incompetencias de los padres provocan graves daños siempre graves en los niños, aunque no siempre sean visibles. Esto último explica por qué a menudo nos referimos al dolor de los niños y niñas maltratados como «el dolor invisible de la infancia». Como señalaremos, los daños que los niños sufren son: trastornos del apego y de la socialización, trastornos de estrés postraumático de evolución crónica, traumatismos severos y alteración de los procesos resilientes (Barudy, J., 1998). Pero si además los niños no reciben protección oportuna y adecuada, ni tratamientos para reparar estos daños, puede haber una gran probabilidad de que en la adolescencia el sufrimiento se exprese mediante comportamientos violentos, delincuencia, abusos sexuales, uso de drogas, etcétera. Pero no todo termina aquí, pues actualmente hay suficientes investigaciones y experiencias clínicas para afirmar que los malos tratos en la infancia, junto con los factores culturales resultado de la ideología patriarcal, juegan un papel preponderante en la formación de la violencia conyugal, que victimiza y asesina a muchas mujeres. Por otra parte, las tragedias infantiles de los padres que causan los diferentes tipos de malos tratos a sus niños pueden ser la base de sus futuras incompetencias parentales. Por lo tanto, la protección de los niños maltratados y el apoyo terapéutico para la reparación de sus carencias y sufrimientos es una forma efectiva de prevenir lo que se conoce como la «transmisión transgeneracional de los malos tratos» (Barudy, J., 1998).

Todos los niños y niñas, en particular los que han sido víctimas de malos tratos, tienen derecho al acceso a una parentalidad social que sea capaz de satisfacer sus necesidades y respetar sus derechos. Por esta razón hay que evaluar las competencias parentales de todos los miembros adultos de la red familiar del niño o niña para determinar al adulto capaz de garantizar el ejercicio de esta función, protegiéndole, además, del daño causado por las personas que le han maltratado. La permanencia de estos niños y niñas en sus entornos sociofamiliares debe ser posible sólo en los casos en que existan adultos protectores, con competencias parentales que aseguren un desarrollo sano. Cuando esto no es posible, la parentalidad ejercida por otros cuidadores puede compensar las incompetencias de los padres biológicos. En esta perspectiva, el acogimiento familiar o residencial, así como la adopción, debe ser considerado como recurso que una comunidad pone al servicio de los niños y niñas para asegurarles una parentalidad social, puesto que los padres biológicos –por sus condicionantes históricos y sus dificultades actuales– no están en condiciones de garantizar los cuidados y la protección que sus hijos necesitan. Los padres acogedores, o los educadores que se ocupan de los niños en centros de acogida, deben ser considerados como dispensadores de una parentalidad social. El trabajo de estas personas, verdaderos tutores de resiliencia (Cyrulnik, B., 2001), no reemplaza la importancia simbólica de los padres biológicos; al contrario, el ejercicio de la parentalidad social implica el respeto incondicional de la filiación de los niños y la participación en todas las intervenciones que mantengan un vinculo de los niños con sus familias de origen.

Según las características de los padres biológicos, siempre que se pueda hay que facilitar el ejercicio de una «parentalidad parcial» (Berger, M., 2003). En este caso, en su desarrollo los niños deberán integrar la singularidad de una vinculación con sus padres biológicos y «sus padres sociales» de la forma más equilibrada posible.

El origen y el contenido de las competencias parentales

La adquisición de competencias parentales es el resultado de procesos complejos donde se mezclan las posibilidades personales innatas, marcadas por factores hereditarios, con los procesos de aprendizaje influidos por la cultura y las experiencias de buen trato o maltrato que la futura madre o padre hayan conocido en sus historias familiares, sobre todo en su infancia y adolescencia. Ser madre o padre competentes es una tarea delicada y compleja, pero fundamental para la preservación de la especie humana. Por ello «la naturaleza» ha puesto de su parte todo para que en la mayoría de las familias sea posible esta función.

Una gran parte de la actividad parental se guía por una especie «de piloto automático», resultado de una suerte de «mecánica espontánea» algo inconsciente. Los padres bientratantes que fueron sujetos de dinámicas sociofamiliares sanas han aprendido a responder a las necesidades fundamentales de sus hijos e hijas, han sido capaces de satisfacer un conjunto de necesidades múltiples y evolutivas, cambiantes con el tiempo.

Al abordar las competencias de las madres y de los padres nos interesa estudiar su relación con las necesidades infantiles en una doble vertiente:

a) El desafío de la función parental implica poder satisfacer las múltiples necesidades de los hijos (alimentación, cuidados corporales, protección, necesidades cognitivas, emocionales, socioculturales, etcétera), pero dado que estas necesidades son evolutivas, los padres deben poseer una plasticidad estructural que les permita adaptarse a los cambios de las necesidades de sus hijos. Por ejemplo, no es lo mismo cuidar, proteger o educar a un bebé que a un adolescente.

b) Si los padres no poseen las competencias parentales para satisfacer las necesidades de sus hijos y además les hacen daño, es muy probable que los niños, en el momento de intervenir para protegerles y ayudarles, presenten necesidades especiales, tanto en el ámbito terapéutico como educativo.

Si las intervenciones de protección son tardías e inadecuadas, las necesidades serán mayores, lo que obligará a hacer mayores esfuerzos para que los niños y niñas se recuperen del daño sufrido.

Para determinar las variables que permiten evaluar, promover y rehabilitar la parentalidad, es importante distinguir sus componentes: las capacidades parentales fundamentales y las habilidades parentales.

A. Las capacidades parentales fundamentales

Son el conjunto de capacidades cuyo origen está determinado por factores biológicos y hereditarios; no obstante, son moduladas por las experiencias vitales e influidas por la cultura y los contextos sociales.

1. *La capacidad de apegarse a los hijos*: incluye los recursos emotivos, cognitivos y conductuales que las madres y los padres poseen para apegar-

se a sus hijos e hijas y vincularse afectivamente respondiendo a sus necesidades. Las diferentes investigaciones sobre el apego muestran que los recién nacidos poseen una capacidad innata para apegarse. De esta capacidad depende su supervivencia. Por otra parte, la capacidad del adulto para responder a sus hijos y apegarse no sólo depende de sus potenciales biológicos, sino de sus propias experiencias de apego y de su historia de vida. Además, los factores ambientales que facilitan u obstaculizan las relaciones precoces con sus crías son fundamentales en el desarrollo de esta capacidad. Por ejemplo, la capacidad de apego puede promoverse o reforzarse a través de acompañamientos psicosociales de los futuros padres antes y durante el embarazo, así como durante el parto y el período que le sigue. Las intervenciones destinadas a fomentar el apego seguro son de prevención primaria de los malos tratos (Barudy, J., 1998; Cyrulnik, B., 1994).

2. *La empatía*: es la capacidad de percibir las vivencias internas de los hijos a través de la comprensión de sus manifestaciones emocionales y gestuales con las que manifiestan sus necesidades. Los padres con esta capacidad pueden sintonizar con el mundo interno de sus hijos y responder adecuadamente a sus necesidades. Los trastornos de la empatía están en estrecha relación con los trastornos del apego, y son una consecuencia en la mayoría de los casos. La prevención de los malos tratos también pasa por promover, en los futuros padres y madres, una vivencia de aceptación incondicional de los bebés como sujetos con necesidades singulares y con una forma particular de expresarlas. La detección precoz de los trastornos de la empatía de los padres y las intervenciones terapéuticas para superarlos es fundamental para la prevención de los malos tratos infantiles.

3. *Los modelos de crianza*: saber responder a las demandas de cuidados de un hijo o una hija, protegerles y educarles, son el resultado de complejos procesos de aprendizaje que se realizan en la familia de origen y también en las redes sociales primarias, influidos por la cultura y las condiciones sociales de las personas. Los modelos de crianza se transmiten de generación en generación como fenómenos culturales; las formas de percibir y comprender las necesidades de los niños están incluidas implícita o explícitamente, lo mismo que

las respuestas para satisfacer necesidades y maneras de protección y educación. Los déficits en los modelos de crianza, tanto desde un punto de vista cualitativo como cuantitativo, son indicadores de incompetencia parental y casi siempre se vinculan con experiencias de malos tratos familiares durante la infancia de los padres y en experiencias de institucionalización sin matices familiares. Otro eje fundamental en la prevención de los malos tratos es promover la parentalidad bientratante como eje transversal en el currículum escolar. Por otra parte, las intervenciones educativas para facilitar en los padres y madres con indicadores de riesgo y/o que viven en contextos de riesgo el aprendizaje de modelos respetuosos y eficaces de parentalidad es otra forma de prevenir los malos tratos infantiles.

4. *La capacidad de participar en redes sociales y de utilizar los recursos comunitarios*: es una capacidad fundamental y necesaria para el ejercicio de la parentalidad. Se refiere a la facultad de pedir, aportar y recibir ayuda de redes familiares y sociales, incluso de las redes institucionales y profesionales cuyos fines son la promoción de la salud y el bienestar infantil. Dado que la parentalidad es también una práctica social, las instituciones sanitarias, los jardines de infancia y las instituciones sociales de protección deben conformar redes de apoyos visibles y confiables para contribuir a la parentalidad en las familias. Si la parentalidad bientratante es considerada una prioridad por el Estado, entonces la atribución de recursos para la promoción y el apoyo de la vida familiar debe ser primordial.

La capacidad de los profesionales para considerarse parte de las redes de apoyo de las familias y promover el funcionamiento de redes naturales (familia extensa, barriales, etcétera) nutritivas, seguras y protectoras para los niños y las niñas es fundamental para apoyar la parentalidad.

B. Las habilidades parentales

Se corresponden con la plasticidad de las madres y los padres, que les permite dar una respuesta adecuada y pertinente a las necesidades de sus hijos de una forma singular, de acuerdo con sus fases de desarrollo.

Dicha plasticidad se basa en las experiencias de vida en un contexto social adecuado. La prevención de los malos tratos también debe entenderse como el conjunto de acciones destinadas a facilitar los procesos adaptativos y el apoyo social para hacer frente a situaciones de estrés. La promoción y rehabilitación de las competencias parentales como fuentes del buen trato infantil abarca el apoyo de las capacidades parentales y el desarrollo de sus habilidades. Así, el concepto de competencias parentales engloba estos dos aspectos, que se mezclan en un proceso dinámico.

EL DESAFÍO DE SER MADRE O PADRE. LAS FUNCIONES Y TAREAS DE LA PARENTALIDAD SOCIAL

La función parental tiene tres finalidades fundamentales: nutriente, socializadora y educativa. La primera, la nutriente, consiste en proporcionar los aportes necesarios para asegurar la vida y el crecimiento de los hijos. La socializadora se refiere al hecho de que los padres y las madres son fuentes fundamentales que permiten a sus hijos el desarrollo de un autoconcepto o identidad. La función educativa, por último, hace referencia a que los padres deben garantizar el aprendizaje de los modelos de conducta necesarios para que sus hijas e hijos sean capaces de convivir, primero en la familia y luego en la sociedad, respetándose a sí mismos y a los demás.

La función nutriente

En los seres humanos, como en todos los mamíferos, los cuidados prestados a las crías necesitan de un reconocimiento mutuo entre los progenitores y la progenie, una estructura de parentela, como diría Cyrulnik (2001), porque se trata de un reconocimiento fundamentalmente sensorial y emotivo, muy diferente a una estructura de parentesco que emerge de la representación y de la «verbalidad».

La estructura de parentela implica además la activación de mecanismos neurobiológicos que permiten memorizar las señas respectivas de la madre y del bebé. Por eso afirmamos que el apego es primariamente sensorial y emocional y que luego se estampa en una representación. (Cyrulnik, B., 1994; Barudy, J., 1998; Barudy, J., y Dantagnan, M., 1999).

Para que este reconocimiento mutuo ocurra es indispensable la integridad de los canales de comunicación sensorial, acompañados de la puesta en marcha de un proceso emocional de familiarización, ligado a la impresión de esta experiencia en la memoria.

En la vivencia de las madres suficientemente competentes, este reconocimiento de su bebé como parte de su mundo se da naturalmente, resultado de un instinto. Es posible que ésta sea la razón por la que se denomina instinto maternal a la vivencia organísmica de una madre, que la predispone al reconocimiento de su cría, asociándose con ella para cuidarla y protegerla.

En las historias infantiles, estas madres han conocido un apego seguro, es decir, una relación empática y nutriente con su propia madre, o en su falta con una figura maternante de sustitución. Por otra parte, los nueve meses de gestación en el útero no alcanzan para asegurar la madurez de la cría humana. Los niños necesitan de aportes materiales, afectivos, sociales, éticos y culturales brindados por cuidadores adultos para terminar sus procesos de maduración biológica, psicológica y social.

Este enunciado tan evidente y poco presente en el mundo adulto explica la dependencia biopsicosocial de los niños con sus madres y padres. La asimetría de poder y de competencias entre un adulto y un niño es la condición estructural que permite a una madre o a un padre competente entregar los diferentes nutrientes que necesitan sus hijos para crecer y desarrollarse.

Nunca está de más insistir en que las competencias de una madre o un padre no están aseguradas por sus capacidades de procrear. La existencia de competencias parentales depende de sus historias de vida y de las condiciones en que les toca cumplir su función.

En relación con esto último, somos testigos privilegiados para dar testimonio de la impotencia, la frustración y la desesperanza que vivencian madres y padres con capacidades para cuidar a sus hijos cuando en el medio ambiente en que viven no encuentran un mínimo de nutrientes para hacerlo. Nos referimos de nuevo a las madres afectadas por la pobreza, pero también a aquellas que han sufrido una catástrofe humana que las confronta a una situación de amenaza vital y de carencias extremas y las obliga a emigrar a lugares y regiones desconocidas (Barudy, J. et al., 2000, 2002). La experiencia emocional que permite nutrir y cuidar a los hijos está dada por el apego seguro y la capacidad de empatía que nace de este proceso. En este libro, en varias ocasiones hacemos referencia al apego y la empatía, pues ambos son componentes fundamentales de la parentalidad y, por ende, de los buenos tratos intrafamiliares.

Un componente fundamental del apego es la «impronta», que se refiere a cómo el cerebro de un bebé, modelado por la doble exigencia de sus determinantes genéticos y de las presiones de su medio, adquiere neurológicamente una sensibilidad nueva y singular del mundo que percibe. Esta sensibilidad le permite incorporar en su memoria las características sensoriales de su madre, sobre todo en un período sensible, y está mediada por un determinante cronobiológico: la secreción de acetilcolina, el neuromediador de la memoria. Cualquier molécula que anule la secreción de esta sustancia, como los betabloqueantes, los tricíclicos o el hexifenidilo, impiden la impronta (Cyrulnik, B., 2001).

El beneficio inmediato de la impronta es la supervivencia de la progenie, en la medida en que las crías se vinculan con un adulto que les cuidará y les servirá de tutor o tutora de su desarrollo. Tal como hemos expuesto en un capítulo anterior, por biología y cultura, este adulto es para beneficio de la cría una madre. Boris Cyrulnik (2001) nos explica que el beneficio diferido de este fenómeno para el niño o la niña será la preferencia sexual por una persona que evoca sensorialmente a las características de ese ser humano que impregna su memoria, lo que además le permite, una vez adulto, vincularse con alguien de la misma especie. Pero lo más importante, desde el momento en que el recién nacido se apega de una forma singular a una «madre» nutritiva, es que el mundo percibido se estructura en un mundo familiar «asegurizante» en el que podrá proseguir todos los aprendizajes necesarios para su desarrollo. El niño o la niña entran en la vida sana por la puerta del apego seguro.

Cuando el mundo percibido carece de aportes nutritivos y de cuidados, y además está inundado de experiencias de violencia, toda la información proveniente del medio adopta el contenido emocional de una agresión, lo cual provoca miedos e inseguridades que entorpecen una vinculación segura con sus figuras de apego y dificultan, o impiden, los aprendizajes del desarrollo. La puerta de entrada a la vida será una de las formas de apego inseguro. Un clima de respeto y de cuidados aumenta la fuerza de la impronta; las carencias y la sobreestimulación por estrés, la reduce.

Por otra parte, cuando pasa el período más sensible para el apego, los aprendizajes todavía son posibles, aunque se hacen más lentos, pues los neuromediadores y la memoria están impregnados de experiencias y emociones desagradables.

La función socializadora y educativa

Desde la perspectiva de nuestro modelo, la función socializadora y educadora de la parentalidad se considera con dos vertientes relacionadas entre sí. La primera es la contribución de los padres a la construcción del concepto de sí mismo o de identidad de los hijos. La segunda corresponde a la facilitación de experiencias relacionales que sirvan como modelos de aprendizaje para vivir de una forma respetuosa, adaptada y armónica en la sociedad.

La construcción del concepto de sí mismo

Diferentes autores han considerado «el concepto de sí mismo» –es decir, la imagen que cada persona tiene de sí– como el resultado de un proceso donde el niño o la niña internalizan su mundo social y externalizan su propio ser (Berger, M. y Luckman, T., 1986). En esta perspectiva dialéctica, la percepción que la niña y el niño tienen de sí mismos resulta de la internalización de su mundo cotidiano, que a su vez resulta de la dinámica relacional entre su estructura biológica y su medio ambiente.

La parte del medio ambiente que nos parece fundamental en la formación de un autoconcepto sano, positivo y resiliente, es un entorno humano de buenos tratos donde los padres son capaces de comunicar de manera permanente mensajes incondicionales de afecto y de respeto que confirman a sus hijos e hijas como sujetos legítimos en la convivencia recíproca.

El autoconcepto o percepción que el niño o la niña tienen de sí mismos juega un papel importante en la estructuración de su personalidad. Uno de los principales componentes de la personalidad son los rasgos del niño o de la niña, unidos por el autoconcepto y afectados por él. Los rasgos infantiles, a su vez, son cualidades específicas, resultado de los patrones conductuales o de adaptación, como las reacciones ante las frustraciones, los modos de afrontar los problemas, las conductas agresivas y defensivas y la comunicación natural o de retraimiento en presencia de otros. El grado de estabilidad del autoconcepto desempeña un papel central en la organización de la personalidad. La estabilidad en la percepción de sí mismo permite el desarrollo de rasgos positivos como la capacidad de evaluarse de forma realista, tener confianza en sí mismo y una autoestima elevada. Lo contrario desarrolla inferioridad e incapacidad, inseguridad y carencia de confianza en sí mismo y produce malas adaptaciones personales y sociales (Dantagnan, M. et al., 1993).

Diferentes investigadores han recogido datos para mostrar cómo los niños y las niñas se informan sobre sí mismos a partir de las personas adultas significativas para sus vidas, especialmente sus padres y otros miembros importantes de su entorno familiar y social (Berger, P. y Luckman, T., 1986; Dantagnan, M. et al., 1993; Amar, J., 2003). Por lo tanto, en la formación de la identidad hay que considerar además las evaluaciones que los otros hacen y transmiten a los niños. Los contenidos del autoconcepto se refieren a las ideas que la persona tenga de sí misma y a las ideas que la persona cree que los demás tienen de ella (Rogers, 1961).

Lo que una madre o padre siente, piensa o hace por sus hijos y la forma en que lo comunica tendrá un impacto significativo en la manera en que una niña o niño se concibe a sí mismo. Estos mensajes están en estrecha relación con lo que el niño sentirá con respecto a sí mismo. Así, el autoconcepto refleja cómo una madre o un padre se sienten en presencia de un hijo o de una hija y cómo se lo transmiten. Esto, a su vez, es internalizado por el niño, y éste puede llegar a sentir sobre sí mismo lo que otros sienten sobre él, y estos sentimientos se reactivan ante cada nueva experiencia (Dantagnan, M. et al., 1993). Un niño o niña hijos de padres con una parentalidad competente tendrán todas las posibilidades de desarrollar una identidad sana y una autoestima elevada. Al contrario, los padres incompetentes y con conductas que ocasionan malos tratos, envían permanentemente mensajes negativos a sus hijos o hijas, lo que explica un autoconcepto negativo y graves problemas de autoestima.

A este respecto es importante recordar que el autoconcepto conlleva un conjunto de actitudes hacia sí mismo, y que se construye a partir de tres componentes (Burns, 1990):

a) Los componentes cognitivos del autoconcepto: es lo que un adulto o un niño ve cuando se mira a sí mismo. Corresponden al conjunto de rasgos con los que se describe, y aunque no sean necesariamente verdaderos y objetivos, guían su modo habitual de ser y comportarse.

b) Los componentes afectivos: son los afectos, emociones y evaluaciones que acompañan a la descripción de uno mismo. Este componente coincide con lo que Coopersmith (1967) define como autoestima: «la evaluación que hace el individuo de sí mismo y que tiende a mantenerse; expresa una actitud de aprobación o rechazo y hasta qué punto el sujeto se considera capaz, significativo, exitoso y valioso».

c) Los componentes conductuales: el concepto que una persona tiene de sí misma influye claramente en su conducta diaria. El autoconcepto condiciona la forma de comportarse. El niño o la niña se guían en su conducta por las cualidades, valores y actitudes que poseen sobre sí mismos. Los niños suelen comportarse de una forma que concuerde con su autoconcepto. Pero afecta no sólo su conducta; sus propias percepciones se ven condicionadas por él, como si el niño viera, oyera y valorara todo a través de un filtro.

La evolución del concepto de sí mismo

A medida que el niño crece, obtiene un aumento gradual de sus habilidades, y se interesa por su medio ambiente, sus características físicas y los comportamientos adecuados o inadecuados, que servirán de base para el éxito o el fracaso en la vida. Por eso, el concepto que se tenga de sí es de vital importancia para todos los sujetos. Si la persona cuenta con estímulos adecuados, es decir, se desenvuelve en un medio con características positivas, es posible que su autoestima le permita comportarse de manera acertada. En caso contrario, la visión de sí mismos será cada vez más negativa.

El concepto que de sí mismo tiene un niño o una niña en gran medida es producto de su experiencia en el hogar y de la identificación con sus padres. Esto se vio demostrado claramente en estudios sobre la autoestima que mostraron que los chicos y las chicas con alta autoestima eran hijos de madres con alto aprecio de sí mismas, que aceptaban y apoyaban a sus hijos, prefiriendo las recompensas y el trato no coercitivo con ellos (Coopersmith, 1967).

Las dos teorías que nos parecen relevantes para explicar la formación y desarrollo del autoconcepto y que nos permite comprender el impacto de la calidad de la parentalidad en la formación del autoconcepto son las aportadas por el modelo del interaccionismo simbólico (teoría del espejo) (Berger, M. y Luckman, T., 1986) y la teoría del aprendizaje social (Bandura, 1982).

Según la teoría del interaccionismo simbólico, el autoconcepto es consecuencia de las evaluaciones de las personas sobre el entorno próximo. El individuo se ve reflejado en la imagen que le ofrecen los otros, como si estos fueran un espejo. Llega a ser como los demás piensan que es. En este proceso no todos los que rodean al niño tienen la misma influencia en la formación de su autoconcepto. Así, en los primeros años la información sobre sí mismo la recibe casi exclusivamente de los padres y familiares próximos. Sin embargo, a medida que el niño crece, aparecen otras personas significativas como los profesores, los compañeros y los amigos.

Según la teoría del aprendizaje social, el niño adquiere el autoconcepto mediante un proceso de imitación con el que incorpora en sus propios esquemas las conductas y actitudes de las personas importantes para él. Estas teorías ponen el acento en una actitud pasiva de la formación del autoconcepto, ya que el niño se limitaría a recibir influencias y evaluaciones, comportándose, por tanto, como ser pasivo y netamente receptor. Esto ocurre sobre todo en contextos en que el niño o la niña no son considerados sujetos activos de una relación. En contextos sanos, la realidad es que el niño o la niña son sujetos activos, creativos y experimentadores. Por lo tanto, los resultados de sus propias acciones y experiencias les sirven también como criterios en la formación del concepto de sí mismos.

La función educativa

El papel educativo de los padres es algo indiscutible, y como toda tarea humana también está profundamente influida por los tiempos y la cultura. A través de la educación los niños acceden al mundo social de la convivencia y de la verdadera autonomía. La educación sirve para formar a un niño o una niña a nivel individual, pero sobre todo es el proceso que posibilita pertenecer a un tejido social más amplio, a una sociedad, a una comunidad. En el marco de estas pertenencias, el niño o la niña se preparan para colaborar en la construcción del bienestar común. En este sentido, la integración de las normas, reglas, leyes y tabúes, que permiten el respeto de la integridad de las personas, incluyendo la de los niños, en las dinámicas sociales, es uno de los logros de una parentalidad competente.

Uno de los interrogantes que nos parece necesario responder es cuál es el estilo educativo compatible con una parentalidad sana, bientratante, resultado de un modelo de competencias. Para contribuir a dar una respuesta, nos ha parecido importante presentar los diferentes contenidos de los procesos educativos, extensivos a otros tipos de relaciones que también participan en estos procesos. Nos referimos, por ejemplo, a los educadores de centros de acogida de niños y niñas, a los padres de familias acogedoras, a profesores, a responsables o animadores de movimientos infantiles y juveniles.

Los contenidos de los procesos educativos

Educar a un niño o a una niña es ante todo un proceso relacional. Si no hay una vinculación afectiva, serán deficientes o estarán ausentes. La observación participante de procesos educativos en familias, escuelas y centros de acogida nos han permitido constatar lo que otros autores defienden con vehemencia: «Los niños y niñas aprenden para alguien» (Berger, M., 1999; Cyrulnik, B., 2000, 2001).

En nuestro modelo, tomamos en cuenta cuatro contenidos de los procesos educativos:

a) el afecto
b) la comunicación
c) el apoyo en los procesos de desarrollo y la exigencia de madurez
d) el control

Según la manera en que los padres, profesores o educadores operen en cada dominio, estaremos frente a modelos educativos de buen trato o de malos tratos.

a) El afecto en los procesos educativos: cuando el cariño y la ternura están presentes, se refleja un modelo educativo nutridor y bientratante; en cambio, cuando están ausentes o son ambivalentes, estamos en el dominio de los malos tratos.
b) La comunicación: si los padres o educadores se comunican con sus hijos en un ambiente de escucha mutua, respeto y empatía,

pero manteniendo una jerarquía de competencias, nos encontramos en un dominio educativo bientratante. En cambio, la imposición arbitraria de ideas, sentimientos y conductas, o el polo opuesto, es decir, ceder siempre a lo que los hijos opinan o piden, distraerles cambiando de tema o engañándoles, es un reflejo de una incapacidad educativa. Estas dos modalidades de comunicación se presentan en situaciones de malos tratos físicos y psicológicos.

c) El apoyo de los procesos de desarrollo y la exigencia de madurez: los niños y las niñas no sólo necesitan nutrientes para crecer y desarrollarse; además, requieren estímulos de los adultos significativos. Los padres educadores o maestros competentes son los que en este aspecto ofrecen apoyo y retos para estimular los logros de los niños. El reconocimiento y la gratificación por estos logros también están presentes. En el caso contrario, se bloquea o perturba el crecimiento y el desarrollo de los niños, con comportamientos y discursos negligentes o que subestiman las capacidades de los niños.

d) El control: la modulación emocional y conductual es uno de los grandes objetivos de la educación. Los niños necesitan ser ayudados para aprender a modular sus emociones o, en otras palabras, a desarrollar una inteligencia emocional (Goleman, D., 1996). Al mismo tiempo, los niños deben aprender a controlar los impulsos de sus comportamientos, que pueden presentarse cuando desean algo o ante la frustración por no tener lo que quieren.

Para adquirir controles internos, los niños y niñas primero necesitan conocer la experiencia de regularse mediante fuerzas de control externo. En nuestro modelo, estas fuerzas de control externo es lo que conocemos como «disciplina».

En el caso de la parentalidad competente, como en la enseñanza y el trabajo educativo de este mismo estilo, el control se ejerce de una manera educativa. Esto quiere decir que en cada oportunidad los adultos facilitan lo que les parece favorable: espacios de conversación o de reflexión sobre las vivencias emocionales y formas de controlar las emociones, así como formas adaptativas y adecuadas de comportarse cuando se producen transgresiones. La repetición de las faltas va acompañada de una reflexión sobre los efectos en sí mismo y en los demás, así como el sentido de los castigos y los actos reparativos.

El estilo educativo de la parentalidad bientratante

Considerando los elementos expuestos anteriormente, podemos afirmar que la parentalidad bientratante presenta un estilo educativo centrado en las necesidades de los niños y niñas, que siempre son considerados sujetos de derecho. En este estilo, los padres o cuidadores asumen la responsabilidad de ser los educadores principales de sus hijos, ejerciendo una autoridad afectuosa caracterizada por la empatía y la dominancia.

El concepto de dominancia lo hemos tomado prestado de la etología animal y corresponde a los comportamientos ritualizados con los que los adultos mantienen su dominio en una manada (Barudy, J., 1998; Barudy, J. y Dantagnan, M., 1999). Esto sostiene una estructura jerarquizada entre padres y crías. En la familia humana, esto se produce con gestos, comportamientos y discursos. La dominancia o autoridad, vinculada a la idea de competencia, es lo que permite que las crías representen a su familia como un espacio de seguridad y de protección, pero sobre todo como fuente del aprendizaje necesario para hacer frente a los desafíos de su entorno. En una familia sana, la dominancia existe siempre, y está basada en el respeto mutuo, de tal manera que los niños y los jóvenes son considerados según su edad y posibilidades como actores y actrices coparticipantes de los procesos familiares y sociales en los que están inmersos.

El modelo educativo bientratante y eficaz

En este modelo los adultos asumen de una manera competente ser fuentes nutridoras, agentes de socialización y tutores educativos. Ellos operan en los cuatro dominios de la siguiente manera:

En el afecto: las relaciones son afectivas y las emociones se expresan y modulan con «inteligencia emocional» (Goleman, D., 1996)

En la comunicación: están siempre presentes, y sus formas y contenidos evolucionan con el crecimiento de los niños, definiendo las relaciones como de reciprocidad jerarquizada.

En las exigencias de madurez: los adultos actúan estimulando el crecimiento y maduración de los niños, planteándoles retos adecuados. Animándolos, reconociéndolos y gratificándolos por sus logros.

En el control: lo realizan mediante comportamientos y discursos que de una forma inductiva permiten la integración de las normas y reglas necesarias para la convivencia.

LOS DIFERENTES TIPOS DE PARENTALIDAD SOCIAL

Como hemos afirmado anteriormente, la parentalidad social corresponde a la capacidad práctica de una madre o un padre para atender las necesidades de sus hijos. No sólo se trata de nutrirles o cuidarles, sino también de brindarles la protección y la educación necesarias para que se desarrollen como personas sanas, buenas y solidarias. Cuando las madres y los padres tienen estas capacidades están en condiciones de ofrecer a sus hijos lo que hemos llamado «una parentalidad sana, competente y bientratante». Cuando éstas no están presentes, las madres y los padres son incapaces de satisfacer las necesidades de sus hijos y les provocan sufrimiento y daño. En este caso hablamos de «una parentalidad incompetente y maltratante».

La parentalidad sana, competente y bientratante

Los padres con este tipo de parentalidad brindan a sus hijos e hijas un modelo afectivo de apego seguro, estimulan el desarrollo de una capacidad cognitiva basada en el pensamiento crítico y reflexivo y modelan sus conductas para que sean sujetos sociales altruistas. Los hijos y las hijas, a su vez, presentan desde pequeños una capacidad de vincularse basada en la confianza y la empatía y en participar en una práctica social recíprocamente solidaria y altruista.

> *Los hijos e hijas bien tratadas son capaces de resistir a las estrategias de alienación del pensamiento violento y abusador y pueden participar progresivamente en la construcción de un mundo humano más justo y solidario, respetuoso de lo viviente y de su diversidad.*

Son capaces de amar en el sentido que le da Erich Fromm (1987), es decir, son capaces de dar y recibir de los demás, se sitúan críticamente frente a las creencias violentas y abusivas y no presentan conductas agresivas.

Cuando el universo familiar en el que el niño o la niña viven se caracteriza por los buenos tratos, se torna en un factor protector para ellos y en una fuente fundamental de resiliencia. Esto es muy importante de señalar cuando se trata de niños que viven en condiciones de pobreza y de exclusión social. Muchos autores que estudian el origen de la resiliencia en hijos e hijas de familias pobres en Latinoamérica insisten en la importancia de una familia estable, cálida y unida, donde la madre ofrece un apego seguro a sus hijos y los demás adultos son fuente de apoyo afectivo para los niños. La existencia de una relación permanentemente afectuosa con uno o ambos padres y una disciplina consistente e inductiva, así como un funcionamiento cotidiano con rutinas y rituales que estructuran la dimensión espacial y temporal de la vivencia de los hijos, refuerzan las posibilidades de resiliencia (Balegno, L. et al., 2003; Rodríguez, C. y Aguilar, M.L., 2003; Amar, J., 2003).

La pertenencia a una familia con una parentalidad bientratante ofrece un sentimiento de pertenencia y una seguridad a sus hijos que reduce el estrés psicológico severo proveniente de un entorno social pobre y desfavorecido. En este sentido, los miembros de la familia extensa pueden jugar un papel primordial; tíos, abuelos, padrinos y primos pueden servir de guías y modelos para los niños, pero, aún más importante, ser fuente de seguridad y confianza para superar el cúmulo de factores de riesgo que les rodea. En efecto, las familias pobres que desarrollan dinámicas de buen trato desarrollan sus propios factores de protección contra los efectos perversos de la pobreza. Los padres de estas familias, con la ayuda de sus hijos y a través de una gran capacidad de trabajo, desarrollan con una enorme creatividad diferentes actividades que les procuran los medios de subsistencia necesarios.

Las características de la parentalidad bientratante

Aportar los cuidados y educación que un niño o una niña necesita es un desafío para cualquier adulto. Las representaciones dominantes de la cultura patriarcal han tratado de imponer la idea de que para que un niño o una niña se desarrolle sanamente es necesario una familia con un padre y una madre, imponiendo roles rígidos y funciones estereotipadas para cada uno.

Esto es totalmente contrario a lo que la experiencia y las investigaciones han demostrado. La relación entre necesidades infantiles y competencias parentales responde al principio de la teoría general de sistemas conocido como «equifinalidad» (Watzlawick, P., Beavin J., Jackson, D., 1981). Esto quiere decir que idénticos resultados pueden provenir de sistemas y dinámicas diferentes. Por ejemplo, una madre sola, una pareja de padres biológicos heterosexual u homosexual, una abuela, unos padres acogedores o adoptivos, interactúan con los hijos en sistemas diferentes y con dinámicas relacionales singulares en cada uno, pero todos pueden producir los mismos cuidados de calidad y asegurar el buen trato que un niño o niña necesita para crecer sano. Lo decisivo está en la naturaleza de las relaciones.

Como señalábamos, ser madre o padre revela importantes desafíos. Se trata de responder a las necesidades múltiples y evolutivas de los niños, lo que implica que los padres biológicos o la persona que ejerce la parentalidad social como cuidador o cuidadora deben tener las capacidades para ofrecer contextos relacionales caracterizados por:

1) *Una disponibilidad múltiple*: los niños necesitan diferentes espacios relacionales para estimular sus diferentes áreas de desarrollo; por lo tanto, la función parental implica ofrecer a los hijos diversidad de experiencias en espacios diferenciados como:

   – *Espacios afectivos* que permitan a los niños ser sujetos de una relación. A través de mensajes gestuales, contactos corporales y «caricias verbales», el niño o la niña recibe la dosis suficiente de mensajes que le confirman como un sujeto amable, suficientemente válido para ser cuidado, protegido y estimulado en su desarrollo. Estos espacios son posibles cuando los padres y cuidadores poseen capacidades de apego con los niños y, como consecuencia de esto, la empatía necesaria para entender el lenguaje con el que expresan sus necesidades. Estos espacios afectivos donde se ritualiza la afectividad permitirán que el niño sea capaz de responder con comportamientos de reciprocidad afectiva, lo que reforzará la existencia de estos espacios como momentos deseados y gratificantes para todos.

   – *Espacios íntimos*: son los momentos en que el hijo o la hija son confirmados como una persona singular; espacios de intercambio donde sus rasgos, atributos y capacidades son reforzados al tiempo que se les ofrece la posibilidad de explorarse a sí mismos estimulando sus potencialidades para superar sus dificultades y resolver sus conflictos. Una madre o un padre vinculado con sus hijos con un apego sano y seguro brindará estos momentos de exclusividad relacional de una forma ritualizada. Y si las circunstancias no se lo permiten, aprovechará momentos de la vida cotidiana para intimar con un hijo o una hija.

   – *Espacios lúdicos*: las madres y padres capaces de jugar con sus hijos facilitan vivencias gratificantes y estimulan el juego como uno de los pilares del desarrollo infantil. A través del juego espontáneo los niños aprenden a navegar por los meandros de la realidad, elaborando las primeras hipótesis explicativas de los acontecimientos que les llaman la atención. Si los juegos infantiles en que el niño o la niña activan su imaginario son acompañados por los adultos cuidadores, la comprensión de la realidad se despega poco a poco de las explicaciones fantasiosas para dar cabida a los aportes más racionales y por lo tanto más útiles para la adaptación al mundo real. En este sentido, los espacios lúdicos son lugares de aprendizaje, arraigados en un recurso natural del desarrollo infantil. Al jugar con los niños y niñas, el adulto está estimulando uno de los componentes más importantes del desarrollo, ser un sujeto activo de la construcción de una realidad compartida y receptor del apoyo afectivo para comprometerse en el cambio de esa realidad cuando es injusta, adversa o violenta. Jugar con los niños es, en este sentido, una actividad con un alto valor de resiliencia. Por otra parte, hoy nadie discute la importancia de la diversión, el humor y el entretenimiento como estímulos para el buen funcionamiento de los circuitos neurofisiológicos destinados a modular el efecto del estrés y de las experiencias dolorosas. Los circuitos de las endorfinas, que modulan el dolor, y los circuitos de la serotonina, que mantienen un buen estado de ánimo y confianza frente a los desafíos, adversidades y conflictos, se lubrican con la alegría del juego compartido. Estos espacios lúdicos son también los momentos indispensables para mantener en buen estado el funcionamiento de los circuitos neurofisiológicos.

– *Los espacios de aprendizaje*: en relación con este ámbito podemos emitir un axioma aplicable a todos los niños y niñas: «No se puede no aprender de los adultos». Los niños se van haciendo sujetos sociales estimulados por lo que ven. En edades más tempranas, los niños aprenden más de lo que el adulto hace que de lo que dice. Más tarde, el acceso al pensamiento simbólico y a la palabra agrega la posibilidad de aprender de lo que el otro dice. Los padres competentes, y por tanto suficientemente sanos la mayoría del tiempo, son congruentes, es decir, sus actuaciones son raramente paradójicas, hacen lo que dicen y lo que dicen tiene fuerza de influencia porque está avalado por el ejemplo. Junto con esta coherencia, la capacidad de transmitir conocimientos y experiencias en un clima afectuoso y de respeto es fundamental para el aprendizaje infantil. Es importante insistir en que los niños aprenden para ellos mismos, pero también para otros. De aquí la importancia de la calidad de las relaciones. Esto es relevante sobre todo en el contexto cultural actual, donde el acceso al conocimiento de la realidad está dominado por las imágenes en serie transmitidas por la televisión y los juegos electrónicos. El hecho de que las madres y los padres sigan defendiendo sus derechos de ser fuentes de aprendizaje para sus hijos es una forma de resistir al riesgo de su embrutecimiento intelectual, sobre todo si transmiten valores relacionados con el respeto de los seres vivos, de lo humano y de la naturaleza. Por lo tanto, uno de los desafíos actuales de la parentalidad bientratante es que los hijos no sólo adquieran conocimientos, sino que piensen y analicen críticamente las contradicciones y las injusticias de su sociedad para que encuentren un sentido a sus vidas en la lucha por la justicia, la paz y la solidaridad.

2) *Estabilidad*: otro de los componentes de la parentalidad sana y bientratante es ofrecer a los niños y niñas una continuidad a largo plazo de relaciones que aseguren sus cuidados y la protección para preservarles de los riesgos del entorno, así como la socialización necesaria para que sean buenas personas. Esto cobra aún mayor importancia en la hora actual, donde los modelos tradicionales de la familia están en crisis y las nuevas propuestas de familiaridad toman más en cuenta los deseos y las necesidades de los adultos. El aumento creciente de la familia monoparental, donde el padre no se implica en los cuidados cotidianos de sus hijos, es un indicador de este fenómeno. Afortunadamente, los hijos e hijas de la posmodernidad pueden seguir contando con las fuerzas y las valentías de sus madres, quienes les aseguran, incluso en condiciones de mucha dificultad, la dosis necesaria de estabilidad afectiva para seguir creciendo. Los padres y las madres que, consecuentes con sus opciones afectivas de adultos, se permiten experimentar variadas formas de vida en pareja, pero que desean tratar bien a sus hijos, tienen la obligación de encontrar nuevas formas y rituales para asegurarles esta disponibilidad, tanto en la cantidad de tiempo destinada a sus hijos como en la calidad de la relación en los momentos que están con ellos. Desgraciadamente, el modelo económico dominante dificulta además la disponibilidad de los padres, en la medida en que impone como valor de éxito la capacidad de los adultos para invertir su tiempo en

actividades que les produzcan dinero para consumir o les obliga a adaptarse a las condiciones de trabajo de los dueños del dinero. La clase patronal, con el argumento de defender la competitividad, impone a trabajadores y a empleados una flexibilidad horaria que no toma en cuenta las necesidades de los niños. Estos imperativos sociales atentan contra la accesibilidad de los padres a sus hijos, otro de los componentes de la parentalidad sana y competente.

3) *Accesibilidad*: es indispensable para asegurar el desarrollo sano de los niños y niñas. Si un adulto significativo para ellos está siempre visible, eso implica presencia y disponibilidad. En otras palabras, la madre o el padre que trata bien a sus hijos es capaz de transmitirles que, pase lo que pase, él o ella será los seres más importantes y, por lo tanto, estarán siempre accesibles, es decir, ubicables. En estas dinámicas, los padres son visibles para los hijos y viceversa.

4) *Perspicacia*: la capacidad para percibir y mostrar alegría y satisfacción por los cambios con que los hijos muestran el progreso de su desarrollo es otra característica de la parentalidad bientratante. Esto implica que las madres y los padres estén motivados para ser «observadores participantes» de los procesos de crecimiento de sus hijos y celebren sus logros y los estimulen en sus dificultades.

5) *Eficacia*: la inmadurez con que las crías humanas nacen explica la dependencia de los cuidados y de la estimulación adecuada de sus cuidadores para poder desarrollarse sanamente. Como mostrábamos en otro capítulo, la naturaleza ha organizado las cosas de tal manera que los adultos humanos y particularmente las mujeres, como todos los mamíferos, tengan los recursos innatos para apegarse emocionalmente a sus crías. Pero para que esta experiencia emocional desencadene gestos y comportamientos que garanticen los cuidados y la crianza de los hijos se requiere que los padres y madres hayan tenido acceso a modelos de crianza eficaces durante su infancia y adolescencia para poder responder adecuadamente a las necesidades múltiples y evolutivas de sus hijos, descritas anteriormente en este libro.

6) *Coherencia*: los niños necesitan que los adultos que los cuidan, sobre todo sus padres, sean capaces de ofrecer un sentido coherente a sus actuaciones. La búsqueda de sentido es uno de los motores con que los niños ingresan en el mundo de los significados de los actos, com-

portamientos y discursos de los demás. Al integrar estos significados, los niños dan sentido a sus propios comportamientos.

Tratar bien a un niño o niña es intentar ofrecerle una comunicación coherente en la que exista una concordancia entre lo que se dice –las palabras– y los gestos, la entonación de la voz y las posturas corporales. Esto último corresponde a lo que se conoce como comunicación analógica, y es la que define la calidad de la relación. Obtener esta coherencia es un desafío permanente para los padres que quieren ofrecer buenos tratos a sus hijos, y el resultado de sus procesos personales, siempre influidos por las culturas familiares y sociales donde crecieron.

Pilares de la parentalidad bientratante
a) Las relaciones adulto-niños son siempre personalizadas, afectivas y respetuosas. En ellas se reconocen los derechos y deberes de los padres y de los hijos, manteniendo siempre que la responsabilidad de los cuidados, la educación y la protección es de los adultos.
b) Las representaciones de los niños y niñas corresponden a imágenes positivas de ellos, de tal manera que sus atributos y logros despiertan admiración, gratificación y placer a los adultos.
c) Las expectativas de las conductas de los niños y niñas son constructivas, es decir, se confia en sus posibilidades y se espera que se comporten adecuadamente. Si esto no ocurre, se analizan las transgresiones, considerando los contextos y las circunstancias en donde ellas ocurrieron.
d) Se aceptan y se respetan las diferencias entre los niños, incluyendo sobre todo la diversidad de género, edad y singularidades ligadas a minusvalías u otros problemas. En el caso de los sistemas institucionales, se respeta y valora la diversidad étnica y cultural.
e) El intercambio comunicacional es una característica relevante de este modelo de buen trato: las conversaciones se organizan espontáneamente y permiten abordar todos los aspectos.
f) El control de los comportamientos se ejerce a través de intervenciones inductivas consistentes. Cuando las sanciones son necesarias, éstas son respetuosas, claras y razonables.
g) Por último, el ejercicio de la función educativa con las características descritas se ejerce en un sistema familiar o institucional nutridor donde existe una jerarquía clara y explícita. Por lo tanto, la atribución de roles y funciones está claramente definida, siendo al mismo tiempo flexible para hacer frente a los desafíos familiares. En este contexto, las normas, reglas y leyes que modulan los comportamientos son enseñadas en un marco de relaciones afectuosas que son permanentemente recordadas y reforzadas a través de conversaciones cotidianas y significativas.

Indicadores de una relación de buenos tratos de los padres con sus hijos

- Las madres y padres competentes ofrecen a sus hijos un apego seguro y reaccionan con empatía frente a las demandas de satisfacción de sus necesidades, pero al mismo tiempo mantienen «la dominancia» o, en otras palabras, la autoridad necesaria para protegerles y educarles.
- La proximidad física, las manifestaciones afectivas y las demostraciones de ternura son vividas placenteramente.
- Los padres tienen un sentimiento de echar de menos a su hijo o hija cuando está lejos o ausente, pero son capaces de respetar sus procesos de autonomía.
- Demuestran explícitamente la alegría y el placer de su presencia. Sonríen, favorecen los contactos físicos con él y se dan tiempo no sólo para hablar, sino también para conversar con sus hijos e hijas.
- Manifiestan interés y placer al descubrir cómo sus bebés se comunican con el entorno. Por ejemplo, sonreír, seguir con la mirada, balbucear, llorar para obtener lo que necesitan.
- Les emociona constatar los esfuerzos que hacen para avanzar en el desafío de su desarrollo. Por ejemplo, tratar de moverse en la cuna, intentar sentarse, los ensayos antes de alcanzar la posición bípeda o caminar...
- Más tarde se interesan por la emergencia de la palabra en sus hijos, no sólo de lo que dicen, sino también las explicaciones que se construyen sobre lo que van descubriendo y sobre los interrogantes que se plantean.
- Les protegen en situaciones de peligro y previenen los riesgos inútiles organizando el entorno.
- Son sensibles a su sufrimiento emocional.
- Los padres conocen a su hijo: sus gustos, sus intereses, sus amigos, sus costumbres, etcétera.
- Los padres no sustituyen a sus hijos e hijas, ni les dejan solos por el éxito profesional, por poseer bienes materiales o por sus aficiones deportivas.
- Los hijos e hijas tienen una importancia trascendental en sus vidas, y por esto son capaces de respetar sus procesos de diferenciación, acompañándoles en los momentos de progreso y de regresión.

Manifestaciones de un apego seguro en niños y niñas entre ocho meses y cinco años como indicadores de buenos tratos

- Busca el consuelo de sus padres cuando se siente en peligro, estresado o perdido.
- El niño es capaz de acoger a un desconocido y de interactuar con él, pero prefiere a sus padres.
- Se interesa en juegos y/o actividades en presencia o no de sus padres.
- No presenta comportamientos de miedo ni de hipervigilancia o de estado de alerta.
- Es fundamentalmente feliz y sano y le gusta estar en relación con otros adultos y con sus iguales.
- El niño protesta cuando se le separa de la figura de apego, pero recupera fácilmente su equilibrio cuando se encuentra en un medio de buenos tratos.
- Cuando el padre o la madre se van, puede reaccionar enfadándose o expresando sus quejas.
- Manifiesta alegría cuando vuelven o, si la ausencia se prolonga, muestra su enfado (ignora o rechaza el contacto físico durante períodos cortos).
- Manifiesta con lloros, sonrisas, vocalizaciones, palabras, etcétera, su deseo de proximidad o de contacto físico con sus padres.

La parentalidad disfuncional, incompetente y maltratante

Independientemente de los contextos, a muchos niños y niñas desgraciadamente les toca nacer en familias cuyos padres no poseen las competencias parentales para asegurarles un desarrollo sano. Estas incompetencias son el resultado de múltiples factores, entre los cuales tienen especial relevancia las limitaciones orgánicas de los padres y las historias de vida cargadas de pérdidas, rupturas y experiencias traumáticas no elaboradas como consecuencia de diferentes tipos de malos tratos ocurridos en sus familias de origen, pero también en la escuela y en otros ámbitos institucionales.

Los factores contextuales como la pobreza y la exclusión social, cuya consecuencia es la no escolarización o la deserción escolar, también están presentes en los antecedentes de estos padres. Muchos de los padres y madres sin competencias para cuidar de sus hijos, fueron padres adolescentes y no tuvieron el apoyo familiar ni social para hacer frente a la complejidad de la función parental.

A menudo, cuando estos padres eran niños, no recibieron protección. Quizás, cuando así ocurrió, no fue suficiente o adecuada. En sus biografías aparece que para paliar los déficits de sus familias fueron internados en instituciones gigantescas y burocráticas, que en muchos casos correspondían a las instituciones totales descritas por Erving Goffman (1970). En estos «internados», a pesar de la buena voluntad de algunos cuidadores, era o es imposible que reciban los cuidados y la vinculación reparadora que necesitaban o necesitan. De esta manera, estos padres han crecido en ambientes afectivos carenciales, en relación con sus necesidades y sin posibilidades de vincularse de una manera personalizada con ningún adulto. Las malas condiciones laborales de los educadores, la violencia institucional, los modelos que privilegian la «domesticación educativa» en lugar de una vinculación afectiva y comprensiva con los niños y niñas, así como la rotación permanente de los adultos que se ocupan de los niños, explican por qué los ambientes institucionales no brindan ni han brindado a los niños y a las niñas protegidos en instituciones incompetentes un sentimiento de familiaridad ni un modelo de padre o madre para el futuro.

Otra manifestación de los riesgos de la institucionalización para la parentalidad se refiere a las situaciones donde los fundadores de instituciones de acogida de menores se apropian de los niños y niñas para satisfacer necesidades económicas, sociales o psicológicas, o para poner en práctica creencias o ideologías que muchas veces están lejos de los intereses y necesidades de los niños.

En nuestra experiencia hemos conocido varios casos de este tipo. El más frecuente es que todas las motivaciones expuestas existan en una misma situación. En estas condiciones es muy difícil que los niños alcancen la diferenciación y la autonomía psicológica necesarias para hacerse cargo con competencia de sus futuros hijos. Los vínculos creados por la manipulación psicológica de estas o estos benefactores son difícilmente considerados por las víctimas como una forma de maltrato institucional, pues los niños y niñas crean una idealización patológica y una dependencia de estos personajes carismáticos y narcisistas. Esto les dificulta el acceso a una autoestima, a una autoconfianza y a una identidad diferenciada suficiente y necesaria para ser madres y padres competentes.

El dramático pero no excepcional ejemplo que presentamos ilustra estas situaciones:

Hortensia, la madre de Eugenia, tenía 5 años cuando fue ingresada en un centro de acogida. La niña poseía desde los seis meses todos los indicadores para pensar que vivía en un entorno familiar cuyos padres no tenían la capacidad de ocuparse de ella. Los profesionales que conocían la situación sabían que la madre, que había quedado embarazada a los 17 años, consumía drogas; el padre de la niña manifestaba comportamientos violentos y en varias ocasiones la madre había tenido que refugiarse en casa de los vecinos e incluso le había denunciado, aunque luego había retirado la denuncia. Cuando Hortensia contaba alrededor de 3 años, se le detectaron en la escuela huellas de haber sido golpeada con una correa, con el cordón de una plancha o algo similar. Existía en el expediente un parte médico. A pesar de esto, no fue protegida; se consideró que existía un vínculo afectivo entre la madre y la hija y que esta relación era lo que ayudaba a la madre a no consumir droga. La niña vivió hasta los 5 años en este ambiente caótico y disruptivo. Afortunadamente, una pediatra más sensibilizada con respecto al daño de estos contextos en los niños, determinó que el retardo de crecimiento y los trastornos de control de esfínteres (se orinaba y defecaba de noche y de día) eran el resultado de los malos tratos, consiguiendo así la medida de protección que explica el internamiento de Eugenia.

Hortensia fue ingresada en un centro de acogida privado cuyo financiamiento es el resultado de un convenio de su junta directiva con la Administración encargada de la protección infantil. La filosofía de este centro es «arropar» afectivamente a los niños y niñas víctimas de malos tratos y protegerles de la influencia negativa de sus padres biológicos. Los miembros de la directiva pretenden ser sustitutos parentales y funcionan con la idea de que los miembros de sus propias familias deben ofrecer a estas niñas y niños el amor que nunca han tenido. Hortensia creció dentro de este centro con escaso contacto con su madre biológica y se adaptó al funcionamiento institucional sin crear mayores problemas hasta que cumplió 12 años. A partir de esa edad comenzó a presentar enormes dificultades para seguir las normas del centro y de la escuela. Entre los 12 y los 16 años se producen varias fugas y, en algunos casos, la policía la recuperó en la casa de su madre biológica.

Antes de cumplir los 12 años, Hortensia se mostraba como una niña pasiva y complaciente con una dependencia enorme de la persona fundadora del centro que la acogía. Ella la consideraba como su madre y a menudo los fines de semana los pasaba en casa de ésta, así como sus vacaciones. Cuando la chica comenzó a expresar el sufrimiento con sus problemas de comportamiento, sus fugas, y a buscar compulsivamente el contacto con su madre biológica, produjo al mismo tiempo la decepción de quienes la habían acogido. Para ellos ya no era la víctima de una «mala madre», sino una adolescente «como su madre», además de mal agradecida e incapaz de aprovechar el amor que se le había dado.

A los 15 años Hortensia quedó embarazada y de ella nació Eugenia. Hortensia pudo seguir viviendo en el centro hasta los 18 años; sin embargo, no pudo ocuparse de su hija. La institución, o mejor dicho los directores, decidieron una «adopción de hecho» y Eugenia fue considerada una hija de la familia de la «fundadora» del centro. En cambio, su madre Hortensia no tuvo otra alternativa que aceptar la situación. De hecho, vivió unos años con su madre y luego con parejas que la maltrataban. Siguió consumiendo drogas y no logró estabilizarse en un proyecto personal constructivo.

Hoy Eugenia tiene 14 años, y su situación recuerda a la de su madre a la misma edad. Dividida en un conflicto de lealtad, necesita comprender si su madre «la abandonó» o si la familia con la que ha vivido «la secuestró» y la alejó de su madre biológica. La diferencia con Hortensia, la madre, es que Eugenia recibe apoyo terapéutico, y en este marco tiene la posibilidad de encontrar un sentido a lo que siente. Quizás esto la proteja de la tentación de expresar sus sufrimientos como lo hacía su madre.

La historia de Hortensia y su hija Eugenia son un dramático ejemplo de la responsabilidad en el daño de los niños y niñas de quienes les protegen. En esta historia se reflejan dos polos de este fenómeno: por una parte, la negligencia e indiferencia profesional y, por otra, el «secuestro filantrópico». La primera se manifiesta por la desidia, la ignorancia, la indiferencia de los profesionales, que a pesar de la obligación de proteger a Hortensia permitieron que viviera 5 años en un contexto familiar caótico, con estresores crónicos y de alta intensidad y experiencias traumáticas provocadas por la violencia conyugal, la negligencia y los malos tratos físicos. Lo más probable es que a los 5 años Hortensia ya presentara un trastorno del apego desorganizado, que se manifestó en forma de comportamientos complacientes compulsivos durante su niñez pero de una forma agresiva y hostil durante la adolescencia. Además, es legítimo suponer que esta futura madre ya presentaba un trastorno de estrés postraumático de evolución crónica y un trastorno severo de su identidad como consecuencia de su medio familiar amenazador e inconsistente.

El secuestro «filantrópico» se produce a raíz del internamiento de Eugenia en una institución que, por razones económicas y necesidades psicológicas de sus fundadores, así como por la ideología que éstos enarbolan, se apropia de los niños y niñas y no permite que se estructuren sanamente los vínculos con sus padres biológicos.

En situaciones tan graves como ésta hemos asistido a un verdadero «basureo» o «ninguneo» de los responsables de la protección de niños y niñas como Hortensia y Eugenia hacia los padres biológicos. El daño de estos procedimientos en los niños es evidente.

Nunca está de más insistir en la necesidad de respetar incondicionalmente a las personas, sin confundirlas con sus prácticas, especialmente cuando se trata de un padre o una madre.

Estos casos que reflejan la incompetencia crónica y severa de los profesionales y lo que llamamos el «secuestro filantrópico», forma invisible de la violencia institucional, deben reforzar la idea de que es necesario proteger a los niños y niñas de los protectores. Nuestra propuesta de considerar los comportamientos de malos tratos de los padres como expresión de una incompetencia parental cuyas causas se encuentran en sus historias de vida, nos parece una forma adecuada y útil para estructurar la parte del proceso terapéutico de las víctimas, cuyo objetivo es encontrar un sentido a lo vivido.

Incompetencias parentales y malos tratos

La presencia de incompetencias parentales siempre está asociada a los malos tratos infantiles. Según nuestro modelo, son un elemento causal relevante. De aquí la importancia que adquiere la evaluación de las competencias parentales, tanto para la prevención como para la detección precoz de los malos tratos. Además, en nuestro modelo es el eje fundamental para organizar las intervenciones de protección de los niños y niñas y el contenido de los programas terapéuticos destinados a reparar el daño provocado por los diferentes tipos de malos tratos.

En familias caracterizadas por la transmisión de una cultura de malos tratos, predominan las paradojas constantes en la comunicación de los padres con sus hijos. Los malos tratos son ejemplos de una comunicación patógena y de una incoherencia fundamental de la relación que vincula los padres con los hijos. El niño o la niña reciben un mensaje mórbido y paradójico, que se expresa como «eres mi hijo o hija y te maltrato». Por otra parte, al haber una relación de dependencia biológica y psicosocial con el o los agresores, además de una ausencia de protección, las niñas y los niños se encuentran ante la imposibilidad de darse cuenta de lo que les pasa, de que son maltratados. En muchas ocasiones ello los lleva a desarrollar trastornos del comportamiento, tras lo cual sus padres refuerzan sus malos tratos. Por ello afirmamos que los malos tratos infantiles son uno de los ejemplos más evidentes de lo que se conoce como *doble vínculo* (Watzlawick, P. et al., 1997; Bateson, G., 1977; Barudy, J., 1998).

En este tipo de comunicación, los hijos no sólo son víctimas de la incoherencia comunicacional («te pego para que aprendas a obedecer» o «abuso sexualmente de ti para ayudarte a crecer como mujer»), sino que además, implícita o explícitamente, se les obliga a omitir esta incoherencia. Esto quiere decir que no pueden «metacomunicar» la experiencia y, por lo tanto, pensarla o enunciarla.

Todo ejercicio de la parentalidad implica un cierto nivel de incoherencia. Por ejemplo, es casi imposible que los padres practiquen totalmente lo que exigen a sus hijos. Siempre es posible que en determinadas situaciones los mejores padres digan a sus hijos cosas que no sienten, o que hagan lo contrario de lo que afirman. En las dinámicas de buen trato, estas situaciones son ocasionales, y una vez que el niño o la niña acceden al pensamiento simbólico, siempre tienen la posibilidad de reflexionar sobre lo que se les comunica, no sólo en relación con el contenido, pues pueden identificar las incoherencias en la comunicación parental. Si además el ambiente familiar es el de un sistema seguro y respetuoso, el hijo o la hija tienen derecho a hablar de sus percepciones, y los padres a reconocer sus incoherencias. En la dinámica descrita, los participantes de la comunicación son siempre sujetos, confirmados permanentemente como otro u otra legítimos en la relación.

Las características de la parentalidad maltratante

Los padres que producen este tipo de parentalidad se vinculan con sus hijos e hijas en un modelo afectivo de apego inseguro, porque carecen de la capacidad para aportarles los cuidados que necesitan, ser empáticos y satisfacer sus necesidades. Por sus experiencias de carencias y malos tratos en la infancia, condicionan expectativas mágicas e irrealistas de sus hijos e hijas. Ellos esperan que sus hijos les cuiden y reparen los dolores de su vida, lo que evidentemente ningún niño o niña puede realizar (Barudy, J., 1998). El resultado de esto es que no pueden cuidar a sus hijos adecuadamente y se convierten en negligentes o inadecuados en la satisfacción de sus necesidades. Pero además pueden dañarlos de una forma activa mediante golpes, sacudidas o rechazos de hecho o de palabra por sus incapacidades para modular las pulsiones agresivas. A esto se suman dinámicas proyectivas, que consisten en hacer pagar a los hijos las frustraciones históricas y el daño que sus padres u otros adultos les ocasionaron cuando eran niños. La producción de abusos sexuales también surge en dinámicas similares, pero aquí los padres tienen una incapacidad para modular su pulsión sexual, al mismo tiempo que depositan en sus hijas las consecuencias de abusos sufridos en carne propia, durante la infancia y adolescencia (Barudy, J., 1998). Las ideologías abusivas y los contextos sociales estresantes y carenciales sirven de contextos que predisponen a estas manifestaciones de las incapacidades parentales. Las representaciones de los niños y de las mujeres en las ideologías violentas, presentes en nuestra cultura, sirven de sustrato ideológico a estas manifestaciones de sufrimiento e incompetencia parental. La más perniciosa de estas ideologías es la patriarcal, que impregna las creencias y las prácticas religiosas, los modelos educativos, las teorías psicológicas y las prácticas políticas. Los contenidos patriarcales organizan y condicionan no sólo el funcionamiento familiar, sino, además, la organización relacional de la vida cotidiana de la mayoría de las personas. Sirven de base para que padres incompetentes y con comportamientos de maltrato expliquen sus acciones y atribuyan su causalidad a las víctimas. El siguiente caso ilustra la realidad de lo que hemos expuesto:

«*Es verdad que les castigo con dureza, porque creo que es necesario para que se eduquen adecuadamente y que no se vayan por el mal camino, como los miembros de la familia de su madre*», *explicaba una madrastra cuando le señalábamos que los tres hijos de su marido, dos varones y una niña, presentaban huellas de haber sido golpeados con objetos contundentes. Lo impactante de este caso no es sólo la constatación del daño en los tres niños, sino que la autora, a partir de su adhesión a una ideología educativa violenta, cree que es útil y sano golpear a los niños para que sean buenos ciudadanos. Los comportamientos y el discurso de esta madrastra eran compartidos por su marido, padre de los niños, que no sólo tenía una actitud pasiva, sino que instigaba el comportamiento violento de su cónyuge.*

En el caso de esta pareja, como en muchos otros, se conjugan dramáticamente los trastornos del apego que los padres vivieron en sus familias de origen con los trastornos de sus capacidades empáticas, los traumatismos múltiples que conocieron en sus infancias maltratadas y la adhesión fanática a las creencias predicadas en una iglesia evangélica. Al explorar la vivencia de esta mujer en relación con la hija de su marido, que en el momento de nuestra intervención tenía 7 años, ella afirmaba «que se sentía con la obligación de ser más dura con ella porque las mujeres eran muy vulnerables a los pecados de la carne y que ahora había que controlar sus bajas pasiones». Como último dato, que puede resultar anecdótico menos para nosotros, esta mujer era una sargento destinada en las fuerzas de intervención de la OTAN; la ideología militarista terminaba de completar el marco teórico en que sustentaba sus comportamientos y discursos violentos.

Los padres con incompetencias parentales tienen dificultades en el estímulo a sus hijos y en la ayuda para desarrollar capacidades cognitivas que les permitan pensar. Además, el estrés a que someten a sus hijos les bloquea los procesos de aprendizaje y les impide acceder a comportamientos reflexivos y altruistas.

A su vez, los hijos y las hijas de padres con incapacidades parentales presentan desde muy pequeños indicadores de sufrimiento y de daño causados por los trastornos del apego, los traumatismos severos como consecuencia de las agresiones, los trastornos de la socialización y los déficits de sus procesos educativos. Cuando al universo familiar creado por padres con incompetencias se asocia un aislamiento social y la ausencia de experiencias reparadoras, las capacidades resilientes de los niños y niñas se desarrollan difícilmente. Las consecuencias de las incompetencias parentales en los niños se tratan con profundidad en los capítulos 7 y 8 de este libro.

Los padres que no han podido acceder a contextos que les permitieran desarrollar capacidades y habilidades parentales tendrán una gran dificultad en el momento de cumplir como padres o madres. Por lo general, presentan deficiencias en las tres tareas básicas de la parentalidad:

1) *Deficiencias en la función nutridora*

Estas madres y padres tienen pocos recursos para aportar los nutrientes que los niños necesitan. Como la base de sus dificultades son los trastornos del apego y de la empatía, no se representan a sus hijos como sujetos con necesidades propias y singulares, y mucho menos como personas con derechos. Por lo tanto, incluso cuando tienen las posibilidades materiales para hacerlo, no pueden entregar los nutrientes que sus hijos necesitan, en especial los afectivos, y crecen en ambientes carenciados, agregándose a las necesidades particulares de sus edades evolutivas nuevas necesidades que resultan de estas carencias. Las incapacides parentales también se pueden manifestar por una «intoxicación de cuidados». Nos referimos en este caso a las situaciones en que el adulto necesita sentirse un cuidador ejemplar, por razones psicológicas, sociales o familiares. En general, estos tres niveles se entremezclan, y su resultado es el hecho de que el niño o la niña existen para satisfacer las necesidades de los padres. Así, se niegan sus recursos, sus capacidades y la singularidad de sus necesidades de acuerdo con su edad. Un ejemplo lo constituyen las conductas sobreprotectoras ligadas a una angustia de la madre o del padre, que de una forma compulsiva tratan de evitar que sus hijos vivan experiencias que en su imaginario pueden acarrearle sufrimientos, traumas o la muerte. Esta actitud generalmente está vinculada con experiencias en que los padres fueron culpabilizados en la infancia por el accidente o la muerte de un hermano o de otro familiar.

En otras ocasiones más graves, asistimos a un verdadero «incesto psicológico», en el que la madre o el padre se apropian de la subjetividad de sus hijos y les gratifican en exceso dejándoles cumplir sus deseos y evitándoles cualquier frustración. Todo ello acompañado de un discurso envolvente para convencerles de que son los mejores y que gracias a ellos llegarán lejos en la vida, y que nadie les podrá querer más y mejor que su papá o su mamá. En este tipo de situación, los hijos son aspirados por fuerzas gratificantes o placenteras que les impiden el conocimiento de sus capacidades y la adaptación adecuada a su entorno extrafamiliar. Esta apropiación de la subjetividad a través de su fusión o «simbiotización» es una de las formas más mórbidas de los malos tratos psicológicos. La finalidad de estos padres no es estimular la maduración de sus hijos, sino crear en ellos unos personajes dependientes e indiferenciados que les gratifiquen permanentemente con su cariño, su reconocimiento y sus logros.

La mayoría de estos niños presentarán un trastorno de apego desorganizado, de tipo complaciente o de cuidados compulsivos. Más tarde pueden transformarse en adolescentes que se relacionan con agresión y hostilidad. Estos tipos de trastornos serán expuestos con detenimiento en el capítulo 8. El siguiente caso sirve para ilustrar esta situación:

María tiene 14 años cuando su madre la obliga a ir a un terapeuta. La madre dice estar desesperada con su hija, pues no le obedece, la agrede permanentemente, le reprocha que se aburra y que no tenga amigos por su culpa. Fuera de los problemas en su casa, la madre cuenta con una expresión de orgullo que su hija es la mejor del curso y que tiene un gran futuro como bailarina y practicando la equitación. Durante el tiempo en que la madre habla de su hija en su presencia, no la mira ni muestra ninguna manifestación de afecto. Cuando habla de los logros de su hija, parece satisfecha por algo que ella ha realizado. En ningún momento hay un mensaje afectivo dirigido a su hija, quien mantiene una actitud desafiante y descalificadora ante lo que su madre expresa. La historia familiar de María es como la de otras adolescentes que hemos conocido en nuestra práctica: es hija de una madre cuya familia es de clase privilegiada, pero con carencias afectivas importantes. Su madre no la crió. Lo hicieron diferentes niñeras. Los momentos más afectivos que recuerda son cuando su madre la sacaba a pasear y la llevaba a casa de sus amigas para mostrar lo bella e inteligente que era su hija. La madre se casó porque quedó embarazada de María; debió hacerlo para salvar el honor familiar con 22 años. Afirma que estaba enamorada del padre de su hija, pero que no le conocía mucho. En relación con su embarazo, dice haber estado confundida cuando se lo confirmaron por el miedo a su familia, pero que rápidamente se ilusionó con la idea de tener una hija que sería su princesa y a quien le daría todo el amor que su madre no le había dado. La madre de María y su marido se separaron cuando la niña tenía 4 años, después de haber sido agredida por el cónyuge. El marido nunca aceptó la separación y obtuvo en los tribunales un derecho de visita extenso que le permitía tener a la niña dos fines de semana al mes y los miércoles. La madre vivió la decisión judicial como una injusticia y trató de convencer y de hacer todo lo posible para obtener un amor exclusivo de su hija con mimos y cuidados. Siempre la llamó «mi princesita»; todavía lo hace aunque María se irrite y responda con insultos o encerrándose en sí misma. El padre, por su parte, hacía lo mismo: la llenaba de regalos, satisfacía sus caprichos y se ufanaba de tener la hija más linda del mundo, la más cariñosa e inteligente, además de estimularla para que sea la alumna más destacada de su clase, una excelente bailarina y una deportista de élite. Encerrada en esta dinámica familiar, como trofeo disputado por un padre y una madre que la usaban para resolver sus propios dramas personales y sus conflictos relacionales, María no tenía otra alternativa que ser el personaje designado por sus padres. Al mismo tiempo sufría de una enorme soledad en el colegio y se mostraba insegura en sus capacidades de ser aceptada por sus pares. En su carrera de hija cosificada había conocido a seis terapeutas. Con ninguno pudo vincularse, seguramente porque pertenecía a sus padres. Pero los psicólogos, en la mayoría de los casos, la vieron como una niña trastornada, por lo que acumulaba una lista de atribuciones: hiperactiva, trastorno de la personalidad, síndrome de déficit atencional, trastornos emocionales.

Ayudar a María no fue fácil. Se necesitó paciencia, perseverancia y el desarrollo de cariño hacia ella, a pesar de sus insultos, provocaciones y amenazas de todo tipo. Actualmente tiene 17 años, y a medida que fue dándose cuenta de las dificultades de sus padres y que las decisiones sobre su presente y su futuro le pertenecían, María fue asimilando que el pasado de cada uno no se puede cambiar, pero que el presente y el futuro le pertenecen. Ella puede optar entre seguir siendo la niña de papá y mamá recibiendo regalos y placeres, o convertirse en una persona orgullosa de sí porque es capaz de contruir su vida con el apoyo de otras personas. Lo más difícil fue acompañar a los padres para que aceptaran su responsabilidad en el sufrimiento de su hija. La madre hizo un buen trabajo, pero el padre no: atribuyó la responsabilidad a su ex esposa.

2) *Deficiencias en la función socializadora*

El caso de María permite introducirnos en las consecuencias de los déficits parentales para los procesos de formación de la identidad o autoconcepto de los hijos. En este caso se trataba de una niña con un autoconcepto «hiperatrofiado» debido a las presiones de los padres. La otra posibilidad es el desarrollo de un autoconcepto en el que el niño o niña se ve como una mala persona, incapaz, sin valor, culpable de lo que le pasa y del sufrimiento y de las preocupaciones de los suyos.

Los padres y madres incompetentes son responsables de este fenómeno porque no tienen la capacidad para representarse y comunicar evaluaciones positivas a sus hijos. No pueden reconocer las cualidades, el valor ni las capacidades de sus hijos porque a ellos nadie, o escasas personas, se los reconocieron. Por lo tanto, estos padres tienen una identidad desvalorizada y vulnerable que se expresa en comportamientos negligentes con sus hijos o con conductas de abuso, dominación y sumision hacia ellos, usando la fuerza física, los abusos sexuales o la denigración psicológica.

Estas madres o estos padres tienen un trastorno de identidad que abarca los tres componentes que constituyen su autoconcepto:

a) A nivel cognitivo tienen una imagen de sí mismos que, si se miraran de frente, les haría sentir pavor como consecuencia del cúmulo de mensajes negativos y culpabilizantes que recibieron en su infancia. El mensaje más terrible que he escuchado en mi práctica es el de una madre a quien su propia madre, durante la infancia, le había dicho varias veces: «Tú eres los clavos de mi ataúd y me conducirás a la tumba». En la mayor parte de su infancia, esta persona creyó que era responsable de cualquier sufrimiento de su madre y que su destino no era vivir, sino esperar la hora de la muerte de su madre para morirse por ella o con ella. El pavor a descubrir su verdadera naturaleza explica las dificultades de estos padres para aceptar ayuda terapéutica. Al mismo tiempo, dudan profundamente de que algo bueno pueda salir de ellos, y por esta razón tienden a estigmatizar y descalificar a sus hijos e hijas. Es muy penoso reflexionar sobre sí mismos, cuestionar sus comportamientos, sus vivencias y sus creencias. Por esto, sus explicaciones, con las que intentan dar sentido a sus actos y a los comportamientos de los demás, en general son repetitivas, rígidas y estereotipadas. Con frecuencia encontramos creencias racistas, representaciones sexistas, clasistas o diferentes grados de fanatismo religioso o político.

b) A nivel afectivo estos padres tienen una baja autoestima. En su fuero interno no se quieren a sí mismos. Por esta razón tienen dificultades para vincularse con afectos positivos hacia sus hijos. A menudo esperan que ellos reparen sus vacíos afectivos.

c) A nivel conductual, en concordancia con los trastornos cognitivos y afectivos, estos padres tratan mal a los suyos, en particular a los que tienen menos poder. Haciendo esto, no toman conciencia de que están tratándose mal, y prolongan el drama de sus vidas.

Las consecuencias de los trastornos de la socialización en los niños y niñas

Si queremos entender cómo los trastornos de la socialización facilitan problemas de identidad en los niños y niñas, debemos recordar que el autoconcepto infantil también se forma con las evaluaciones de las personas sobre el entorno próximo. Por lo tanto, existe una gran posibilidad de que el niño crea ser como sus padres dicen que es. Cuando los padres no creen en sí mismos e internamente se saben incapaces, sin valor y sin autoestima, es comprensible que transmitan a sus hijos evaluaciones negativas. En la medida en que los padres son, durante los primeros años de la vida de un niño o una niña, la fuente casi exclusiva de información sobre sí mismos, es coherente pensar en el impacto dañino en la formación del autoconcepto. Además, cuando la estructura y la dinámica familiar es centrípeta, rígida y cerrada hacia el entorno social, los niños tienen muy pocas posibilidades de recibir mensajes alternativos que puedan compensar los recibidos por sus padres. Una vez más es importante insistir en el impacto de los contenidos abusivos, clasistas y patriarcales de la cultura dominante, que atribuyen características de inferioridad y de maldad a las niñas y a los niños, sobre todo cuando son pobres. En el caso de las mujeres, de forma implícita o explícita sigue afirmándose la superioridad del hombre sobre ellas. Aunque paradójicamente, tal como mostramos en el capítulo primero, hay suficiente argumentación científica como para afirmar que el término «sexo débil» correspondería más a los hombres que a las mujeres. Dado el impacto de la cultura, una niña de origen humilde tiene más posibilidades de desarrollar una identidad desvalorizada que un niño perteneciente a una familia de clase favorecida.

Por otra parte, si consideramos los aportes de la psicología social en lo que se refiere a las teorías del aprendizaje (Bandura, A., 1982), los niños aprenden en parte imitando los actos de sus progenitores y personas afectivamente significativas. Así, las creencias y los discursos parentales también se integran en el autoconcepto infantil. Mientras más grande sea la dependencia de sus hijos a sus progenitores, mayor será la tendencia a la imitación.

Al contrario de lo que se podría creer, los hijos de padres incompetentes son más dependientes de estos, en comparación con los hijos de padres y madres suficientemente competentes. En nuestro libro *El dolor invisible de la infancia* (Barudy, J., 1998) damos argumentos para comprender este fenómeno. Las diferentes situaciones de malos tratos que las incompetencias parentales crean producen fuerzas emocionales centrípetas que dificultan la diferenciación y la emancipación de los hijos, aumentando el riesgo de imitacion de las conductas de los padres.

3) *Deficiencias en la funcion educativa*

En las situaciones de malos tratos por incompetencia de los adultos, los sistemas de modulación emocional y conductual que los niños necesitan se ejercen a través de diferentes formas de agresión como las amenazas, los castigos corporales y las privaciones de libertad, con el objetivo de provocar temor y miedo en los niños. O, al contrario, se les manipula psicológicamente ignorándoles, negándoles la palabra o insultándoles. Estos procedimientos pueden traer resultados en lo inmediato, pero difícilmente se transforman en moduladores internos de los hijos. Por lo tanto, no facilitan la autonomía ni la diferenciacion, mucho menos el desarrollo de una ciudadanía responsable para el futuro. Si consideramos los cuatro contenidos de los procesos educativos enunciados anteriormente –los afectos, la comunicación, la exigencia de madurez y el control–, en la parentalidad incompetente podemos distinguir dos modelos educativos: el modelo autoritario y el modelo permisivo.

Los modelos educativos asociados a la parentalidad incompetente

1) El modelo autoritario:

- Los afectos: las manifestaciones positivas de afecto son escasas o nulas.

- La comunicación: es escasa; si existe es para transmitir miedo y temor.
- El control: es exagerado, con un uso frecuente de amenazas y de manipulación afectiva. Existe una falta de estímulos y refuerzos positivos. Los castigos son irracionales y exagerados en relación con las faltas.

2) El modelo permisivo :

- Los afectos: existe una «intoxicación afectiva» que puede crear en los niños la creencia de que son seres infalibles, poderosos y perfectos. Se manifiesta por un mala modulación de deseos y frustraciones, así como por dificultades de adaptación social.
- La comunicación: está presente, pero no se estructura jerárquicamente. Se ofrece un marco de comunicación ilusoriamente igualitario en el cual el niño o la niña creen que lo que se dice, quiere o hace posee el mismo valor que en el adulto.
- La exigencia de madurez: en este modelo los hijos y las hijas están prisioneros de una paradoja que se puede resumir en «Puedes crecer si quieres» o «Debes crecer, pero no madurar, para que no dejes solos a papá y a mamá».
- El control: es casi inexistente, ya sea por negligencia, por razones ideológicas o por incompetencias de los adultos.

A partir de estos dos modelos, podemos encontrar tres estilos educativos asociados a las incompetencias parentales:

a) Estilo represivo-autoritario
b) Estilo permisivo-indulgente
c) Estilo permisivo-negligente

La característica general de estos tres estilos es que no se conocen o no se reconocen las necesidades de los niños y niñas. En la representación, los niños no son sujetos de derecho, sino una posesión de los padres. Estos estilos están asociados a las diferentes formas de incompetencia parental en la familia, o a las incompetencias educativas de las instituciones.

Estilo autoritario-represivo

Corresponde a un estilo centrado en las necesidades, creencias y derechos absolutistas de los padres. Las características de este estilo pueden resumirse en:

- Distancia, ausencia o frivolidad afectiva.
- La comunicación es unidireccional: los adultos tienen el control absoluto de la comunicación.
- El control parental se ejerce de una manera rígida, inflexible, a través de las amenazas, castigos corporales, humillaciones y rechazos.
- Los padres deciden siempre por los niños y niñas limitando la creatividad y los procesos de desarrollo de éstos.
- Los adultos están obsesionados por el respeto de las normas y no por transmitir el significado y el sentido de éstas.
- Las representaciones de los niños y niñas y sus comportamientos son negativos, lo cual se traduce en la idea de que «los niños y las niñas se portan mal».
- No existe un reconocimiento de las capacidades ni de los logros de los niños o niñas.

Estilo permisivo-indulgente

- Existe afectividad en la relación parento-filial o adulto-niño, pero a menudo los niños y las niñas son usados para satisfacer las necesidades afectivas de los padres o de los adultos.
- Los padres y las madres pueden estar disponibles, pero no ejercen la autoridad que sus hijos necesitan. Los adultos precisan, por sus dificultades personales, que los niños les gratifiquen permanentemente. Por lo tanto, evitan o no soportan la confrontación educativa con ellos. En los sistemas institucionales se puede hablar de un «secuestro filantrótipo en beneficio del adulto»; en la familia, de una «intoxicación parental».
- Los niños y las niñas crecen en un sistema donde no existen normas, reglas ni leyes claras ni explicitadas. Por lo tanto, presentan dificultades a la hora de modular emociones y comportamientos, con graves problemas para controlar las frustraciones.
- Los adultos pueden comunicarse en exceso con los niños o las niñas sin respetar la jerarquía, las edades ni sus niveles de desarrollo.
- Los niños y las niñas crecen con la ilusión de un poder y de capacidades que no han logrado desarrollar, lo que les dificulta su adaptación al entorno de sus pares y al entorno social en general.

Estilo permisivo-negligente

Este estilo caracteriza la parentalidad negligente, donde los niños y las niñas no pueden recibir los cuidados básicos que necesitan y/o los aportes educativos para integrarse, adaptarse y funcionar en el medio social. Este modelo se caracteriza por:

- Carencias afectivas de todo tipo.

- Los adultos no ejercen autoridad ni dominancia, por lo tanto los niños/as no acceden a un control interno de sus emociones y conductas por falta de experiencias de control interno.

- Los adultos se comunican poco con sus hijos: la comunicación es superficial y sin contenidos educativos.

- Los adultos no apoyan, estimulan ni reconocen los logros de los niños y niñas.

- La permisividad es la «norma» generalizada, y ésta es el resultado de la comodidad o negligencia de los adultos, de las incompetencias o de las incoherencias o discontinuidad de los modelos de crianza. En la mayoría de los casos es el resultado de los tres factores.

Tipología de la parentalidad disfuncional, incompetente y maltratante

Las historias de malos tratos, pérdidas y desprotección en la infancia, no permiten que los futuros padres aprendan e integren modelos para cuidar adecuadamente a sus hijos, asegurándoles una identidad sana y una educación para integrarse en el mundo social respetándose a sí mismos y a los otros.

Según el grado de incompetencia y la severidad del sufrimiento de sus hijos e hijas, podemos distinguir tres tipos de parentalidad:

1) LA PARENTALIDAD MÍNIMA

No existe un consenso para determinar cuáles son las competencias mínimas que un padre o una madre deben poseer para asegurar lo que un niño o niña necesita para no pagar con su desarrollo las deficiencias de sus padres.

Desde nuestra perspectiva, estas competencias mínimas tienen que ver:

a) Con la existencia de recursos de apego, niveles de empatía y modelos de crianza que, aunque sean imperfectos, muestren que el niño o niña son considerados como sujetos con necesidades y derechos.

b) La existencia de algunas experiencias de participación en redes sociales, que se manifiestan, por ejemplo, por el intento de ayudar o aportar recursos para la solución de problemas de los miembros de la familia extensa, vecinos o amigos.

c) La capacidad para pedir ayuda, como mínimo, a los servicios sociales y sanitarios en lo que se refiere a sus hijos e hijas, es otro indicador de la parentalidad mínima.

d) Un mínimo de capacidad introspectiva para darse cuenta y asumir los diversos grados de responsabilidad que pueden tener en el origen de los problemas y en el sufrimiento de sus hijos. No se trata de que sean totalmente conscientes, sino de que tengan un mínimo de capacidad de reflexión para pensar en sus dificultades e incapacidades. En el caso de producir malos tratos, que tengan la capacidad de reconocerlos, aceptando que tienen dificultades para modular sus emociones y conductas.

e) Un mínimo de posibilidades de confiar y colaborar con profesionales e instituciones que les quieren ofrecer apoyo y ayuda. Esto implica que los profesionales tengan las competencias para aportar intervenciones de calidad, con respuestas sociales y terapéuticas coherentes con los problemas que los padres presentan. Así como es totalmente legitimo evaluar las competencias parentales considerando el interés superior del niño o de la niña, también lo es la evaluación de las competencias profesionales. Como hemos enunciado en diferentes secciones de este libro, el maltrato infantil no sólo lo producen madres y padres con incapacidades, sino también los profesionales que por acciones incoherentes e intempestivas, o por omisión, crean contextos de malos tratos profesionales e institucionales. Cuando los padres pueden confiar y colaborar con profesionales comprometidos y competentes, indican posibilidades de mejora. Al mismo tiempo, es indicador de un mínimo de recursos para acompañar los cambios que sus hijos presentan en su desarrollo.

2) LA PARENTALIDAD PARCIAL

Es aquella en la que los padres y las madres tienen deficiencias importantes en los ámbitos indispensables para ejercer una parentalidad mínima. No obstante, potencialmente poseen el deseo de que sus hijos tengan una vida mejor de la que ellos han tenido e intentan tener. Por ello, a pesar de sus incapacidades, pueden aceptar asociarse con otras personas de su entorno natural o con profesionales para «sacar a sus hijos adelante». En nuestra experiencia, con más frecuencia son las madres quienes reconocen sus limitaciones y se muestran abiertas a la ayuda exterior; no abandonan a sus hijos y tratan de cooperar de forma positiva con educadores de centros de acogida y familias acogedoras para el bien de sus hijos.

El desafío para una intervención coherente es lograr con las madres y padres biológicos una coparentalidad, es decir, una asociación con adultos significativos para un niño o niña alrededor de las tres finalidades de la parentalidad descritas anteriormente: cuidados, socialización y educación. El logro de un proceso de este tipo depende de las posibilidades y recursos de las madres y padres biológicos y también de los otros protagonistas. En este sentido, la preparación teórica y práctica de los profesionales del acogimiento, así como de los padres acogedores para participar en este modelo, es indispensable, pues implica la formación y el acompañamiento de los profesionales del acogimiento, el apoyo permanente a los padres acogedores y a los biológicos.

Este modelo requiere, además, de un equipo de profesionales que desde una posición «meta» pueda mantener la cohesión de las personas y sistemas implicados y la operatividad diferenciada de cada uno. Este equipo es como un metasistema que nos hace pensar en un/una directora de orquesta que debe contar con los recursos de los músicos, respetando sus diferencias para producir una melodía placentera.

> *Poder asegurar el bienestar y el desarrollo de un niño o niña como resultado de un trabajo colectivo, equivale a producir una de las melodías más maravillosas que los comportamientos sociales humanos son capaces de realizar.*

3) LA PARENTALIDAD DISFUNCIONAL SEVERA Y CRÓNICA

La presencia de incompetencias parentales severas está asociada, generalmente, a la existencia de malos tratos cuya gravedad, en muchos casos, pone en peligro la vida de niños o les provoca daños severos en su integridad, comprometiendo su crecimiento y desarrollo psicosocial.

Estos padres no presentan ninguna de las características de la parentalidad competente que enumeramos anteriormente.

Lo que los distingue es lo siguiente:

a) Son madres y padres ausentes o no disponibles para sus hijos. Presentan serias dificultades para establecer relaciones afectivas y de apego seguro con sus hijos e hijas. Presentan serios trastornos de la empatía y tienen poca disponibilidad para ofrecer momentos de intimidad. Presentan una gran incapacidad para jugar y disfrutar de la presencia de sus hijos. Sus carencias y sufrimientos bloquean sus posibilidades de brindar experiencias de aprendizaje a su progenie. No valoran sus experiencias y conocimientos ni la de sus niños.

b) Las relaciones y cuidados que ofrecen a sus hijos son inestables, cambiantes y caóticas. Los niños a menudo se ven confrontados a los comportamientos abruptos, impredecibles e impulsivos de sus padres. Por lo tanto, desde muy pequeños viven en ambientes cargados de estrés y dolor. Debido a la ausencia de recursos de protección, se organizan como experiencias con alto contenido traumático.

c) Lo anterior se produce también porque estos padres con frecuencia son inaccesibles para sus hijos. No se trata de una ausencia física, puesto que a pesar de su presencia, carecen de la empatía necesaria para sentir y satisfacer las necesidades de sus hijos.

d) Otra característica de la práctica parental incompetente es la falta de perspicacia para constatar y acompañar los signos de cambio que sus hijos muestran como resultado de su crecimiento. Por lo tanto, no saben o no pueden estimularles o ayudarles a completar sus fases de desarrollo. Esto se manifiesta con atrasos en el desarrollo psicomotor, en el lenguaje, el control de esfínteres, etcétera.

e) Lo que define las prácticas parentales incompetentes son la falta de eficacia de las respuestas en los requerimientos de todo tipo que los hijos e hijas solicitan. Existe un déficit en sus modelos de crianza que explica estas dificultades. Éstas se expresan en dominios como no saber calmar a sus hijos, otorgarles cariño, tomarles en brazos o responder a sus invitaciones de comunicación.

f) Por último, las respuestas de las madres y padres, así como en general sus modelos de comunicación, son incoherentes y contradictorias. Por ello, la relación que ofrecen a sus hijos no les aporta seguridad ni fiabilidad, sino ansiedad y desconfianza.

Las incoherencias como resultado de las incompetencias parentales se expresan en varios ámbitos vitales para el desarrollo de los hijos: incoherencias entre la esencia de las funciones parentales y los actos negligentes, de maltrato físico, abuso sexual o manipulación psicológica. Entre la comunicación verbal y la analógica, que se expresa en los gestos y comportamientos, existen múltiples paradojas que crean ansiedad y confusión. En otras palabras, no hay concordancia entre lo que se predica y lo que se practica. En este sentido, los niños tienen dificultades para desarrollar una identidad sana y encontrar modelos conductuales constructivos para imitar.

Las características de los padres con incompetencias parentales severas y crónicas

Se trata de madres y padres que presentan incompetencias parentales graves, periódicas o permanentes, con una historia familiar y social de maltrato transgeneracional. El cúmulo y la gravedad de las dificultades que presentan hacen casi imposible el trabajo de rehabilitación de sus incapacidades. A esto se suma la dimensión temporal y la ausencia de recursos y métodos integrales para intentarlo.

En lo que se refiere a la dimensión temporal, siempre hay que tener presente que los niños son seres en desarrollo que necesitan nutrientes y condiciones afectivas y relacionales permanentes para desarrollarse sanamente. Esto es lo que hemos denominando buenos tratos. Las carencias, el dolor y el estrés traumático provocan daño, y éste puede ser irreversible si no se cambian las condiciones de vida de los niños y niñas. Por lo tanto, nada justifica que para darles una oportunidad a los padres, u honrar la patria potestad, se sacrifique una vez más a los niños y a las niñas. A este respecto existen situaciones ejemplares, como cuando se plantea rechazar un acogimiento de un niño para que su presencia sea un incentivo en la cura de la depresión o la toxicomanía de la madre. Otro ejemplo todavía más impresionante es cuando los responsables de las medidas de protección no protegen y permiten visitas o «devuelven» un niño a sus padres porque tienen miedo a la violencia expresada por sus amenazas. Este es el tipo de situaciones que nos evoca el sacrificio de los niños que se aplicó en tiempos remotos para aplacar la ira de los dioses.

La situación siguiente es una ilustración extrema de este fenómeno:

Se trata de un niño de 4 años. Su padre asesinó a puñaladas a su madre en su presencia cuando él tenía dos años y medio. Arrestado y condenado, el padre exige con vehemencia a los responsables de los servicios sociales de protección, a través de su abogado, un derecho de visita con el hijo. Los profesionales de los servicios sociales de base, una psicóloga y una trabajadora social que acompañan al niño desde el ase-

sinato de su madre, se oponen a la petición pues no le ven ningún sentido positivo para el niño; al contrario, y con toda razón, ven un enorme peligro de reactivación del trastorno de estrés postraumático que el niño presentó después de ser testigo de los hechos sangrientos. Los padres acogedores tampoco lo entienden, pero no pueden oponerse porque existe la amenaza velada de que si no cooperan con los técnicos de infancia les pueden suspender el acogimiento del niño. Las responsables de la tutela del niño argumentan que es de suma importancia que el niño mantenga contacto con su padre, porque es su padre. Así, ellas toman decisiones que tienen que ver con el futuro psicológico de un niño, sin tener las competencias para hacerlo. No saben que en los traumas de esta magnitud hay que evitar todo contacto de la víctima con el responsable de la agresión. Es lo mismo que obligar a una mujer violada a rendir visitas a su violador. Además, existe el agravante de que las personas que toman las decisiones ni siquiera conocen personalmente a la víctima, siendo lo más doloroso que son mujeres profesionales que defienden los derechos de un hombre que mató a una madre. Aun así no dudan en sacrificar al hijo de esa madre. No saben, no cuestionan los condicionantes culturales de género y se dejan intimidar por el abogado y la familia del asesino de la madre. Ellas deciden, pues son las que mandan.

Cuando los profesionales de los servicios sociales de base se ven obligados a informar al niño de que tiene que visitar a su padre, éste reacciona con una crisis de pánico. En medio de sollozos les reprocha haberlo engañado, que él no quiere verlo, que le da miedo. Gracias a la insistencia de los profesionales, que son testigos de esta escena, se logra una hora antes del horario fijado para la visita que ésta se suspenda hasta que el niño esté más preparado para visitar a su padre. Con esta medida, no se cuestiona si es dañina o no; una vez más se le delega al niño y a los profesionales que le acompañan la misión de prepararse para el encuentro.

Los indicadores de la parentalidad disfuncional severa y crónica

La lista que sigue es el resultado de nuestras observaciones en el seguimiento de familias cuyos padres presentan prácticas de malos tratos graves asociados a incompetencias parentales severas y crónicas. Hemos organizado la información tomando en cuenta los dos ejes de la fenomenología humana que nos parecen primordiales: las historias de vida y las características actuales de los padres.

a) *Antecedentes en la historia de los padres:*

1. Ausencia de una figura de apego adulta que haya podido ofrecer a estos padres por lo menos un vínculo afectivo estable y de calidad. Las situaciones más graves corresponden a la ausencia de cuidadores afectivos en los primeros años de vida.

2. Historia de malos tratos graves durante la infancia y adolescencia. En muchos casos condujo a una hospitalización y los niños no fueron adecuadamente protegidos.

3. Los contextos familiares, escolares o sociales no permitieron que estos padres cuando niños tomaran conciencia de su condición de víctimas de malos tratos. Por lo tanto, son objetos de sus historias en lugar de sujetos, lo que explica la repetición transgeneracional de los malos tratos.

4. Historia de socialización deficiente y/o perturbada. El caos familiar y los mensajes peyorativos y humillantes, así como la ausencia de una figura de identificación protectora y cuidadora, explican los trastornos de identidad de estos padres, acompañados frecuentemente de un trastorno límite de la personalidad.

5. Antecedentes de incompetencia parental severa y crónica en la familia de origen. Estos padres son hijos de padres incompetentes, pero además, a menudo, fueron criados en grandes instituciones para menores carentes de experiencias alternativas de familiaridad. No tuvieron por ello modelos de parentalidad sana para imitar e integrar.

6. Pertenencia a contextos familiares y sociales disfuncionales y/o carenciales. En muchos casos, no sólo fueron maltratados en sus familias, sino también en la escuela y las instituciones que debían protegerles.

7. Historia de pobreza, exclusión y/o marginación social.

8. Interrupción y/o dificultades del proceso de transmisión de los modelos de crianza contenidos en sus culturas de pertenencia. Éste es el caso de muchas familias que han inmigrado alejándose de sus raíces culturales o que son víctimas de la guerra, catástrofes humanas y/o familiares.

9. Intervenciones de protección ausentes, inadecuadas y/o incoherentes.

b) Características actuales de los padres:

1. Trastornos del apego con uno o todos de sus hijos o hijas agravados por experiencias de rupturas y pérdidas: En los casos de malos tratos físicos y abusos sexuales, el trastorno que aparece con más frecuencia es el del apego desorganizado controlador, tipo agresivo o punitivo en el caso de los padres; complaciente y cuidador compul-

sivo en el caso de las madres (Main, M. y Solomon, J., 1990). En las situaciones de negligencia es frecuente el apego desorganizado de tipo desapegado. En el maltrato psicológico todas las combinaciones de trastornos son posibles.

2. Trastornos severos de la empatía: Ausencia de empatía y tendencia a asignar atributos o significados negativos a los comportamientos o verbalizaciones de los hijos.

3. Inteligencia emocional deficiente: Estos padres tienen una gran dificultad para reconocer sus emociones. En general, tienen una tendencia a reaccionar de una forma agresiva y la emoción predominante es la rabia. Además, como tienen poco acceso a la verbalización de su mundo interno, difícilmente pueden modular sus emociones.

4. Déficit importante en sus capacidades cognitivas: Se trata de adultos con diferentes grados de deficiencia cognitiva y que además tienen dificultades para pensar y reflexionar cuando se trata de encontrar un sentido a las circunstancias de sus vidas y a los comportamientos de sus hijos. El estrés crónico que han conocido explica su tendencia a presentar un pensamiento estereotipado, categórico e inflexible.

5. Problemas de salud mental: Estos padres presentan enfermedades mentales graves y crónicas como psicosis, alcoholismo, toxicomanía y trastornos de la personalidad. Los más frecuentes son los problemas antisociales, los narcisistas, los paranoicos y los trastornos límites de la personalidad. Además, tienen depresión grave con sentimientos permanentes de impotencia y angustia.

6. Violencia conyugal: Son padres que a menudo están implicados en dinámicas de violencia conyugal donde la mujer, por la asimetría de poder y los condicionantes de género, se lleva la peor parte. Diferentes autores han insistido en el carácter destructor de la personalidad infantil en los contextos de violencia conyugal (Bentovin, A., 2000; Cirillo, S. y Di Blasio, P., 1992; TAMAIA, 2002; Barudy, J., 1998, 2002; Corsi, J. et al., 1995). A pesar de esto, poco o nada se hace desde lo público para ofrecer programas terapéuticos que permitan que los hijos y las hijas de madres golpeadas puedan recuperarse del daño sufrido. En Barcelona, gracias a la iniciativa de las ONG EXIL y TAMAIA existe un proyecto que ofrece talleres terapéuticos a hijos de madres víctimas de la violencia de género (TAMAIA, 2002).

7. Conflictos graves y permanentes con amigos, vecinos y miembros de sus familias.

8. Escasa capacidad para utilizar y ofrecer apoyo social a la comunidad.
9. Ausencia de reconocimiento de sus responsabilidades en los daños, sufrimientos o problemas causados a sus hijos.
10. Muy poco permeables a la ayuda profesional.
11. Dificultades muy importantes con respecto a su inserción socioprofesional.
12. Ausencia de motivaciones reales para mejorar su situación.

A partir de la descripción de los múltiples problemas que presentan estos padres, es evidente que las intervenciones para transformar las incompetencias severas y crónicas en competencias mínimas o en una parentalidad parcial necesitan intervenciones multidimensionales, multidisciplinarias, intensivas y de largo plazo.

Frente a la incompetencia parental severa y crónica, lo prioritario es asegurar la protección de los niños y niñas ofreciéndoles un medio de acogida (familia o centro de acogida) capaz de proporcionarles los aportes materiales, afectivos y sociales de la función parental. Asimismo, la información necesaria para que integren en su identidad los contenidos que den sentido a lo singular de su existencia, como ser hijo o hija de padres a quienes la vida y la sociedad no les permitió adquirir competencias para cuidarles y educarles, pero que gracias al altruismo social humano otras personas lo están haciendo solidariamente con ellos y con sus padres.

---

4) La parentalidad tóxica

Afortunadamente, corresponde a una minoría de madres y padres. Aproximadamente el 0,5% de madres y padres implicados en situaciones de malos tratos «necesitan» dañar deliberadamente a sus hijos para resolver sus problemas y conflictos personales. Entre ellos, encontramos un grupo de verdaderos infanticidas que «juegan» con la vida de sus hijos para obtener reconocimiento social, salvándoles *in extremis*, como el caso de las madres y padres que presentan el síndrome de Münchhaussen por poderes. Este síndrome es un cuadro poco frecuente en el que la cuidadora, especialmente la madre, lleva a un niño o a una niña a un servicio hospitalario porque presenta síntomas inventados o aducidos por ella. El engaño, que se repite con frecuencia, da origen a hospitalizaciones, a una movilidad considerable y, en ocasiones, a la muerte. Hasta ahora se han descrito numerosos casos donde la cuidadora ha provocado apneas, vómitos y diarreas que no responden a los tratamientos, septicemias o hipoglicemias que en varios casos han provocado la muerte del niño (Randel, A. et al., 2002).

Fuera de estos casos espectaculares, existen otras formas de toxicidad parental. Por ejemplo, los padres y madres que corrompen a sus hijos e hijas y les obligan a prostituirse, a robar o a asesinar a alguien. Pero además existen formas más sofisticadas de toxicidad parental en las formas severas de violencia psicológica. Las investigaciones de Bateson (1977) y Laing (1964) otorgan suficientes elementos para comprender los mecanismos por los que una madre o un padre pueden enloquecer o desequilibrar gravemente a un hijo o hija, mediante una comunicación patológica cuya máxima expresión es el doble vínculo.

6
La ecología familiar, social y cultural de los malos tratos infantiles

Jorge Barudy

Nadie puede desconocer que en el mundo globalizado en que vivimos los países ricos han logrado avances muy importantes en los ámbitos económico, tecnológico y científico. Pero es justo reconocer que el desequilibrio económico mundial es tal que la riqueza de los ricos es el resultado de la pobreza de los pobres. Nos referimos a los países pobres, pero también a los pobres de los países ricos. Si bien es cierto que estos progresos han traído mayor bienestar material para los habitantes de los países privilegiados del planeta, no es menos cierto que este bienestar no ha ido acompañado de una mejora en la calidad de vida psicosocial de todos sus miembros.

En una conferencia ofrecida en el marco del seminario internacional «Manifiesto por los niños» en Bruselas, organizado por el Fondo Houtman, expuse y argumenté que el desequilibrio económico mundial era la causa fundamental del deterioro de la salud mental de la población en los países ricos y sobre todo de los pobres del planeta (Barudy, J., 2002). Este deterioro es visible en todos los participantes de la vida social: las personas, las familias, las comunidades y la sociedad entera. Esta situación conduce a la emergencia de una nueva morbilidad para los niños a escala planetaria. Los niños y niñas, tanto de los países ricos como de los países pobres, sufren la incapacidad del mundo adulto para crear contextos con justicia social, sin violencia ni exclusión social. Pero, además, tienen que integrar en su personalidad en desarrollo que para poder ser hay que tener o, lo que es más grave aún, que «ser» es lo mismo que «parecer». Todo esto va englobado y camuflado en una ideología que, utilizando sobre todo imágenes virtuales en la televisión, Internet y otros medios de comunicación, fuerza a los niños y jóvenes al consumo, fomenta el individualismo e hipertrofia la capacidad de los deseos en desmedro de la responsabilidad y la pertenencia social. Esto tiene una traducción en la emergencia de una morbilidad mental específica en los hijos e hijas de las clases favorecidas. Ésta se expresa en comportamientos abusivos y violentos, consecuencia, entre otras, de la hipertrofia del deseo y de la no aceptación de la jerarquía ni la autoridad de los adultos. Trastornos alimenticios como la bulimia y la anorexia responden a la presión social por parecer; el consumo de alcohol y drogas, junto con la depresión, tentativas de suicidio y suicidios, son la manifestación de una gran soledad afectiva, de falta de sentido y desintegración de los tejidos familiares y sociales. Todo esto está englobado en un contexto cultural planetario que propone como marco de referencia la mentira, el engaño y el pensamiento único para construir una identidad.

En el caso de los hijos e hijas de los sectores desfavorecidos de los países ricos y de los países pobres, su sufrimiento se expresa en una serie de fenómenos que siempre han existido pero que no dejan de aumentar, como el hambre, la desnutrición, las altas tasas de mortalidad infantil. Pero, además, se agregan otros fenómenos, como el de los miles de niños y niñas que cada vez en mayor cantidad se ven obligados a emigrar a los países ricos y dejan a sus familias y sus comunidades para salvar la vida de las guerras, el hambre o las enfermedades.

A estos niños y niñas que viven en situación de riesgo por falta de protección en los países ricos, comparables a los niños de la calle de los países pobres, se les atribuye el calificativo de «menores no acompañados». Sin embargo, al llamarles de esta manera se mistifica el origen de su situación, insinuando que el origen de su emigración está vinculado a una irresponsabilidad de sus padres (Barudy, J. y Dantagnan, M., 1999). Por ello, sería más justo reconocer que son niños y niñas víctimas de este desorden mundial que denunciamos.

Pero esto no es todo. Junto con estos fenómenos, tenemos otros de igual gravedad, como los niños y niñas con sida o huérfanos de padres con esa enfermedad, los niños y niñas soldados, los niños y niñas que viven en las calles o son explotados por el trabajo infantil y la prostitución.

EL PAPEL DEL ENTORNO EN EL BIENESTAR INFANTIL

Aunque la genética y la biología determinen los límites de la estructura del ser humano, la importancia del entorno como elemento modulador de lo que en definitiva llegará a ser un niño o una niña es un hecho indiscutible. En estos momentos existe suficiente información para afirmar la existencia de un proceso interactivo permanente entre el sujeto biogenético y su entorno vital. Este entorno deja huellas en las vivencias infantiles, por lo tanto nadie puede negar que los contextos de vida, los del pasado y los del presente, influyen en la construcción de la personalidad de un niño o de una niña. Tanto las relaciones afectivas como la cultura, los contextos sociales y económicos, e incluso la política, repercuten en la vida de un niño o de una niña.

Por ello, ante cualquier tentativa de explicar la singularidad de un comportamiento o atributo infantil como mera expresión de los componentes innatos o adquiridos, es lícito suponer la existencia de un objetivo político-ideológico de quien lo afirma.

> *Cuando se insiste en el carácter innato de determinados comportamientos o atributos infantiles que perturban el mundo adulto, se debe pensar que el objetivo político es la mistificación de los factores culturales. Ésta y las malas condiciones socioeconómicas son las que crean entornos desfavorables para los niños y niñas que no les permiten el desarrollo de todas sus potencialidades.*

La argumentación racional para probar lo afirmado corresponde más a las creencias ideológicas de quienes lo afirman que a la realidad científica de los fenómenos. Desgraciadamente estas afirmaciones pueden ser aceptadas más fácilmente por los adultos –padres incluidos–, en la medida en que les proporcionan argumentos que los liberan de la responsabilidad de asumir lo que está ocurriendo con los niños y niñas en dificultad.

Precisamente las afirmaciones reductoras y categóricas que atribuyen una causalidad biogenética a fenómenos tan dolorosos como el de los niños de la calle o el de la delincuencia juvenil son un ejemplo de lo dicho anteriormente.

Las historias de vida de estos niños y niñas nos proporcionan suficiente información para afirmar que sus potencialidades de desarrollo se truncaron justamente debido a los entornos desfavorables de donde nacieron. Desgraciadamente, para muchos de ellos la ecología uterina les fue desfavorable, pues en el seno materno fueron intoxicados por el alcohol o las drogas que consumían sus madres, o dañados por las manifestaciones del estrés crónico como consecuencia de la pobreza, la violencia conyugal de los progenitores o la ausencia de apoyo social. El nacimiento y la infancia temprana de estos niños y niñas están inundados por las influencias dañinas que ningún niño o niña debería conocer. Negligencia extrema, maltrato físico precoz y experiencias de abuso sexual son los ingredientes que constituyen sus historias. A esto se agrega la violencia de la no solidaridad y de la indiferencia de los adultos, muchos de ellos profesionales –médicos, enfermeras, matronas, profesores, psicólogos– que no fueron y no han sido capaces de conectarse con el sufrimiento manifestado precozmente por estos niños y ofrecerles apoyo y protección.

A diferencia de otros niños y niñas que nacen con estrella, estos niños nacen «estrellados» y el mundo adulto sigue estrellándoles con su violencia e indiferencia. Estos niños sobrevivientes del desamor desarrollan estrategias de supervivencia para obtener como sea los nutrientes básicos para no morirse, así como una práctica de supervivencia que les predispone a desarrollar todo tipo de conductas, afectos y creencias para mantenerse vivos. La calle se transforma en su mundo; los robos y el engaño en los comportamientos predadores para sobrevivir, y las drogas en los analgésicos para resistir tanto dolor acumulado.

Por lo tanto, atribuirles a estos niños y niñas la culpa de lo que les pasa invocando factores innatos, no sólo es una manifestación de insensibilidad humana, sino que, lo que es más grave y vergonzoso, es una clara manifestación de cobardía. Esto denota la incapacidad del mundo adulto para asumir la responsabilidad por el tipo de entorno que está ofreciendo a sus crías. En vez de asumirlo, opta por dar explicaciones que hace de los niños y niñas más desfavorecidos los chivos expiatorios de sus incapacidades, injusticias y violencias.

De lo enunciado se desprende que los adultos que dominan este mundo deben asumir la responsabilidad ética del mundo que están construyendo. Pero, sobre todo, deben introducir los cambios estructurales para corregir este rumbo de destrucción y violencia. Los que no participamos de la dominación ni del poder tenemos la obligación de seguir trabajando en torno a la idea de que otro mundo es posible para nuestras crías y para nosotros. Este mundo está emergiendo en las múltiples mujeres y hombres, verdaderas gotas de agua pura que jamás han cesado en la protección de la vida y han defendido el amor y la solidaridad. Por ello nos implicamos cada vez más en dinámicas de buen trato y de convivencia en todos los ámbitos de nuestra vida social.

VIOLENCIA SOCIAL Y MALOS TRATOS INFANTILES

Diferentes investigaciones han demostrado que los fenómenos de violencia social e intrafamiliar siguen presentándose con una incidencia alarmante. Además, las víctimas siempre son seres humanos que se encuentran en desventaja, es decir, en inferioridad de poder con relación a aquellos que les violentan o maltratan. Este es el caso de los niños víctimas de malos tratos, de las mujeres víctimas de la violencia sexista en la pareja o de víctimas inocentes en situaciones de violencia organizada como las guerras, las represiones políticas, el terrorismo o el terrorismo de estado. Estas últimas las identificamos como una manifestación de la «violencia organizada», porque son formas de violencia sistémica producidas por un grupo que violenta a otro desde un sistema de creencias que legitiman la violencia y que, en la mayoría de los casos la hace aceptable a partir de prejuicios raciales, étnicos, religiosos, ideológicos y sexistas.

Las consecuencias de estas diferentes formas de violencia se expresan en variadas formas de sufrimiento. Por otra parte, a menudo los comportamientos violentos expresan un sufrimiento de las personas que los producen. Este sufrimiento, a su vez, ha sido causado casi siempre por contextos de violencia instigados por los poderosos de un sistema social, lo cual origina lo que los investigadores llaman «el ciclo de la violencia», es decir, que la violencia engendra más violencia (Masson, 0., 1982; Corsi, J., 1995; Barudy, J., 1997; Bentovim, A., 2000).

Permítanme referirme a dos ejemplos: uno histórico y otro relacionado con el tema de los malos tratos infantiles:

El ciclo de la violencia como fenómeno histórico

La historia de la humanidad está llena de ejemplos en los que un pueblo, una comunidad o un grupo han sido víctimas de una violencia organizada con diferentes formas de represión, tortura, opresión y humillación colectiva. Muchas veces estas formas de violencia han sido negadas por los grupos dominantes y los agresores han quedado impunes. También ha ocurrido que se ha presionado a las víctimas, a sus familias y a la opinión pública para que participen de una amnesia colectiva con el pretexto de la reconciliación y de la unidad. La consecuencia ha sido el surgimiento, en el seno de la colectividad dañada, de grupos que cometen desesperadamente actos violentos y que creen que así reparan o vengan el sufrimiento y las injusticias vividas por los suyos. Desgraciadamente, la historia nos enseña que lo único que acarrean estas estrategias es más dolor y nuevas violencias que producen nuevas víctimas que, a su vez, pueden transformarse en victimarios. Por otro lado, a menudo estas formas de violencia contribuyen a que se olvide aún más a los victimarios iniciales y que éstos vean su poder reforzado, acrecentando su impunidad.

Es muy común que las personas afines a los antiguos victimarios, incluso ellas mismas, aparezcan en el presente como víctimas o defensores de las nuevas víctimas, pero sin asumir la responsabilidad que en el pasado tuvieron en la génesis del ciclo de violencia.

> *No dejaremos nunca de insistir acerca del valor terapéutico de la conservación de las memorias colectivas y del carácter patógeno de la impunidad.*

EL CICLO TRANSGENERACIONAL DE LA VIOLENCIA FAMILIAR

Una de las conclusiones más relevantes de los programas de investigación-acción sobre las causas de los malos tratos infantiles es el riesgo de su repetición a través de las generaciones. Si bien es cierto que no se trata de un determinismo, los profesionales que trabajamos en este campo y las diferentes investigaciones señalan que uno de los grandes daños de los malos tratos no es sólo el sufrimiento y el deterioro del desarrollo infantil, sino su repetición. Un porcentaje significativo de los padres y madres que violentan a sus hijos fueron precisamente niños o niñas maltratados que no fueron adecuadamente protegidos ni ayudados por la sociedad para superar el daño de estas experiencias. Los niños maltratados que no reciben una protección adecuada y coherente pueden manifestar sus sufrimientos con comportamientos violentos hacia los demás o hacia ellos mismos muchos años después. Pueden incluso agredir a sus padres, que les violentaron en el pasado y que ahora se presentan como víctimas de hijos malvados y malagradecidos. A menudo reciben más apoyo de vecinos, autoridades o profesionales que la que recibieron sus hijos, cuando eran víctimas de su propia violencia. La falta de formación o de sensibilidad es lo que explica que haya adultos incapaces de percibir los sufrimientos que se esconden tras los comportamientos violentos de los niños y jóvenes. Esta respuesta social es parte del ciclo de la violencia. En muchas ocasiones, las instituciones sociales y los medios de comunicación la refuerzan poniendo de relieve la estigmatización, la exclusión o la penalización de los comportamientos violentos de los jóvenes sin tener en cuenta sus sufrimientos de niñas o niños maltratados.

Otro aspecto que debe considerarse es el papel del medio ambiente en la emergencia de los malos tratos infantiles. Muchos sociólogos están de acuerdo en señalar la relación que existe entre violencia social y familiar con factores ambientales adversos, como las desigualdades sociales, la falta de recursos para paliar las desigualdades, la precariedad del empleo, el deterioro del hábitat humano de las familias, la exclusión social, la marginalidad (Bronfenbrenner, 2002).

Un sistema social que pretende respetar las necesidades humanas y los derechos de las personas debería mostrar un interés real por el fenómeno de la violencia. Aquí no valen los discursos demagógicos o los cambios legislativos, que a menudo ni siquiera van acompañados de los medios financieros necesarios para desarrollar programas de atención. Lo que sí sirve es una redistribución de los recursos en la sociedad. En todos los países escasean recursos para desarrollar programas sociales, educativos y terapéuticos que prevengan y traten las consecuencias de las diferentes formas de violencia.

En todas las regiones hay una deuda con las víctimas de la violencia porque sus sufrimientos no fueron reconocidos y porque los recursos para apoyarles son insuficientes. En casi todos los países del mundo los presupuestos destinados a la guerra son mayores que los que se destinan a la sanidad, la cultura, la educación, la protección infantil y la promoción de los buenos tratos. A partir de estas constataciones es legítimo pensar que nuestros Estados son promotores de condiciones que facilitan la emergencia de todas las formas de violencia.

> *El esfuerzo y el compromiso de miles de profesionales, así como la enorme valentía de las víctimas, han logrado grandes avances en la ayuda a aquello que sufren la violencia, pero las clases políticas no han estado a la altura de la situación.*

Los problemas que deben resolverse y los desafíos que aseguren la ayuda adecuada a las víctimas son enormes y complejos. No pueden esperar, pues se trata de personas, de seres humanos con rostros, cuerpos, sentimientos. Si bien lo más conmovedor es el sufrimiento de los niños y niñas víctimas de malos tratos, tampoco hay que olvidar a las mujeres víctimas de la violencia de género, los ancianos víctimas de la indolencia consumista y los varones justos, víctimas de la persecución y la tortura.

EL ADULTISMO: MARCO IDEOLÓGICO
DE LOS MALOS TRATOS INFANTILES

La constatación de las formas y de la rapidez con que a los adultos se les olvida que los niños y niñas tienen necesidades específicas y son sujetos de derecho nos motiva a seguir contribuyendo en el mantenimiento de la sensibilidad de los adultos hacia los niños. Tenemos la esperanza de que nuestros esfuerzos no sean en vano. Esta esperanza nace de la convicción de que nuestra sensibilidad y capacidad de atender las necesidades de los niños y respetar sus derechos tienen su raíz en el hecho de que la infancia y la edad adulta son dos estaciones de un mismo recorrido. Nadie puede ser un adulto sin haber sido antes un niño o una niña. El hecho de que cada adulto lleve su infancia en la memoria debería permitirle la empatía necesaria para identificarse con los niños y sus necesidades. Esto ocurre naturalmente cuando el paso de la infancia a la edad adulta es resultado del amor, de los cuidados, de la protección y la educación que los adultos son capaces de proporcionar a los niños.

Desgraciadamente hay factores como las creencias violentas, el estrés, las desigualdades sociales o los roles abusivos impuestos por la cultura patriarcal que bloquean el acceso a las memorias infantiles y dificultan la empatía hacia los niños. Pero también existen la negación, el olvido o la distorsión de la memoria como formas de protegerse del dolor de los malos recuerdos de la infancia. Cada persona, en mayor o menor grado, ha sufrido en algún momento de su infancia el dolor, las humillaciones y la impotencia de ser maltratado por un adulto. En muchos casos, ya sea por la edad en que ocurrieron, su gravedad o simplemente por la dependencia vital del niño a esos adultos, estas experiencias no se registraron como recuerdos, son parte de la historia y de la memoria emocional y, por tanto, pueden reactivarse cuando los adultos se confrontan al sufrimiento de los niños que les rodean. Para evitar sufrir por sus dolores del pasado se vuelven insensibles. Ello puede ocurrirles a las madres y a los padres y también a cualquier adulto en contacto con niños o niñas.

Si el niño o niña que habita en el adulto ha sido cuidado y bien tratado por sus padres, por sus vecinos, por sus profesores, éste tendrá más recursos para comprender y satisfacer las necesidades de los niños y respetar sus derechos. Una madre africana decía «que el niño o la niña que habita en cada adulto tiene su residencia más cerca del corazón que del cerebro». En diferentes culturas, se designa al corazón como la fuente del amor.

En otros trabajos hemos denominado «adultista» (Barudy, J., 1998) a la posición autorreferencial que impide a ciertos adultos conectarse con el niño que vive en sus corazones. Esta postura los mantiene emocionalmente lejos de los niños necesitados de apoyo y de protección.

Lo anterior puede explicar por qué muchos investigadores que han estudiado la infancia no siempre presentaron modelos explicativos justos y accesibles para sensibilizar al mundo adulto sobre la existencia y las manifestaciones peculiares del sufrimiento infantil. Muchas de sus teorías se expresan en un lenguaje retórico que, en lugar de acercar a los adultos al mundo de los niños y niñas, les separa aún más. A menudo son discursos teóricos que reducen a los niños, sus necesidades y su proceso de desarrollo a conceptos abstractos que, al estar tan alejados del lenguaje natural de los padres, amplifican la sensación de que los niños son seres complicados, difíciles e incluso peligrosos. Afortunadamente, a partir de una observación naturalista del desarrollo infantil, diferentes autores nos han permitido acceder a informaciones más válidas.*

En estas últimas décadas, innumerables investigaciones han demostrado que los trastornos psíquicos y los problemas de comportamiento de niñas, niños y jóvenes a menudo son la consecuencia de una «carrera de niños maltratados». En muchas ocasiones, estos trastornos son la única forma de los niños para denunciar y resistir a la violencia de los adultos (Barudy, J., 1998; Manciaux, M., 2003; Cyrulnik, B., 2001)

Como expondremos a continuación, una de las consecuencias más graves de los malos tratos son los trastornos del apego, que en los niños y niñas genera una gran desconfianza en los adultos como mecanismo legítimo de protección. Por ello es frecuente que los niños y niñas maltratados tengan, al menos en el comienzo de una relación, dificultades para confiar y colaborar con los profesionales que intentan ayudarles. Antes de confiar, los niños y niñas maltratados necesitan una prueba de que el otro no les hará daño ni volverá a frustrarlos en la satisfacción de sus necesidades fundamentales (Berger, M., 1992, 1999, 2003; Bentovim, A., 2000).

Otra de las consecuencias de la «carrera moral de los niños maltratados» (Barudy, J., 1998) es que los niños y niñas expresan su sufrimiento de una manera indirecta, a veces contradictoria. Por ejemplo, suelen comunicar con gestos y comportamientos lo que no pueden expresar con palabras. A través de sus conductas disruptivas y violentas, de sus dificultades de aprendizaje, enuresis, encopresis, hiperactividad o comportamientos sexuados, los niños y niñas maltratados expresan sus dolores. También hay niños que sólo pueden expresarse mediante síntomas menos visibles, pero no menos graves, como depresión, angustia, inhibición afectiva o aislamiento social. Frente a estas manifestaciones de sufrimiento existe el riesgo de que los profe-

---

* Los trabajos de Winnicott, D.W. (1984), Bolwby, J. (1972, 1973), Brazelton, T. (1990) y Stern, D. (1997, 1991), así como los de Cyrulnik, B. (1994, 2001, 2003), Berger, M. (1992, 1999, 2003) y Manciaux, M. (2003), están expresados en un lenguaje que permite una mirada realista y humanizada de los niños. Sus descripciones y explicaciones ayudan a dar sentido a lo que parece complejo y misterioso. Por su parte, otros clínicos-investigadores nos dan suficiente información para concebir a los niños como sujetos de relación, es decir, personas que participan activamente en la construcción de su destino, incluso ya en la vida intrauterina (Cyrulnik, B., 1994, 2001, 2003; Barudy, J., 1998).

sionales que se ocupan del tratamiento de estos niños los reduzcan a un diagnóstico psiquiátrico. De este modo, además de ser víctimas de malos tratos, deben cargar con el estigma de tener un cuerpo o una mente responsable de lo que les ocurre.

Asimismo, el adultismo hace que aún estén en vigor paradigmas psicológicos que tratan de explicar las vivencias y los comportamientos infantiles, incluso sus sufrimientos, como resultados de conflictos psíquicos. Así, uno de los grandes errores de muchos profesionales de la psicología seguidores de las ideas de Freud (1954) o de Lacan (1975) ha sido negar o minimizar el impacto de las experiencias de violencia en la génesis del sufrimiento humano, especialmente el de las mujeres y los niños. Al no tomar en cuenta el daño exógeno proveniente de los contextos de vida familiar, de la escuela, de las instituciones o de la sociedad, no sólo se responsabiliza o culpabiliza a los niños y a los jóvenes como los causantes de su sufrimiento, sino que, además, se les priva de la posibilidad de participar en acciones destinadas a modificar estos contextos. La opción de explicar los trastornos psíquicos de los niños y adolescentes sin incluir la exploración y la intervención en sus ámbitos de vida, hace que los profesionales sean cómplices indirectos de aquellos que maltratan a los menores.

Otro ejemplo de esta dificultad de los adultos para actuar con empatía y en consonancia con las necesidades infantiles es el hecho de que muchas de las medidas destinadas a proteger a los niños las toman jueces o responsables de servicios sociales que ni siquiera les conocen. Estas personas no tratan con niños y adolescentes, sino con expedientes. Por consiguiente, las medidas que toman se basan en la lectura de informes de otros profesionales que, a veces, están basados en otros informes. Tomar una medida de separación de un niño de su familia, una medida de reintegración familiar, o cualquier otra medida, a partir de la representación de un niño imaginario, construida sobre la base de informes, consideramos que es un abuso de poder que conlleva el riesgo de agravar el sufrimiento de los niños.

Todas estas consideraciones nos dan argumentos para defender la idea de que los malos tratos infantiles no sólo son el resultado de las incompetencias y los sufrimientos de los padres, sino también de la injusticia y la violencia en el conjunto de la sociedad. El riesgo de ser niño o niña maltratado por un adulto se extiende a los contextos donde los adultos tienen como roles sociales educar y proteger a los niños.

Este poder puede malversarse y transformarse en malos tratos institucionales; esto puede ocurrir en la escuela, en los servicios sanitarios, en los espacios de ocio e, incluso y con frecuencia, en instituciones encargadas de proteger y acoger a los niños víctimas de malos tratos intrafamiliares.

Uno de los desafíos actuales y futuros sigue siendo la necesidad de introducir en la formación de psicólogos, médicos, pediatras, psiquiatras, profesores, educadores y asistentes sociales los conocimientos aportados por las investigaciones sobre los efectos de los malos tratos en los niños, así como formarles en los métodos terapéuticos y educativos adaptados a la reparación del daño producido por aquéllos.

LOS DIFERENTES NIVELES EN LA ETIOLOGÍA DE LOS MALOS TRATOS INFANTILES

En relación con el origen de los malos tratos, nuestras experiencias nos han permitido determinar que el daño de los niños y niñas que hemos acompañado no sólo es consecuencia de la violencia en sus familias, sino también de diferentes formas de malos tratos que se originan en los procedimientos sociales, administrativos y judiciales destinados a brindarles protección. Más aún, el riesgo de malos tratos existe incluso en las instituciones de acogida y en procedimientos educativos y terapéuticos que se les ofrecen para aliviar sus sufrimientos. Lo paradójico es que, precisamente, todos estos sistemas tienen como finalidad contribuir al bienestar y la protección de los derechos de los niños y niñas. Distinguiremos los factores que, presentes en cuatro contextos, juegan un papel determinante en el surgimiento de los malos tratos infantiles:

1) Los contextos familiares: la negligencia, la violencia física y psicológica y los abusos sexuales intrafamiliares.
2) Los sistemas sociales de protección infantil: los efectos dañinos de intervenciones de protección tardías, intempestivas o inadecuadas.
3) El sistema judicial: la victimización de los niños y niñas en los procedimientos judiciales.
4) Los sistemas educativos y terapéuticos: la insuficiencia e inadecuación de los recursos terapéuticos y educativos para reparar los daños de los malos tratos en los niños.

1. Los malos tratos infantiles como consecuencia de la violencia intrafamiliar

En diferentes trabajos hemos descrito las dinámicas familiares y sociales que juegan un papel en la etiología de los malos tratos infantiles. Estos trabajos constituyen el contenido de dos libros *(El dolor invisible de la infancia: una lectura ecosistémica del maltrato infantil* y *Maltrato infantil. Ecología social: prevención y reparación)* En el marco de este capítulo, presentamos de una manera resumida los diferentes factores familiares implicados en la producción de los malos tratos infantiles:

a) Los malos tratos como fenómenos transgeneracionales: los malos tratos casi siempre son la expresión de historias de sufrimientos de los adultos que los provocan. Casi todos los padres que maltratan a sus hijos tienen una historia de malos tratos en su infancia y adolescencia. Lo contrario también es posible, y gracias a las experiencias de resiliencia, no todos los niños o niñas maltratados serán padres que maltratarán a sus hijos.

b) Los malos tratos como consecuencia de un déficit o falta de competencias parentales: las historias de malos tratos, la falta de modelos de parentalidad sana y los fenómenos de institucionalización en la infancia y adolescencia explican que los padres que producen malos tratos no hayan podido desarrollar las competencias parentales necesarias para asegurar el bienestar de sus hijos.

c) Los malos tratos como expresión de una injusticia relacional: diferentes observaciones clínicas permiten afirmar que cuando los niños o niñas no reciben los cuidados que necesitan, o son víctimas de violencia y abusos, crecen con la esperanza de que la vida les reparará esta clase de injusticias. En la mayoría de los casos no obtienen reparación del mundo adulto, ni siquiera el reconocimiento de que han sido víctimas, lo que crea las condiciones para que en la adultez esperen que sus hijos reparen estas injusticias. Como no ocurre, pueden sentirse engañados y frustrados, lo cual desencadena una nueva fase en el ciclo de malos tratos.

d) Los malos tratos como expresión de contextos de pobreza y exclusión social: existen suficientes argumentos para afirmar que los contextos de pobreza y exclusión social son antihumanos y favorecen la emergencia de todo tipo de malos tratos en una familia. Los contextos de pobreza y miseria indican una violencia social, consecuencia de una injusta distribución de la riqueza, la cual crea, a su vez, condiciones de vida terribles para los pobres. Esto se expresa en los datos: 300 millones de niños no pueden beber agua potable, 674 millones de niños y niñas no tienen sus necesidades básicas satisfechas, 134 millones no tienen acceso a la escuela y 265 millones presentan diarrea crónica como consecuencia de una nutrición inadecuada, parásitos y falta de higiene (Unicef, 2003).

e) Los malos tratos como manifestación de un abuso de poder: los diferentes tipos de malos tratos son siempre una perversión de la asimetría de poder existente entre adultos y niños. Esta asimetría es un elemento estructural fundamental para permitir que los adultos críen, protejan y eduquen a los niños. En los casos de los malos tratos, los adultos utilizan esta diferencia de poder para usar a sus hijos e hijas en la resolución de sus problemas, ya sea con otros adultos o con ellos mismos (Barudy, J., 1998).

f) Los malos tratos como violación de los derechos de las personas y transgresión de la ley: es fundamental insistir en el hecho de que el maltrato a un niño o a una niña es, además de la expresión de un sufrimiento del adulto agresor, una transgresión que atenta contra los derechos humanos y contra los derechos de los niños. Por lo tanto, es fundamental considerar el papel terapéutico de la restitución de la justicia en las relaciones familiares.

2. Los malos tratos infantiles en los sistemas de protección a la infancia

Podemos testimoniar desde nuestra experiencia múltiples casos en los que las intervenciones de protección, de una forma activa o por omisión, agravan el daño que los niños sufren en sus familias. Con la intención de mejorar dichas intervenciones, enunciamos a continuación algunas de sus carencias:

a) Detección tardía de las situaciones de malos tratos intrafamiliares.
b) Prolongación de los períodos diagnósticos.
c) Demora e incoherencia en las medidas de protección.
d) Desconocimiento de los instrumentos para evaluar las competencias de los padres y sus posibilidades de rehabilitación en un tiempo razonable.

e) Falta de programas estructurados para la rehabilitación de las competencias parentales.

f) Insuficiencia de recursos de acogida residencial y de acogimiento familiar que tengan en cuenta todas las necesidades de los niños y niñas, incluso el daño que resulta de los malos tratos de los que fueron víctimas.

g) Síndrome del «peloteo». Nos referimos aquí al daño de las capacidades de vinculación de los niños y de las niñas como consecuencia de los múltiples cambios y traslados a los que son sometidos. Hemos conocido niños que en un plazo de doce años han sido acogidos en siete lugares diferentes, sumado a dos intentos fallidos de retorno a su familia de origen.

h) Criterios arbitrarios en la regulación de las visitas de los niños con sus padres biológicos. Los regímenes de visitas se establecen muchas veces a partir de criterios administrativos o legalistas que no consideran el estado de los niños ni sus necesidades. Lo más frecuente es que el concepto de patria potestad se interprete como el derecho absoluto de los padres y que no se le considere desde el punto de vista del interés superior del niño o la niña de no ser dañado por los adultos.

i) Alienación sacrificial de los niños, tanto para obtener la colaboración de los padres como para recoger elementos probatorios para su condena. Muchas veces, los organismos sociales de protección dan prioridad a la permanencia de los niños en su medio familiar y usan como argumento la protección de los vínculos afectivos de los niños con sus padres. Pero la verdadera razón puede ser la escasez de recursos financieros, que conduce a evitar el costo de medidas de protección que implican ofrecer a un niño o a una niña un acogimiento residencial o una familia de acogida.

Por lo tanto, existen aún grandes desafíos para estar seguros de que los sistemas de protección protejan siempre a los niños.

3. El riesgo de malos tratos en los procedimientos judiciales

Lo mencionado anteriormente con respecto a los sistemas sociales de protección es también válido para el sistema judicial. Desgraciadamente, y a pesar del compromiso y las competencias profesionales de muchos jueces y fiscales, el sistema judicial no es siempre, en su funcionamiento, un sistema justo para los niños y niñas. Peor aún, somos testigos de múltiples casos en que niñas y niños vuelven a ser victimizados durante sus procedimientos.

Algunos riesgos de malos tratos infantiles en el sistema judicial están señalados en la siguiente lista:

a) El niño o la niña, al ser utilizado como testigo, tiene que acusar a sus propios padres.
b) La dificultad de probar la causalidad del daño y ser reconocido como víctima.
c) El carácter «adultista» y por lo tanto incomprensible para los niños de los procedimientos judiciales.
d) La ausencia de un abogado o una abogada que defienda los derechos e intereses de los niños, así como la falta de asistencia y apoyo psicológico para el niño o la niña durante los procesos judiciales.
e) Protección preferente de los derechos de los padres en desmedro de los derechos de los niños.
f) Los procesos de victimización múltiple durante los peritajes y contraperitajes, resultado de los interrogatorios y exámenes para verificar los testimonios infantiles.

4. Los malos tratos por malas prácticas educativas y terapéuticas

Los diferentes modelos de tratamientos, tanto a nivel socioeducativo, como psiquiátrico y psicoterapéutico, no siempre se aplican con el rigor ni con la duración que los daños de los niños y niñas víctimas de malos tratos requieren. Más aún, podemos afirmar, sin riesgo a equivocarnos, que una gran mayoría de ellos no recibe ningún tratamiento reparativo. Por una parte, la psiquiatría y la psicología infantil tienen una deuda con los niños y niñas maltratados, porque durante mucho tiempo se negó o se minimizó la importancia de los contextos de violencia y de negligencia en la producción de los trastornos mentales de los niños. Afortunadamente, gracias a la introducción de los enfoques ecosistémicos se ha avanzado bastante a este respecto. Por otra parte, los modelos psiquiátricos o los métodos psicoterapéuticos basados en las teorías del inconsciente, o los centrados en los cambios conductuales, han sido y son, por sí solos, insuficientes para el tratamiento de las consecuencias de los malos tratos infantiles. Y lo que es más grave aún es que, aplicados de una manera reductora, han contribuido a la negación, la banalización y la mistificación de las consecuencias de los malos tratos en el desarrollo de los niños, incluso en la existencia misma de éstos.

En el momento actual, los desafíos para continuar creando métodos educativos y terapéuticos más adecuados para ayudar a las víctimas infantiles pasa por la superación de las siguientes dificultades:

a) La falta de vínculos afectivos e implicación relacional de los profesionales con los niños y niñas: a menudo acompañada de una falta de continuidad en las relaciones terapéuticas o educativas.

b) Dificultades para sentir empatía por el sufrimiento de los niños y las niñas: esto puede manifestarse por una distancia, indiferencia o rechazo cuando los niños expresan sus sufrimientos de forma agresiva o disruptiva. También puede ocurrir la situación contraria, es decir, una sobreidentificación con el sufrimiento de estos niños, que puede conducir a los profesionales a verdaderos secuestros filantrópicos de los niños con respuestas sobreprotectoras, desconocimiento de sus recursos resilientes y diabolización de sus padres biológicos.

c) La ausencia de espacios de reflexión sobre el papel de las representaciones: esto se refiere al papel que juegan las representaciones de cada profesional a la hora de intervenir. Muchas veces hemos sido testigos de intervenciones basadas en «la ideología de los vínculos familiares», por encima de cualquier otra consideración. Esta ideología es el resultado, por una parte, de las representaciones de familia que cada profesional tiene como consecuencia de sus historias familiares, pero también de la mistificación de la familia biológica en la ideología patriarcal. Esta ideología sigue siendo dominante a pesar de los cambios culturales que se han producido gracias a la lucha de las mujeres. Miles de niños y niñas en diferentes partes del mundo se desarrollan sanamente en sistemas humanos que les ofrecen cuidados y protección y que no se corresponden con sus familias biológicas. Por el contrario, son millares los niños y niñas dañados y a menudo destruidos por los miembros de su familia biológica.

La consecuencia práctica del dominio de la ideología patriarcal en la cultura para los niños maltratados es que se hace una lectura mistificada de las capacidades parentales y una defensa exagerada de los derechos de los padres y de la unidad familiar.

En el marco de este libro, proponemos como prevención de estos riesgos la necesidad de evaluar las competencias de los padres. Asimismo, insistimos en la necesidad de que cada profesional que trabaje con niños realice una labor reflexiva y personal sobre sus valores y representaciones. Esto, tanto de una manera individual como en el marco de una dinámica de supervisión y de intervisión en grupos sobre sus prácticas.

d) La apropiación de los niños y niñas: esto puede ocurrirle a terapeutas, educadores, responsables de instituciones de acogida o padres acogedores. Es otra de las dificultades para superar, y es fundamental cuando la apropiación va acompañada de la demolición moral de los padres biológicos. Por mucho que –por sus incompetencias y problemas de salud mental– hayan dañado a sus hijos, merecen el respeto incondicional como seres humanos. Es importante ayudar a los niños y niñas a que encuentren un sentido a los comportamientos dañinos, sin degradar moralmente a sus progenitores. Ningún niño o niña puede resultar psicológicamente indemne si se habla de sus padres como abusadores, perversos, locos o psicópatas. Hay que acompañarles en el trabajo de encontrar una explicación a los comportamientos dañinos de sus padres, reconociendo las injusticias y el daño que les provocaron, pero dándoles un sentido aceptable para sus identidades. Una forma es ayudarles a encontrar un sentido a los malos tratos en las historias de sus padres y madres. Los niños y niñas tienen el derecho de saber que sus padres encontraron una salida a los sufrimientos que vivieron en sus infancias a través del consumo de drogas, la violencia o los abusos. Por otra parte, hay que ayudar a los niños y a las niñas a integrar la idea de que a sus progenitores nadie les enseñó a ser padres ni madres adecuados y que por eso les han hecho daño. Comprender que para ser padres se deben tener unas competencias mínimas, les ayuda a no sentirse culpables y a desarrollar recursos resilientes mediante modelos alternativos que, en el futuro, les harán ser padres y madres competentes.

e) Dificultades en el manejo de la autoridad en los procesos educativos y terapéuticos: una de las consecuencias de la ideología neoliberal basada en el consumismo es que los niños y jóvenes bajo la influencia, entre otras cosas, de la publicidad y la televisión crecen con la ilusión de que pueden hacer o tener lo que desean. Basta con desear para obtener lo que se quiere. Esta presión social les dificulta el aprendizaje del respeto a la autoridad de sus padres y los adultos en general y conduce a la no integración de normas y reglas, así como a que estos niños no posean los mecanismos para la modulación de sus afectos, pulsiones y conductas. Si a esto se le suman diferentes grados de negligencia y violencia en la familia, los niños y niñas presentarán un déficit importante en el control y manejo de sus frustraciones, en el respeto de sí mismos y de los demás. A esto, además, se agrega la dificultad para elaborar un proyecto personal que les permita una integración social adecuada. Lo anterior explica las dificultades y desafíos que educadores y terapeutas pueden encontrar para regular la autoridad necesaria que los niños y niñas necesitan. Se tienen que prevenir las tendencias en aplicar un autoritarismo militarista para «domar» a los niños, o una actitud excesivamente permisiva para seducirles y obtener su colaboración.

f) Escasez de recursos y modelos terapéuticos adecuados: a todo lo anterior se agrega la escasez de terapeutas especializados en el tratamiento de los traumas, resultado de los malos tratos.

g) Ausencia o insuficiencia de programas destinados a la capacitación parental: tanto en lo que se refiere al apoyo de las habilidades parentales como a la rehabilitación de la parentalidad cuando los padres presentan incompetencias severas y crónicas y dañan a sus hijos con actuaciones violentas y abusivas.

El hecho de subrayar todas estas dificultades y contradicciones sociales a la hora de ayudar a las víctimas de la violencia es nuestra forma de mostrar nuestra solidaridad con los niños y niñas que la sufren.

No obstante, nuestra postura no tiene en ningún caso como objetivo negar el avance lento, pero constante, de los programas de protección infantil implementados en diversos ámbitos de la sociedad. No queremos dar una visión negativa y catastrófica de las políticas actuales destinadas a la protección de la infancia. Al contrario, partimos de la base de un reconocimiento de que todos los progresos realizados son el resultado de la lucha encarnizada de los movimientos en defensa de los derechos de los niños y niñas. Numerosas madres y padres, así como

profesionales de diferentes ámbitos, han sido pioneros y pioneras responsables de este cambio cultural que ha permitido que se reconozca
a los niños y niñas como sujetos de derecho, por lo menos en el plano
de los principios, aunque en la práctica falte mucho trabajo por hacer.
En este sentido, son miles los profesionales comprometidos en mejorar
sus prácticas para ayudar a los niños víctimas de malos tratos.

7
Manifestaciones del sufrimiento infantil por malos tratos: aspectos clínicos y terapéuticos

Maryorie Dantagnan

Las diferentes concepciones de la infancia nos confrontan a dos lecturas del sufrimiento infantil y sus manifestaciones. En la primera, el niño es el objeto de una teoría, y la causa de sus sufrimientos se atribuye a trastornos o enfermedades producidas en su organismo. En la segunda, el niño o la niña son seres vivos en interacción permanente con su entorno. Son sujetos que participan en relaciones interpersonales, incluso en su vida intrauterina. El conjunto de estas relaciones constituye su medio humano, que a su vez puede facilitar o dañar su desarrollo.

En lo que se refiere al primer enfoque, muchos profesionales de la psicología, la pedagogía, la pediatría, el trabajo social y la justicia son todavía prisioneros de sus representaciones y teorías, lo que les impide ofrecer un vínculo afectivo y de apoyo social a los niños y niñas. Otros reducen a los niños a una visión patográfica, reduciéndolos a sus síntomas y problemas de comportamiento y ofreciendo intervenciones que sólo consideran tratamientos individuales. De esta manera mistifican los entornos familiares y sociales que por sus carencias y malos tratos son, en la mayoría de los casos, la causa de estos trastornos.

Al ser diagnosticados como portadores de un trastorno mental, se les confirma que ellos son el problema. Afortunadamente, y gracias a las investigaciones sobre los factores resilientes, es decir, aquellos que permiten a los niños enfrentar mejor el daño que se les hace, muchos profesionales están integrando la importancia de ayudar a los niños maltratados a reconocerse como víctimas. La toma de conciencia de que el sufrimiento es causado por los malos tratos como resultado de la violencia de los adultos es un factor de protección para la salud mental infantil. Los niños y niñas tienen el derecho a saber y comprender que son sus padres quienes les han hecho daño, no porque son malas personas, sino porque no han aprendido a ser padres competentes. Esto también es válido para los terapeutas cuando éstos son incompetentes y les hacen daño.

Hay que considerar a los niños y niñas que sufren malos tratos no sólo como víctimas de la violencia o negligencia de sus padres, sino también de la violencia institucional y social. Las consecuencias de estas fuentes de malos tratos se expresan en las diferentes formas de sufrimiento y daño que expondremos en esta sección, introduciendo además las bases conceptuales de los métodos terapéuticos para cada una.

LAS CONSECUENCIAS DE LOS MALOS TRATOS EN LOS NIÑOS

Como hemos señalado, los contextos de malos tratos infantiles son entornos humanos que provocan graves daños, a veces irreversibles, en los niños y niñas. El daño les afecta en su integridad, y sus manifestaciones pueden ser múltiples. En este libro presentamos en cinco niveles las manifestaciones posibles:

1. Los trastornos de los procesos de desarrollo infantil con riesgo de retraso en todos los niveles de desarrollo, algunos de ellos irreversibles.
2. Los trastornos de los procesos de socialización y aprendizaje infantil.
3. Los trastornos de los procesos resilientes.
4. Los traumas infantiles.
5. Los trastornos del apego.

1. Trastornos del desarrollo

Una familia donde uno o ambos padres tienen prácticas de abuso y de malos tratos impide o dificulta el desarrollo y el crecimiento sano de un niño o niña. Una parte importante de los recursos y de la energía necesarios para enfrentar los desafíos de crecer deben ser utilizados para sobrevivir al estrés y el dolor permanente. Diferentes investigadores han demostrado que los malos tratos provocan alteraciones importantes en el desarrollo del sistema nervioso central difíciles de reparar. Mientras más tardía es la intervención, mayor es el riesgo de no poder reparar este daño. Por lo tanto, los profesionales tenemos responsabilidades cuando ocurre. Como consecuencia, muchos de estos niños presentan retrasos psicoafectivos irreversibles.

2. Trastorno de la socialización

Los trastornos de los procesos de socialización y aprendizaje infantil, con la incorporación progresiva y acrítica de los comportamientos y creencias de los padres que maltratan, conlleva una transmisión transgeneracional del maltrato expresada por la violencia en la adolescencia, la violencia conyugal y/o el maltrato a los hijos.

Las investigaciones sobre los cuidados y el buen trato nos han permitido establecer que la buena salud y el hecho de comportarse como una buena persona resulta de estos procesos. Un niño o una niña tratados con cariño y respeto, y que además reciben los cuidados que necesitan, son y serán unas personas sanas, no sólo desde el punto de vista físico, sino también desde el punto de vista psicológico y social. Los niños que son y se sienten amados desarrollan un apego seguro. Por lo tanto, poseen una seguridad de base y, lo que es más importante, una inteligencia emocional con la empatía necesaria para participar en dinámicas relacionales altruistas y de buen trato. Desgraciadamente, los niños y niñas víctimas de malos tratos se socializan en un contexto que, en la mayoría de los casos, si no reciben una ayuda adecuada, les conduce a presentar trastornos de comportamiento, dañándose a sí mismos o a los demás. Un niño o niña que sufre malos tratos severos y crónicos puede que no aprenda a ser una buena persona porque no tiene a nadie significativo que se lo enseñe. Además, está obligado a aprender a sobrevivir evitando el dolor y el sufrimiento de su vida cotidiana. A este proceso se le ha llamado la «carrera moral de los niños maltratados» (Barudy, J., 1998). La consecuencia lógica de esto son los trastornos de la socialización, expresados por las dificultades para participar en relaciones de interdependencia sanas, caracterizadas por el respeto, la empatía y la reciprocidad.

3. Trastornos de los procesos resilientes

Las capacidades resilientes permiten a los niños y niñas un desarrollo suficientemente sano a pesar de los obstáculos y dificultades que derivan de sus vidas. La resiliencia es una capacidad que emerge de las relaciones familiares y sociales cuando éstas aseguran un mínimo de experiencias de buenos tratos con adultos significativos. Esta capacidad de resistir a los embates de la vida es el resultado de experiencias de apego seguro y de apoyo social mantenido y de calidad, por lo menos con un adulto significativo para el niño. La toma de conciencia precoz de la realidad familiar, por muy dura que sea, y una educación que integre valores que ayuden a dar un sentido a las experiencias, son otros de los ingredientes de la capacidad resiliente. Las experiencias de malos tratos alteran la resiliencia, pues producen todos los trastornos que ya hemos expuesto. A esto se agrega el poco apoyo social que los niños reciben. A menudo, sus familias viven aisladas del entorno social y no se benefician del aporte de redes sociales sanas y nutritivas. También la dificultad de darle sentido a los comportamientos violentos y abusivos, así como los trastornos de la socialización, operan en el mismo sentido negativo. Afortunadamente no existe un determinismo, en la medida en que nuestras experiencias y la de muchos otros investigadores e investigadoras nos han permitido descubrir que las capacidades resilientes pueden desarrollarse aún en presencia de todos los factores adversos indicados. Esto ocurre cuando los niños y niñas son protegidos adecuadamente y se les ofrecen relaciones reparadoras, tanto en el ámbito educativo como en el terapéutico.

Los investigadores de este campo estamos de acuerdo en que uno de los factores importantes de la resiliencia es haber tenido por lo menos una relación durable y de buena calidad con un adulto significativo en la infancia. Este adulto, mujer u hombre, ha sido capaz de transmitir a los niños que ellos son personas válidas e importantes. Además, han permitido, mediante varias conversaciones, construir juntos una narrativa desculpabilizadora. Uno de los ejes del trabajo terapéutico de reparación del daño de los malos tratos infantiles es ofrecer y ofrecerse a los niños como tutores o tutoras de resiliencia (Cyrulnik, B., 2001).

4. Los traumas infantiles

Los diferentes tipos de malos tratos son experiencias que provocan estrés y dolor crónico de gran intensidad. Nos referimos no sólo al dolor físico, sino también al psicológico, que no tiene una localización focal pero compromete el conjunto del organismo. Otro aspecto traumático de los malos tratos es el hecho de que el dolor es provocado por personas significativas como los padres, entre cuyas funciones se encuentra la de ayudar a calmar el dolor de sus hijos con el consuelo y el cariño. Numerosas investigaciones muestran que el cariño y el consuelo aumentan la producción de endorfinas naturales que, en caso de dolor, ayudan a calmarlo (Goleman, D., 1996). Además, se agrega la dificultad de las víctimas para encontrar una explicación que dé sentido a lo que les ha pasado o les está pasando. Esta imposibilidad de encontrar un sentido a lo vivido es resultado del carácter de doble vínculo de los malos tratos infantiles, es decir, la paradoja monstruosa de ser dañados por quienes les dieron la vida y que deberían cuidarles, protegerles y educarles.

Al hablar de trauma psíquico infantil nos referimos a las consecuencias de una agresión exógena que provoca una sensación intensa de estrés, sufrimiento o dolor, y a la que al mismo tiempo, por su contenido, es difícil encontrarle un sentido o una explicación. Los traumas psíquicos son comparables a los traumatismos físicos, pero existen diferencias. Por ejemplo, si un niño o niña sufre múltiples fracturas como consecuencia de un accidente de tráfico tiene mucho dolor y estrés, pero puede explicarse o comprender la explicación que le brinda un tercero sobre el accidente. El niño puede entender por qué sucedió, cómo ocurrió, quién es responsable, etcétera. El niño sufre, pero no queda traumatizado.

En el caso del trauma psíquico, las agresiones que lo provocan, como los malos tratos, producen también estrés, sufrimiento y dolor, pero la diferencia estriba en que para los niños es mucho más difícil darle un sentido y elaborar estas agresiones. Para el niño o la niña será muy difícil entender por qué su madre le pega o le rechaza, o por qué su padre abusa sexualmente de ellos. Todas estas experiencias son psíquicamente traumáticas porque es muy difícil simbolizarlas después de haberles encontrado un sentido, es decir, comprenderlas. En estas circunstancias, los niños y niñas sufren, pero además pueden quedar traumatizados, porque sin entender lo que pasó es casi imposible recuperar los sentimientos de control sobre su entorno y de protección frente a nuevas agresiones.

Según el contexto en que se han producido los malos tratos, podemos hablar de dos grupos:

– Aquellos niños que han vivido una violencia contextual junto con los otros miembros de su familia y/o de su comunidad. Este grupo corresponde al de los niños y niñas víctimas de la violencia organizada –guerras, terrorismo, genocidio– y al de los niños víctimas de la violencia social –exclusión, marginalidad, utilización comercial y publicitaria, pedofilización social, consumismo, comercio sexual, violencia institucional, etcétera–.
– Los niños y niñas víctimas de violencia intrafamiliar, víctimas de negligencia y abandono, malos tratos físicos, abusos sexuales y violencia psicológica.

Desde el punto de vista del contenido de las agresiones distinguiremos:

– Los *eventos traumáticos* para señalar cualquier hecho o acontecimiento que produce dolor y estrés (dolor físico, dolor psíquico o una experiencia de amenaza vital) y que sobrepasa los recursos naturales del individuo y de sus apoyos sociales para calmar el dolor y encontrarle un sentido a lo sucedido. Esto como consecuencia de su contenido, intensidad o duración.
– Hablamos de *proceso traumático* para nombrar el conjunto de eventos dolorosos y/o estresantes que emerge de relaciones interpersonales significativas y cuyo contenido, su duración e intensidad agotan los recursos naturales del niño o de la niña, así como el de sus fuentes de apoyo social. La consecuencia de esto es que el conjunto de acontecimientos perturba una parte o la totalidad de la vida afectiva, cognitiva, conductual y relacional del niño y de la niña. Los malos tratos infantiles se corresponden con procesos traumáticos.

No hay peor trauma que el producido dentro de la propia familia: sus consecuencias tan graves están asociadas al significado de las relaciones intrafamiliares, a la situación paradójica en la que los niños son maltratados por quienes se supone que tienen que cuidarles, protegerles y educarles. En el caso de que alguna circunstancia exógena les produzca dolor, son los padres quienes deberían calmarlos y consolarlos en esos momentos.

Las consecuencias de los procesos traumáticos

Cuando el trauma se produce, provoca un impacto en las diferentes áreas de la personalidad del niño. Las consecuencias pueden ser ser *trastornos o mecanismos adaptativos*. Esto último corresponde a los mecanismos de defensa que el niño desarrolla para hacer frente al dolor y al estrés. De estas consecuencias mencionaremos:

- En el área afectiva:
  - trastornos de la empatía
  - trastornos emocionales
  - trastornos de la autoestima
- En el área cognitiva:
  - trastornos cognitivos
  - trastornos disociativos
  - trastornos de la identidad
- En el área conductual:
  - conductas autodestructivas
  - violencia hacia los demás
- En el área relacional:
  - trastornos del apego o de la vinculación
- Trastornos en la capacidad de reflexión ética:
  - El hecho de que sean los adultos quienes provocan daño, hace que el modelo ético que recibe y aprende el niño esté condicionado por esa experiencia.

Las vivencias internas de las niñas y niños traumatizados

Sólo en los últimos 20 años se han desarrollado investigaciones clínicas dirigidas a conocer lo que sienten y comunican los niños por el hecho de ser maltratados y, a partir de esto, ofrecer modelos terapéuticos especializados para niños que han sido víctimas de procesos traumáticos. Un estudio hecho por Beberly James en 1996 nos ha permitido reconocer de manera más clara la dinámica vivencial de los niños maltratados. Su trabajo representa una expansión del concepto traumatogénico de Finkelhor y Browne (1985).

Puesto que uno de los ejes del proceso terapéutico es el contenido de los procesos traumáticos, nos ha parecido importante describir las vivencias de estos niños traumatizados por los malos tratos. La siguiente descripción, basada en los trabajos de James (1989), no cubre todos los aspectos del mundo interno del niño maltratado, pero es una guía que puede ayudarnos para establecer un diagnóstico y un plan del tratamiento que debería hacerse.

Cada una de estas vivencias internas se tratarán considerando los siguientes aspectos: su dinámica, el impacto psicológico, las manifestaciones conductuales y las tares terapéuticas básicas para tratarlas.

La culpa

El sentimiento de culpa está presente en algún grado en los niños maltratados. La mayoría de ellos no lo manifiesta verbalmente, pero muchos de ellos lo hacen a través de sus conductas. El niño se siente responsable de lo que le ha pasado. Para llegar a esta conclusión, el niño o niña ha procesado cognitivamente lo siguiente:

1. Clasifica a las personas en buenas y malas.
2. No puede permitirse considerar a sus padres como personas malas.
3. Por tanto, la falta de sentido o de explicación lógica a la situación de violencia le lleva a creer que si él es maltratado es porque es malo, porque se lo merece.
4. Él o ella es responsable de lo ocurrido, pues si no debería haber sido capaz de detener la situación abusiva (seudocapacidad de control).

El impacto psicológico de esta experiencia es: sentimientos de culpa, vergüenza, creer que es malo. Todo niño maltratado vivencia de algún modo estos sentimientos aunque no sean verbalizados explícitamente.

Las manifestaciones conductuales hacen visible el sentimiento de culpa a través de: conductas de aislamiento, intento de rectificar, autocastigo, autolesiones, abuso de drogas o sabotaje de sus logros. Nuestra experiencia clínica nos enseña que muchos de los comportamientos autodestructivos que presentan los niños y niñas, particularmente adolescentes, son muchas veces la expresión de sentimientos de culpa.

Tareas terapéuticas: Puesto que para el niño creerse culpable tiene la función vital de proteger la representación idealizada de sus padres, ésta debe trabajarse a fin de invertir la balanza: desculpabilizar al niño y responsabilizar a los padres sin demonizarlos. La única forma de sacarles de esta vivencia es ofrecerles un modo diferente de relación y de reacción a sus manifestaciones conductuales. Si el niño o la niña muestran conductas negativas y todo lo que reciben es castigo, se enclaustrarán en su sentimiento de culpa. Es necesario, desde el principio y durante el proceso terapéutico, desculpabilizar explícitamente al niño. Será inútil intervenir en las manifestaciones conductuales de la culpa sin trabajar en ella.

> *Como terapeutas es fundamental que, en nuestros primeros encuentros con un niño o niña maltratada, nuestro primer mensaje explícito sea reconocerle víctima de una situación injusta.*

La estigmatización

Puesto que los niños son culpabilizados, denigrados y humillados, percibidos y representados como malos, enfermos, perversos, niños-problema, etcétera, por quienes les rodean, acaban sintiéndose enajenados y diferentes de los otros, como «mercancías etiquetadas» por lo que les ha ocurrido. Muchos de ellos y ellas están convencidos de que todos reconocen su historia de malos tratos.

El impacto psicológico es: sentimiento de culpa y vergüenza, baja autoestima, sentimiento de ser diferente de los otros chicos y chicas de su edad. Dicha diferencia siempre está en su contra o les causa desventaja.

Las manifestaciones conductuales son: aislamiento, evitación de logros y éxitos, abuso de drogas, conducta autodestructiva, esfuerzo compulsivo por lograr algo, pero con la sensación de que nunca es lo suficientemente bueno. Las conductas autodestructivas también están presentes.

Tareas terapéuticas: consistirán en ayudar al niño o la niña a distinguirse del problema: «*el problema no soy yo*». Esto puede conseguirse a través de las técnicas de externalización. Frente a esta experiencia, la actitud del terapeuta debe encontrar el equilibrio entre no dramatizar, pero tampoco banalizar la experiencia del niño. Para contrarrestar la estigmatización es necesario estimular paralelamente dentro y fuera del contexto psicoterapéutico los recursos naturales y resilientes de los niños con el fin de potenciarlos y mejorar así su representación de sí mismos.

Impotencia

Como hemos mencionado anteriormente, los niños víctimas de procesos traumáticos producto de los malos tratos han sido sobrepasados en extremo por estas experiencias. Este ambiente de desprotección, tragedia e impredecibilidad, que provoca miedos repetidos, lleva al niño a no tener control ninguno sobre lo que ocurre, quedando a merced de los adultos. La sensación de impotencia, vulnerabilidad e incapacidad de hacer algo por salir o resolver su situación contribuye al proceso de indefensión aprendida: «*Haga lo que haga, no hay salida*» o «*Haga lo que haga, nada cambia*».

El impacto psicológico puede ser: ansiedad, miedo, depresión, bajo sentido de eficacia, percepción de sí mismo como víctima, necesidad de control, identificación con el agresor, vivencia de estar dividido o fragmentado.

Las manifestaciones conductuales son: pesadillas, problemas alimenticios, fobias, delincuencia, seudomadurez, *acting-out*, agitación, retraimiento, ideación suicida, conductas agresivas y amenazantes a sus pares. Estos niños y niñas pueden establecer relaciones interpersonales agrediendo, protegiendo y cuidando, o complaciendo compulsivamente, como un modo de mantener el control del otro. Puede ocurrir que la impotencia invada el terreno social afectivo y sean duramente victimizados por otros o se replieguen sobre sí mismos para evitar relacionarse.

Tareas terapéuticas: como la sensación de invalidez e impotencia deja secuelas devastadoras en la representación del sí mismo del niño, como terapeutas debemos ayudarle a reconocer que tiene poder y posibilidad de elecciones. Es tarea del terapeuta ayudarle a utilizar este poder para ser constructivo y no destructivo. La relación terapéutica puede brindar la posibilidad de ofrecer una experiencia reparadora donde el niño o niña se sienta valorado, respetado y fuerte. La metodología utilizada debe permitirle sentirse protagonista del proceso terapéutico, donde se le invita a participar activamente en el plan de tratamiento. Esto le permitirá desarrollar un sentido de control, eficacia y valía personal que contrarreste su impotencia.

Pérdida

Tanto las pérdidas significativas de su mundo afectivo –un padre protector, una madre incondicional y emocionalmente disponible– como su falsa expectativa de ser cuidado y protegido por ellos y/o por otros que le han conocido, llevan a convencerle de que no necesita a nadie o que no puede confiar en nadie.

> *La más grave consecuencia de la experiencia de malos tratos en los niños es la pérdida de la confianza, la sensación permanente de tener que cuidarse y protegerse de los otros: el creer que no hay nadie disponible, con buena voluntad o intención hacia su persona.*

El impacto psicológico es: entumecimiento emocional, negación, culpa, desconfianza, deseos suprimidos, cólera, desconfianza en sí mismo y en los otros.

Las manifestaciones conductuales: reacciones somáticas, sueños ansiosos, conductas regresivas, mutismo selectivo, apatía, hurtos, agresiones explosivas, evitación de la intimidad, dificultades de aprendizaje.

Tareas terapéuticas: es importante brindar al niño o niña espacio y tiempo para expresar su dolor provocado por estas pérdidas y traiciones. Posteriormente, dar paso a la elaboración del dolor, es decir, ayudarle a encontrar un sentido a lo vivido. A partir de este momento se puede ayudar al niño a comprender cómo estas vivencias están presentes en sus relaciones actuales. La tarea fundamental será ofrecer al niño o niña una relación terapéutica que ayude a reparar su confianza en el ser humano.

La rabia

Los niños que crecen y se desarrollan en un ambiente familiar violento, negligente o caótico, vivencian la rabia y el malestar constantemente. En un ambiente en el que los adultos no han aprendido a manejar ni regular emociones intensas y negativas como la rabia, tampoco los niños logran esta habilidad, y llegan a creer que sentir o tener rabia es lo mismo que agredir o destruirse. Ocurre también que los niños y niñas muchas veces se asocian emocionalmente con el agresor, que les resulta más tolerable que conectar con sus propias vivencias de víctima. Por la falta de comprensión ante lo que ha ocurrido llegan a percibirse como merecedores del castigo o del daño causado por ellos mismos o por los otros y quedan atrapados en un círculo vicioso donde la rabia frente a lo vivido circula interna y externamente. Así, los niños pueden manifestar comportamientos autodestructivos, destructivos o de ambos tipos.

El impacto psicológico: la rabia refuerza el sentimiento de culpa, el autoengaño y la vergüenza. El niño tiene un miedo atroz a perder el control de la situación. Aumenta la confusión respecto a la representación de sí mismo, de los otros y de los valores morales. La tensión, impotencia y dolor son aliviados a través de las conductas violentas y destructivas, y muchas veces generan un ciclo adictivo.

Las manifestaciones conductuales: el niño o niña revela conductas violentas, destructivas hacia sí mismo, hacia los otros, hacia seres vivos o hacia el entorno. Puede mostrarse replegado, con fantasías de revancha. Muchas veces se reactivan partes, o la totalidad, de un evento traumático asociado a la violencia. Las conductas destructivas provocan un juego interminable si frente a ellas los adultos también reaccionan con agresión. Si esto ocurre, se provoca mayor intensidad en las conductas destructivas del niño, quien confirma la representación de sí mismo como intrínsecamente malo y refuerza la creencia de que la destrucción es necesaria para protegerse y sobrevivir. Cuando la rabia se vuelca contra sí mismo, los niños o niñas pueden presentar comportamientos autodestructivos de todo tipo.

Tareas terapéuticas: el niño o la niña necesitarán dentro y fuera del contexto terapéutico espacios estructurados donde las reglas y límites sean claros, firmes y se mantengan de forma coherente. Para ello, se necesitará planificar un trabajo de equipo con los profesionales y referentes en torno al niño que garantice proteger al niño y a los demás de su propia violencia. Sólo después de esto se podrá abordar terapéuticamente los elementos subyacentes de la conducta destructiva; de lo contrario, la terapia será ineficaz para ayudar a estos niños. La modulación afectiva, el desarrollo de habilidades sociales y la asertividad son complementarios a lo anterior. Un mensaje sencillo que podemos manifestar es: «*Puedes enfadarte, pero no puedes agredir*» o «*Puedes enfadarte conmigo, pero no tienes derecho a agredirme*».

Trastorno disociativo

A partir de la capacidad biopsicológica para disociar las experiencias, el niño traumatizado hipertrofia esta capacidad para defenderse del dolor. Las experiencias traumáticas de miedo y dolor, que se generan en ambientes crónicamente inconsistentes, sobrepasan los recursos internos y externos de los niños. Por tanto, el mecanismo protector contra el dolor es disociarse. También puede ocurrir que las respuestas disociativas de los padres sirvan de modelo para el niño. Más adelante describiremos cómo y por qué se produce el proceso disociativo.

El impacto psicológico: fragmentación de la personalidad, desarrollo inconsistente y distorsionado, despersonalización, alienación. El niño «encapsula» las emociones intensas.

Las manifestaciones conductuales: estados de trance espontáneos, identidad dual, negación de las conductas que se han realizado, rendimiento escolar oscilante, autodestrucción, pérdidas de memoria, cambios bruscos de humor.

Tareas terapéuticas: el éxito del trabajo comienza con un buen diagnóstico de la presencia del trastorno, lo cual no siempre es fácil. Contamos actualmente con instrumentos validados que nos ayudan a diagnosticar este trastorno, como es el Adolescent Inventory Scale de G. Dean (1986). Los terapeutas deberán ayudar al niño o niña a identificar y registrar los elementos o condiciones en que aparecen las respuestas disociativas y los sentimientos de tristeza, miedo y rabia que provocan estas situaciones, así como trabajar sobre otros modos de enfrentar situaciones difíciles para que la necesidad de disociarse disminuya. En esto, las aportaciones de Eliana Gil en 1991 son muy útiles como metodología eficaz para trabajar con chicos y chicas que sufren estos trastornos.

Un enfoque terapéutico de los traumas basado en los recursos naturales de los niños y niñas y su resiliencia

En relación con las intervenciones para prevenir y tratar las consecuencias de los procesos traumáticos, podemos distinguir tres niveles fundamentales:

– Proteger: es totalmente incoherente, y además contraproducente, ofrecer tratamiento psicoterapéutico a niños víctimas de procesos traumáticos si primero no se les ofrece un medio de vida en donde se les respete, cuide y proteja.
– Calmar el dolor y el estrés: se trata de un proceso de movilización de los recursos naturales internos y el apoyo externo, como las sesiones de psicoterapia centradas en las consecuencias de los traumas y el apoyo farmacológico, para calmar el dolor y controlar los trastornos de estrés postraumáticos.
– Elaborar el dolor: se trata de acompañar a los niños y niñas a encontrar un sentido a las causas de sus sufrimientos, es decir, una explicación que permita entender los contextos en que se les ha hecho el daño, saber quiénes son los responsables y por qué les han maltratado o no les han protegido adecuadamente. El hecho de poder elaborar una explicación, aun para los acontecimientos más confusos y horribles, es posible y necesario para todos los niños víctimas de malos tratos. Esto puede lograrse con la capacidad de los seres humanos de dar un sentido a las experiencias gracias al pensamiento simbólico. Dicha capacidad debe ser apoyada y potenciada median-

te una relación terapéutica en la que el niño y la niña se sientan afectiva e incondicionalmente apoyados.

Los niños víctimas de malos tratos han sufrido múltiples experiencias traumáticas. Para reparar el daño necesitan integrarlas en su mente de la forma más constructiva posible para seguir creciendo sanamente. Esta capacidad, que es parte de lo que se conoce como resiliencia, puede resultar de la afectividad reparadora de una relación terapéutica, así como del apoyo a la capacidad de reflexionar para encontrarle un significado a lo vivido, aunque haya sido denigrante y doloroso.

Por lo tanto, los niños y niñas víctimas de malos tratos necesitan y tienen el derecho a participar en un programa terapéutico-educativo para calmar y elaborar sus dolores; un programa que estimule los recursos naturales del niño, le proporcione apoyo social y le brinde un entorno protector y productor de buenos tratos. Éste es el papel que deben jugar los centros o familias de acogida, la escuela, los grupos de pares, los espacios de tiempo libre, etcétera. Si esto es necesario en general, para la mayoría de los niños y niñas víctimas no es suficiente. Un enfoque terapéutico de los traumas infantiles debería llevarnos a ofrecer de manera coordinada un tratamiento psicoterapéutico especializado, un acompañamiento educativo cálido y estructurante y un apoyo farmacológico apropiado.

El apoyo a los recursos naturales de los niños y niñas

Se sabe que el dolor es una de las reacciones del organismo para asegurar la movilización de los recursos necesarios para la reparación y la curación de un daño. El dolor es una señal de alarma que permite al cuerpo movilizar recursos para su curación. Anestesiar el dolor demasiado rápido puede paralizar los recursos curativos naturales. En cambio, abrir al niño al dolor puede suponer una intervención terapéutica. En un proceso terapéutico el sufrimiento es necesario.

En otro orden de cosas, cabe decir que uno de los recursos fundamentales que utiliza el ser humano para afrontar el dolor de los traumas son los recursos cognitivos. El niño utiliza su inteligencia para hacer frente al dolor. Si éste le resulta insoportable, utilizará mecanismos que le permitan aislarse de él para que la vida cotidiana le resulte soportable. En la medida en que la experiencia dolorosa sea intensa y prolongada, buscará formas de alejarse de esa realidad y de sus recuerdos.

La regulación de la memoria y la atención, así como los procesos disociativos, serán parte de estos recursos. Cuando el niño o la niña están sometidos a un proceso traumático como el de los malos tratos, es probable que hagan un uso repetido de esos mecanismos que estructuran su funcionamiento, hasta el punto de presentar una identidad o personalidad disociada.

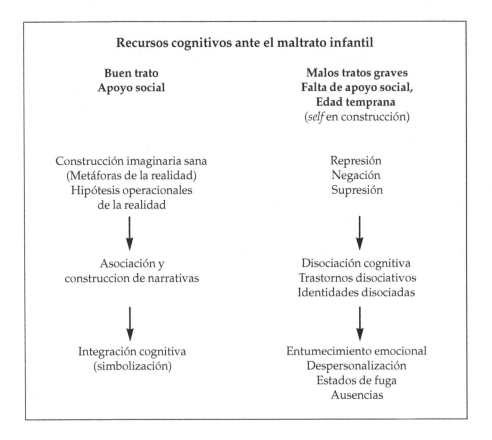

Recursos cognitivos ante el maltrato infantil

Buen trato Apoyo social	Malos tratos graves Falta de apoyo social, Edad temprana (*self* en construcción)
Construcción imaginaria sana (Metáforas de la realidad) Hipótesis operacionales de la realidad	Represión Negación Supresión
Asociación y construccion de narrativas	Disociación cognitiva Trastornos disociativos Identidades disociadas
Integración cognitiva (simbolización)	Entumecimiento emocional Despersonalización Estados de fuga Ausencias

Normalmente, el niño funciona asociando e integrando sus experiencias. Al mismo tiempo, para hacer frente al dolor y al sufrimiento, tiene la capacidad de disociarse: eliminar áreas de su experiencia e hipertrofiar otras. Todos tenemos esa capacidad para disociarnos, pues así podemos no estar permanentemente conectados a experiencias o vivencias dolorosas para disfrutar de aspectos agradables o positivos de nuestra vida.

El problema es cuando el recurso de la disociación acaba imponiéndose hasta convertirse en un mecanismo favorito para manejar y enfrentar situaciones de la vida diaria. En los niños y niñas el trastorno disociativo, así como el trastorno de identidad disociada, puede ser confundido con trastornos psiquiátricos graves como una psicosis o una esquizofrenia, puesto que el niño tiene una apariencia y conductas extrañas: se dispersa, manifiesta personalidades diferentes, etcétera.

La capacidad de asociar e integrar la experiencia está en relación directa con el buen trato y el apoyo social. Cuando existen vivencias dolorosas continuas en contextos empobrecidos respecto al apoyo social, y si además dichas vivencias se producen a edad temprana, es posible que el niño llegue a presentar trastornos disociativos o una identidad disociada.

La intervención terapéutica se dirige a la ayuda del niño o niña para que aprendan estrategias más positivas de afrontar el dolor y la confusión, provocados por los procesos traumáticos intrafamiliares múltiples, de forma que no se vean forzados a protegerse con una estructura personal que les hará más daño todavía. En los procesos terapéuticos se trata de ayudar al niño o a la niña a encontrar la mejor forma de hacer frente al daño, respetando sus recursos naturales y sus sistemas de afrontamiento del dolor.

Todo esto, además, debe ayudar a los niños y niñas a externalizar la causa de sus traumas. Es muy diferente afrontar el dolor y el sufrimiento cuando se cree ser la causa de ese dolor que hacerlo cuando puede entenderse que es algo ajeno y exterior.

Es importante no perder de vista el hecho de que si los niños y las niñas no están protegidos, es muy difícil ayudarles a encontrar formas sanas para enfrentar el estrés y el dolor. En un contexto de violencia, la psicoterapia puede ser peligrosa para el niño, ya que puede llevarle a abandonar defensas necesarias para su supervivencia.

> *El trabajo terapéutico debe hacerse en un contexto que garantice la protección del niño, pero no solamente esto; también es necesario un ambiente donde se le posibilite nuevas formas de vinculación constructiva.*

5. Los trastornos del apego

Una de las consecuencias más graves de los malos tratos son los trastornos del apego. Estos constituyen «el trastorno de los trastornos», puesto que existe un daño en una de las capacidades que definen al ser humano: la de relacionarse consigo mismo y los demás de una forma sana y constructiva. Con ello, se lograría participar en dinámicas de cuidados mutuos y buenos tratos y en la construcción de tejidos familiares y sociales afectivos, justos y solidarios. Por esta razón desarrollamos una descripción más detallada de estos trastornos y de su enfoque terapéutico en el siguiente capítulo.

8

Los trastornos del apego: elementos diagnósticos y terapéuticos

Maryorie Dantagnan

Uno de los requisitos fundamentales para asegurar el buen trato de los niños es que los vínculos de los padres con sus hijos sean sanos. La existencia de relaciones sanas entre padres e hijos depende en buena parte de cómo se produjeron los procesos de apego. Numerosos autores a partir de Bowlby (1973, 1988) han insistido en la importancia de un apego sano como factor de prevención de los diferentes tipos de maltrato infantil (López, F., 1993; Barudy, J., 1998; Cyrulnik, B., 2001).

En el marco de nuestro modelo, consideramos el apego como el vínculo que se establece entre el niño y sus progenitores a través de un proceso relacional que para la cría es primeramente sensorial durante la vida intrauterina (reconocimiento del olor, la voz y el tacto de los progenitores), pero que apenas ocurrido el nacimiento, rápidamente se impregna según la reacción afectiva del adulto, que puede ser positiva o negativa según los contextos y las experiencias de vida –sobre todo infantiles– de la madre y secundariamente del padre. El apego es lo que produce los lazos invisibles que crean las vivencias de familiaridad, caracterizada ésta por los sentimientos de pertenencia a un sistema familiar determinado. En otras palabras, el apego une a padres e hijos en el espacio y en el tiempo, lo que se manifiesta sobre todo durante la infancia por la tendencia a mantener una proximidad física, siendo su expresión subjetiva, cuando este apego es sano, la sensación de seguridad (Bowlby, J., 1973; Barudy, J., 1998). El establecimiento del apego permite no sólo que el niño discrimine a partir de un momento de su desarrollo a familiares y extraños, sino también que disponga de una representación interna de sus figuras de apego, como disponibles, pero separada de sí mismo, pudiendo evocarlas en cualquier circunstancia. Por esta razón, el niño o niña reaccionará normalmente con ansiedad ante la separación o la ausencia de su figura de apego (principalmente la materna o su sustituta), calmándose y mostrando alegría en el reencuentro. La interiorización de una figura estable y disponible, pero separada de sí mismo, permite al niño o a la niña utilizar a ésta como base de seguridad para explorar su entorno y a los extraños. Esta seguridad facilitará la diferenciación necesaria para ser un adulto capaz de ofrecer en su momento una vinculación de apego sano a sus propios hijos.

Un apego sano evoca sentimientos de pertenencia a una relación donde el niño o niña se siente aceptado y en confianza. Los padres, por quienes el niño siente un apego seguro, son interiorizados como fuente de seguridad. A partir de aquí el niño o niña podrá sentir placer por explorar su entorno, construyendo poco a poco su propia red psico-socio-afectiva. Cuando esta relación de apego se ha construido sanamente, la separación del niño de sus padres provocará signos de ansiedad, acompañados de una demanda de reunirse con ellos.

A partir del primer año de vida del niño podemos considerar si las diferentes fases del proceso de apego han permitido o no una vinculación selectiva con las figuras parentales y le han asegurado la seguridad de base, punto de partida para el desarrollo paulatino de la confianza en él mismo y en su entorno.

El apego es, por lo tanto, fundamental para el establecimiento de la seguridad de base: a partir de ella el niño llegará a ser una persona capaz de vincularse y aprender en la relación con los demás. La calidad del apego también influirá en la vida futura del niño en aspectos tan fundamentales como el desarrollo de su empatía, la modulación de sus impulsos, deseos y pulsiones, la construcción de un sentimiento de pertenencia y el desarrollo de sus capacidades de dar y de recibir. Un apego sano y seguro permitirá además la formación de una conciencia ética y el desarrollo de recursos para manejar situaciones emocionalmente difíciles como las separaciones que acarrean pérdidas y rupturas.

Sabemos que si un niño o niña no ha tenido la posibilidad de establecer un apego primario o selectivo de calidad en el curso de su primer año o en el máximo de los dos primeros años de vida, él o ella tendrán siempre lagunas en el ámbito de sus comportamientos sociales que podrán dañar gravemente sus capacidades para vincularse positivamente con los demás, así como para obtener buenos resultados en los procesos de aprendizaje, especialmente en el ámbito escolar. Existe una relación importante entre trastornos del apego e incompetencia conyugal y parental. Nuestras experiencias clínicas nos permiten afirmar que en los malos tratos siempre hay un trastorno del apego. Los malos tratos agravan estos trastornos y crean una espiral que se alimenta a sí misma y que requiere de una intervención social y terapéutica (Barudy, J. y Dantagnan, M., 1998,1999).

TIPOLOGÍA DEL TRASTORNO DEL APEGO

La tipología utilizada en nuestra práctica se basa en la clasificación de Mary Ainsworth (1978). Ella establece tres tipos de apego: inseguro evitativo (grupo A), seguro (grupo B) y apego inseguro resistente o ansioso-ambivalente (grupo C). A esto sumaremos una nueva categoría cuya validación empírica se ha acumulado en los últimos diez años: se trata del estilo de apego inseguro desorganizado (grupo D), propuesta por Main y Solomon (1986). En el marco de este trabajo, nos detendremos en la descripción de los tres tipos de estilos de apego disfuncionales:

- Trastorno del apego inseguro evitativo
- Trastorno del apego inseguro ansioso-ambivalente
- Trastorno del apego inseguro desorganizado

La coautora de este libro es responsable de una investigación-acción realizada en el marco de un programa psicoterapéutico especializado para niñas y niños víctimas de malos tratos que presentan estos tipos de trastornos. Estas experiencias nos permiten aportar los elementos diagnósticos fundamentales para cada uno de ellos. A continuación, presentaremos los conceptos básicos a tener en cuenta.

El apego inseguro evitativo

El estilo de apego evitativo se caracteriza por ser un mecanismo de autoprotección que consiste en evitar o inhibir los elementos conductuales que buscan la proximidad con su figura de apego. Cuando las respuestas obtenidas por parte de ésta no sólo no satisfacen las necesidades afectivas del niño, sino también son generadoras de estrés, angustia y dolor, la inhibición de sus conductas de apego, como todo lo relacionado con su mundo emocional, le proporcionarán una vivencia de seudoseguridad.

Según las investigaciones, existe entre un 15% y un 23% de niños y adolescentes con estilos de apego inseguro evitativo dentro de estas franjas de población víctimas de malos tratos.

Desarrollo del trastorno de apego inseguro evitativo

Niñez temprana

Las investigaciones nos muestran que los niños que han desarrollado un estilo de apego evitativo han sido cuidados en su primera infancia por padres o cuidadores cuyas relaciones con el niño son una combinación de angustia, rechazo, repulsión y hostilidad. Todo esto se expresa en actitudes o conductas controladoras, intrusivas y sobreestimulantes. En los casos más graves estas conductas podrían ser consideradas como «intoxicantes» (Barudy, J., 1998). Numerosas investigaciones y estudios sobre la dinámica de las relaciones tempranas de bebés con sus madres nos ayudan a comprender cómo y por qué un niño o una niña desarrollan este estilo de apego inseguro (Bowlby, 1988; Crittenden, 1992, 1995; Main, Kaplan y Cassidy, 1985; Rosenberg, 1984).

Un bebé que llora, que está agobiado o incómodo por una necesidad insatisfecha, o cansado y temeroso, hace surgir en su cuidador, en su madre o en su padre una incomodidad o una tensión de tal intensidad que no les es fácil de manejar, sintiéndose entonces amenazados por el estado emocional y las conductas que presenta su bebé. Por lo tanto, una de las formas con que la madre o el cuidador intentarán manejar esta situación sin que les sobrepase es negar las necesidades de su bebé y decir, por ejemplo, que no está cansado, hambriento o con dolor. La respuesta es tomar distancia del estado emocional del bebé, por ejemplo, forzándolo a modificar su estado emocional o distorsionando los sentimientos en otros más tolerables para ellos, dando su propia lectura de lo que su bebé vivencia. Esta lectura impuesta y alejada de la vivencia propia del bebé les impide desarrollar confianza en sus propias percepciones. Con esta forma intrusiva de responder a las necesidades del bebé, los cuidadores intentarán controlar o manejar emociones o sentimientos intensos que les causan malestar.

Bowlby (1988) nos enseña cómo un bebé cuidado por personas con estos estilos parentales organizará una estrategia evitativa para relacionarse con ellas, y por consiguiente con los demás. Este proceso se puede describir a través de la siguiente ilustración: imaginémonos a Marcos, un hermoso bebé de 7 meses que, al activar de modo natural sus conductas de apego dirigidas a obtener cuidado, protección y alivio en la proximidad con su madre, parece producir el efecto contrario, es decir, rechazo, distancia o una escasa disponibilidad emocional. Buscar a su madre para satisfacer sus necesidades y aliviar sus temores y sus afectos negativos es motivo de rechazo. Cuando Marcos solicita poco a su madre, las posibilidades de que sea rechazado por ella son menores. Por tanto, la estrategia que el niño utilizará será inhibir poco a poco su conducta de apego y la expresión de sus afectos. Paulatinamente desconectará de sus sentimientos de preocupación, de sus necesidades e incluso de su propia excitación. Esta estrategia le permitirá asegurar lo máximo de disponibilidad de su cuidadora con la mínima cuota de rechazo y de angustia posible. Respecto a esto, Crittenden (1995) señala: «La inhibición de signos afectivos tiene el efecto predecible de reducir el rechazo maternal y la rabia, así como enseñar al bebé que la expresión del afecto es contraproducente».

Podemos darnos cuenta de cómo el bebé organiza su sistema de apego para conseguir la cercanía afectiva con su cuidadora, a pesar del sufrimiento tremendo que esto le produce. Este sistema organizado de apegarse, como diría Bowlby, le permite mantener una relación funcional con los otros. Ahora bien, ¿de qué manera este bebé, como Marcos, está aprendiendo a modular sus afectos o regular sus emociones? Podríamos decir: obviándolos, negándolos o haciéndolos pasar por otros afectos o emociones. Esto le lleva a falsificar o disfrazar sus propias vivencias internas. Por supuesto, esto le produce a corto y a largo plazo un coste remarcable en su mundo afectivo, enajenándole de sí mismo y de los otros e impidiendo el desarrollo de relaciones cercanas sanas, cálidas, íntimas, empáticas, confiables. La evitación de la experiencia emocional provoca un gran riesgo para el futuro emocional del niño. Todo lo que queda relegado puede expresarse más tarde de forma inadecuada. El niño podrá difícilmente controlar su rabia, y la impaciencia e intolerancia repentinamente irrumpirán. Además, cuando el niño se halla en situaciones conflictivas o de frustración no podrá manejarlas adecuadamente, puesto que la percepción, la reflexión y otras funciones cognitivas se verán afectadas o contaminadas por esta emocionalidad herida.

Alrededor de los dos años, cuando el niño explora su entorno aprende que si se comporta «bien» y es «bueno», poco demandante y autosuficiente, será beneficioso para procurarse algo de proximidad y la mejor disposición que su cuidador o cuidadora y otros adultos pueden ofrecerle. Erikson (1984) señala que en esta fase de desarrollo el niño precisa afirmar su sentido de autonomía, explorar su mundo. Cuando las frecuentes demandas del niño provocan respuestas incontroladas de la madre –como por ejemplo respuestas hostiles–, pueden llegar a ser formas crónicas de violencia psicológica y física. Por lo tanto, en esta fase del desarrollo que ya no ha podido ser precedida por el logro de la confianza en su primer año de vida, el niño puede acentuar su autonomía, ocultando sus necesidades y sus deseos por estar cerca del otro. Estos niños desarrollan, por tanto, una «seudoseguridad» como estrategia para protegerse del rechazo y del temor al abandono.

Niñez

Según Brandon et al. (1999), en la etapa preescolar, cuando aumenta la capacidad simbólica, los niños con estilos de apego evitativo reemplazan su conducta de evitación por una inhibición psicológica. Esto se expresa a través del interés que van teniendo para ellos las actividades, las cosas, los objetos, sobre las emociones o las relaciones. Todo lo que no entra en el ámbito emocional puede ir bien, incluso a veces muy bien, porque a través de los logros físicos, académicos, etcétera, estos niños pueden mantener a sus padres interesados en ellos y, por lo tanto, pueden mostrarse cooperadores solícitos, perfeccionistas, pero sin dar espacio a la intimidad.

En un estudio longitudinal hecho con niños que a los doce años habían presentado estilos de apego evitativo, Lutkenhaus, Grossmann y Grossmann (1985) demostraron que a los tres años estos niños ya enmascaraban sus sentimientos negativos con sus cuidadores primarios y con otras interacciones sociales.

A fines de la etapa preescolar, cuando la personalidad comienza a estabilizarse e integrarse, el concepto de sí mismo ya no depende exclusivamente de la mirada de sus cuidadores primarios, sino también de la mirada de los otros y de lo que es capaz de hacer. Recordemos que según Erikson (1984) los niños adquieren un sentido de iniciativa, donde la realización de actividades logra dominar tareas específicas. Los niños con estilo de apego evitativo van a aprovechar su desarrollo evolutivo para centrarse naturalmente en las tareas y logros escolares. Así, por otro lado, podrán protegerse de la afectividad de las relaciones. Por ejemplo, estos niños o niñas pueden concentrarse en tareas o actividades que requieren poca interacción social y ser realmente exitosos. Sin embargo, en el nivel de su sociabilidad pueden manifestar dificultades de relación con sus pares, sobre todo con los adultos que les rodean.

Las observaciones de niños de 6 años con este estilo de apego sugieren una representación de los otros como no disponibles y una representación de sí mismos como fuertes, capaces de controlarlo todo y de no dejar afectarse fácilmente por las relaciones. La representación de las relaciones interpersonales es insegura por parte de los otros e invulnerable por su parte. Pareciera que estos niños están en un permanente conflicto entre un deseo de conectarse emocionalmente con los otros y, a la vez, de ser exageradamente autónomos. Aunque pueden representarse como fuertes e independientes, muchas veces sorprende los bajos niveles de autoestima obtenidos en los test o en las observaciones clínicas. Las diversas experiencias de rechazo, de un cuidado de pobre calidad y de una ausencia de sintonía emocional de su cuidador primario les han convencido de su escaso valor como personas y les ha impedido desarrollar confianza en sí mismos y en lo que los demás les pueden ofrecer. Por otro lado, al no experimentar una «aceptación fundamental» en sus relaciones tempranas, difícilmente pueden desarrollar confianza y valía personal y una autonomía basada en el apego y no en la evitación social. Por lo tanto, lo que les queda es utilizar esta estrategia de protección para sostenerse en una especie de autosuficiencia emocional que les da la ilusión de no necesitar a otro.

En las relaciones familiares, estos niños probablemente no mostrarán abiertamente su rabia, ni entrarán fácilmente en el conflicto; más bien presentarán conductas hostiles en forma pasiva, lo que provocará mayor irritación a los padres, más rechazo y menos posibilidad de que el niño salga de su burbuja emocional. En el contexto escolar, estos niños y niñas pueden llevarse relativamente bien con toda la clase, pero son relaciones de poca intimidad. Aunque pueden llegar a entender lo que les pasa a otros compañeros, no entienden lo que pasa con ellos en el nivel emocional. En su rendimiento académico pueden no presentar mayores problemas; al contrario, pueden destacarse por sus logros, como afirmamos anteriormente. En el aula, por ejemplo, estos niños no serán participativos ni preguntarán a la profesora o al profesor; pueden pasar desapercibidos porque no provocan grandes molestias ni preocupaciones en los profesores, quizás debido al hecho de que aparentemente se desenvuelven bien en las áreas de su desarrollo.

Adolescencia

A medida que el niño va creciendo y entrando en la etapa adolescente, va utilizando diferentes estrategias para rehuir todos aquellos aspectos que tengan que ver con los vínculos interpersonales, los afectos, las emociones. Fácilmente puede minimizar la importancia de estos aspectos de la vida y el contenido emocional de las relaciones presentes y pasadas. Esto se expresa en la poca emoción que manifiestan en sus conversaciones con sus pares y los demás. Como hemos dicho anteriormente, la evitación de la afectividad puede llegar a tal punto que los contenidos históricos cargados afectivamente muchas veces están excluidos de la conciencia y, sencillamente, el niño o joven no sólo evita, sino que, además, no puede acceder a ellos. Esto es un mecanismo o estrategia para protegerse y adaptarse a la vida con la menor angustia posible. Estos adolescentes presentan frecuentemente respuestas disociativas en relaciones que impliquen expresar emociones que, cuando son crónicas, pueden transformarse en trastornos disociativos.

Cabe decir también que no todos los adolescentes presentan este estilo de relación en el mismo grado; algunos de ellos pueden ser socialmente reservados, concentrados constructivamente en alguna tarea o actividad en la que son exitosos, o ser compulsivamente autodependientes, con dificultades relacionadas con su vida social. En general, a pesar de las dificultades asociadas al plano afectivo, los adolescentes no presentan grandes influencias en otras áreas de funcionamiento. Por lo tanto, pueden mantenerse con buen nivel de funcionamiento fuera del ámbito de las relaciones cercanas e íntimas. Sin embargo, las investigaciones y nuestra experiencia clínica sostienen que este estilo de apego puede llevar a que algunos adolescentes presenten importantes problemas conductuales, especialmente en situaciones de estrés, cambios en el entorno o cambios evolutivos como la entrada en la adolescencia. La incapacidad del adolescente, por ejemplo, para pedir ser reconfortado o aliviado, o para compartir y reflexionar sobre sus experiencias, puede fácilmente llevarlo a tener comportamientos hostiles y antisociales. Ya en 1944, Bowlby afirmaba que estas incapacidades pueden ser precursoras de personalidades antisociales, lo que más tarde las investigaciones y estudios longitudinales han confirmado. Esto dependerá de la naturaleza de la relación con sus cuidadores primarios, de sus características y recursos personales, de la calidad de las experiencias relacionales y afectivas a lo largo de su infancia, pero particularmente de la calidad de las relaciones interpersonales que se le ofrezcan en su contexto de vida en el momento de la adolescencia.

Tanto en su relación con sus pares como con los adultos, estos chicos tienden a mostrarse lo más independientes posible: no demandan mucho de las relaciones y tampoco invierten tiempo en definirlas y cuestionarlas. Las relaciones sociales tienen un fin o una funcionalidad (jugar, ver una película, fumar, conseguir algo, aprender algo, etcétera), pero muchas veces pueden dar la imagen de tener una relación de amistad o intimidad, aunque en realidad no siempre lo sea.

Recordemos lo que Crittenden (1992, 1995) señala al respecto: «Para estos niños, ser aprobados es ser queridos». La gente puede por tanto llegar a ser socialmente astuta respecto al comportamiento de los demás, lo que produce una respuesta «camaleónica» en las situaciones sociales. Es claro que la respuesta camaleónica o la expresión «donde calienta el sol» reflejan una manera protectora no confrontadora para relacionarse con los otros con buen grado de distancia emocional. Ya veremos más adelante cómo estos niños, en el espacio terapéutico, manifiestan indirectamente esta necesidad de reconocimiento y aprobación.

Podemos comprender también que las relaciones sociales en general pueden ser relativamente estables siempre y cuando el ambiente no se cargue de mucha cercanía afectiva y dependencia. Si fuera así, podrían volverse conflictivas o inestables por la inseguridad que la vinculación provoca. A partir de sus malas experiencias relacionales, ellos o ellas dan por sentado que si se vinculan genuinamente, sintiendo y expresando sin temor sus afectos, acabarán siendo rechazados y/o abandonados por el otro. Por ello, cuando las relaciones personales comienzan a tornarse íntimas, con cierta dependencia, los sentimientos que conllevan se manejan de forma distante, racional o fría. En algunos casos, los y las adolescentes evitan sentimientos de preocupación y angustia y desarrollan conductas y obsesiones compulsivas. Estas conductas, además, son un intento de ganar algún control personal sobre los acontecimientos o situaciones que les han generado un elevado grado de ansiedad. Las barreras que intentan imponer entre él o ella y los otros también pueden expresarse mediante su descuido en la higiene personal u optar por una apariencia que, a pesar de ser llamativa, produce reacciones de desagrado y conductas de rechazo en su entorno.

En la adolescencia, estos chicos o chicas pueden acentuar sus rasgos evitativos de relacionarse o, por el contrario, si encuentran apoyo y recursos resilientes, como por ejemplo encontrar personas que puedan ofrecerles vínculos de calidad, mejorar su modo de relacionarse.

Manifestaciones del trastorno de apego inseguro evitativo en el espacio terapéutico

La terapia con niños, niñas y adolescentes con estilo de apego evitativo tiene características particulares, puesto que muchas veces se trata de niños que, a pesar de haber sido víctimas de violencia física en su infancia, incluso testigos directos o indirectos de escenas traumáticas de violencia conyugal, no presentan un deterioro considerable en su desarrollo. Son niños o adolescentes que no participan regularmente en los programas terapéuticos, probablemente por el bajo porcentaje de niños con este trastorno, pero quizás también porque en general las dificultades que presentan no son tan «problemáticas» o son difíciles de manejar para los educadores o cuidadores, en comparación con las de niños con estilos de apego desorganizado.

El estilo de apego evitativo de los chicos y chicas se expresa en el proceso terapéutico a través de dos parámetros: el modo en que interacciona con la persona del terapeuta y con el trabajo terapéutico y, por otro lado, el contenido de este trabajo. Respecto al modo, en general, a estos niños y adolescentes se les hace muy difícil implicarse en un trabajo terapéutico. Presentan gran oposición y dificultad en venir a la terapia. Para ellos significa un gran esfuerzo adaptarse a una situación que amenaza, en algún sentido, la «burbuja emocional» en la que viven. Si bien es cierto que la relación terapéutica siempre genera un grado importante de ansiedad en los niños víctimas de malos tratos, para los de estilo de apego evitativo este grado de amenaza es intenso y hace difícil la relación terapéutica. Si el terapeuta hace frente a esta dificultad de manera positiva, con respeto y perseverancia, probablemente el chico o la chica aceptarán participar en la terapia. Sin embargo, una vez puesto en marcha el proceso terapéutico, los chicos pueden manifestar diferentes formas de resistencia a continuar con la terapia, expresándolo directamente al terapeuta o de forma sutil, por ejemplo con argumentos como no venir por tener que estudiar o por los deberes escolares; o bien no trayendo las tareas o ejercicios, no hablando en la sesión o simplemente oponiéndose a trabajar, mostrando una actitud de rechazo al terapeuta.

Puesto que la autosuficiencia emocional es percibida por estos chicos como una fuerza, esta percepción fácilmente suele jugarles una trampa en sus relaciones. Aunque muchos de ellos mostrarán una actitud negativa hacia el proceso terapéutico, también podemos encontrar otros que al comienzo de la terapia aparentan una buena disposición. Esto se explica por sus necesidades de aprobación, manifestadas, sobre todo, en la fase inicial de la terapia. Como decíamos anteriormente, Crittenden (1995) lo denomina «respuesta camaleónica».

Marta, de 9 años, desde el inicio de las sesiones se muestra interesada en la sala de terapia, sobre todo con la caja de arena, y presenta una actitud terapéutica positiva: se esfuerza por hacer y responder adecuadamente; deja ver su necesidad de hacer todo lo «correcto» para agradar a la terapeuta y ser querida por ella (aunque duda de si puede lograrlo); se esfuerza en hacerlo todo bien y correctamente, estrategia aprendida en sus primeros años.

Desde los primeros meses de vida, estos chicos son muy sensibles a las reacciones de los otros y se vuelven perspicaces para detectar en qué registro emocional se encuentran los otros y cómo pueden atinar en complacerlos. Como ya hemos dicho, los niños o niñas y adolescentes con apego evitativo intentarán mantenerse alejados de relaciones que requieran cierto grado de intimidad, por lo que la relación terapéutica puede vivirse como una amenaza. Estos chicos y chicas, a su vez, dan la sensación de que ellos se las arreglan lo suficientemente bien solos o solas, sin necesidad de ayuda, incluso muestran suficiente fuerza y seguridad en ellos mismos para afrontar sus problemas. Como terapeutas nos impresiona su seudoseguridad, la cual, a simple vista, no podemos conectar con todas las experiencias difíciles que relatan los diferentes informes sobre las historias de vida de los niños, o los contenidos de su situación actual, que se conocen a través de sus referentes y cuidadores. Por supuesto, esta impresión no dura mucho tiempo y cambia bruscamente cuando, por ejemplo, constatamos una reacción emocional que el niño o adolescente no logra entender o regular, dentro de la relación terapéutica y en sus otras relaciones sociales. Estas reacciones pueden subir de intensidad y convertirse en trastornos importantes de comportamiento con pasajes al acto, resultado de una rabia que no pueden regular ni manejar.

Respecto al contenido narrativo verbal y no verbal, a estos niños y adolescentes no se les hace nada fácil trabajar en la terapia, ya que ésta, por sí misma, exige focalizar la mirada en los acontecimientos dolorosos que el niño/a quiere evitar, sobre todo cuando es un niño herido. A menudo, explicamos a los chicos y chicas con estos estilos de apego cómo y por qué hay que ser valientes para trabajar en la terapia. Por esa razón hemos designado el lugar de trabajo con el nombre de «la sala de valientes».

En relación con el contenido verbal, por ejemplo, existe una gran dificultad al hablar sobre las personas significativas, sobre cómo y qué siente o sintió frente a determinada persona o evento difícil de su vida. El niño o adolescente con trastorno de apego evitativo simplemente minimiza, niega o distorsiona los impactos y trata de protegerse de la angustia que le provoca recordar o pensar en ello. Es frecuente, por ejemplo, que cuando se habla de los padres, ellos son idealizados o incluso pueden ser descritos críticamente. Se les reconoce sus limitaciones, pero no se manifiesta un impacto emocional; incluso puede dar la falsa impresión de que quizás algunos eventos de su vida familiar no han sido traumáticos para él o para ella. Describirán situaciones de injusticia, de violencia o malos tratos refiriéndose a los otros, los causantes de sus desgracias, pero evitarán hablar de ellos mismos, de sus sentimientos y emociones emergidos en estas situaciones.

En el caso de los adolescentes, los temas de conversación estarán relacionados con el colegio, el trabajo u otros aspectos de su vida que no estén fuera del terreno afectivo. Si se centra la conversación en estos aspectos, el punto de mira de los niños serán los otros y lo que los otros hacen o dicen, teniendo dificultad en situarse como protagonistas de la conversación.

Como ilustración de las dificultades de estos niños veamos el siguiente ejemplo:

En el espacio terapéutico y en las primeras sesiones, Juanito, de 7 años y medio, se mueve lentamente para conseguir un juguete, observando de reojo la reacción de la terapeuta, a fin de no desagradarla. Su participación en las conversaciones es mínima y restringida, con escaso y a veces ningún contacto visual y moviéndose todo el rato en la silla. Más adelante, Juanito logra centrarse en las tareas sin mucha dificultad. Sin embargo, el contenido de ellas, ya sea en el dibujo, el juego o la caja de arena, en general presenta escaso contenido emocional. Puede describir relativamente bien lo que está pasando, pero sin detallar los sentimientos o emociones de sus personajes. Podemos encontrar también la preferencia de objetos y cosas sobre personas y animales. Juanito, por ejemplo, construye al comienzo muchas veces cajas de arena con transportes y árboles, caminos y objetos de carretera, pero sin caracteres humanos ni animales que participen en sus escenas.

Respecto a este punto, un estudio realizado por Rosenberg (1984) sobre la imaginación libre y la fantasía en el juego mostró que los niños con estilo de apego evitativo parecen actuar de una forma más bien literal, con poca imaginación. Un juego corto, empobrecido, sin mucha elaboración.

Las investigaciones de Kaplan, Main y Cassidy (1985) también nos enseñan y nos confirman que la expresión afectiva restringida en los niños con apego evitativo también es clara en sus dibujos. Por ejemplo, si les pedimos un dibujo de su familia (petición que debería hacerse con extremo cuidado a los niños víctimas de malos tratos), los chicos tenderán a hacer las figuras humanas muy similares entre ellas, con muy pocos rasgos de individualidad, los cuerpos más bien tensos y rígidos. Los rostros de estas figuras son más bien estereotipados, muchas veces con sonrisas muy enfatizadas. Da la impresión también de que, aunque es un grupo familiar, cada figura es independiente de la otra.

Respecto a las historias creadas a través de cuentos, cajas de arena, juegos, títeres, etcétera, ellas muestran la tendencia a minimizar la experiencia de afectos negativos del niño protagonista, y los adultos o cuidadores no aparecen como fuente de alivio y apoyo. El niño o la niña incluso pueden contar un evento de su vida personal cuyo contenido narrativo está cargado de injusticias y malos tratos, manifestaciones de incompetencias parentales evidentes en los personajes adultos. En un nivel cognitivo, el niño les reconoce como injustos o inadecuados, pero, como hemos dicho anteriormente, su actitud emocional, incluso física, mientras relata las historias es muy distante y rígida. Su restricción defensiva frente al relato de estos eventos dolorosos es obvia. Si le preguntamos qué siente en la historia, el niño no sabe cómo responder: se paraliza, continúa el relato o responde con pocas palabras, lo cual muestra una especie de barrera en el manejo de los contenidos en un nivel afectivo.

Esta breve ilustración nos muestra claramente estos aspectos:

Santiago, de 12 años, en la fase intermedia del proceso terapéutico, ante la gran dificultad de poder expresar con palabras la representación construida de su propia historia de abandono y negligencia, acepta la invitación de la terapeuta de trabajar con los títeres. A través de ellos cuenta su historia, donde claramente deja entrever su vivencia de abandono. Santiago es generoso en su descripción y deja clara su representación sobre sí mismo como un niño injustamente tratado, cuya responsabilidad la tienen los otros (objetivo terapéutico que aquí parece haberse logrado después de 7 meses de trabajo). Sin embargo, durante su juego, Santiago intenta mantenerse emocionalmente alejado de su relato y lo hace enmascarando su dolor con una sonrisa nerviosa que le acompaña durante toda la puesta en escena. Es muy difícil y doloroso para Santiago expresar y compartir sus sentimientos de abandono, rabia y dolor directamente o mediante el títere que le representa.

En otro trabajo profundizaremos en las técnicas terapéuticas que deben aplicarse en estos casos. Aquí sólo mencionaremos brevemente que el fin último de la terapia con estos niños respecto a sus estilos de apego es ofrecer una experiencia relacional reparadora, inmersa en un trabajo que los ayude a pensar y a cuestionar sus estilos relacionales, no para cambiarlos sino para que sean lo menos destructivos y perniciosos posible. Uno de los principales objetivos terapéuticos será trabajar en la habilidad del niño para reconocer y comunicar sus emociones, reduciendo el sentido de amenaza, de vulnerabilidad y de peligro que experimentan cuando intentan expresarlas. Por ello insistimos en la importancia del «espacio terapéutico» (físico, temporal y relacional) para que los niños puedan sentirse a salvo y protegidos.

> *Así como cuando el nivel de una represa sube y necesita ser vaciada lenta y sutilmente de forma controlada para evitar una inundación peligrosa, los terapeutas debemos ayudar a los niños y niñas con trastornos de apego evitativo a que abran las compuertas sin ser heridos, poco a poco, con grandes dosis de cariño, paciencia, persistencia y firmeza.*

Por último, es importante recalcar que los terapeutas debemos ser sumamente precavidos y cautos y no desvalorizar el mundo emocional de los chicos o chicas, y recordarnos que siempre existe, aunque sus estrategias autoprotectoras no permitan visualizarlo.

El apego inseguro ansioso-ambivalente

El trastorno de apego inseguro ansioso-ambivalente se caracteriza por la vivencia de una ansiedad profunda de ser amado y de ser lo suficientemente valioso o valiosa, así como por una preocupación en el interés o desinterés y en la disponibilidad emocional que muestran los otros hacia él o ella. El niño o la niña desarrollarán sentimientos de ambivalencia ante las figuras de apego debido a sus necesidades afectivas insatisfechas. Por lo tanto, la estrategia de seudoseguridad será incrementar las conductas de apego como un modo de mantener la proximidad de la figura de apego. Alrededor de un 20 % de la población de niños víctimas de malos tratos presenta este estilo de apego.

Desarrollo del trastorno del apego inseguro ansioso-ambivalente

Niñez temprana

Varios autores como Bowlby, Cassidy y Crittenden sostienen que los niños y niñas que desarrollan un estilo de apego inseguro ansioso-ambivalente han sido cuidados en su primera infancia por padres o cuidadores que han fallado al ofrecer una disponibilidad emocional y una implicación que consiste en satisfacer las necesidades de sus bebés. Esto nos dice que tanto las necesidades físicas como los estados emocionales pueden pasar desapercibidos durante períodos considerables. La sincronía emocional de la que nos habla D. Stern en el libro *La constelación maternal* (1997) también está ausente, o poco presente, en la relación del bebé con su cuidador o cuidadora. Podríamos hablar también de la existencia de períodos de ausencia física de la madre, pero sobre todo lo que prima es la falta de disponibilidad psicológica, que hace que los cuidados cotidianos del bebé sean incoherentes, inconsistentes e impredecibles.

Cassidy y Berlin (1994) describen a estas madres de la siguiente manera: «Su compromiso e interés permanece poco fiable e impredecible. Las madres inconsistentes están algunas veces cómodas, otras veces enfadadas y algunas veces son ineficientes con sus hijos». Imaginémonos, en este caso, la gran incertidumbre de un bebé de 10 meses o más al no saber cuándo y cómo vendrá su madre a atenderle, cuidarle o a responder a su demanda cuando la respuesta de la madre es cambiante e impredecible, tanto en su intensidad como en su contenido emocional. Esto le crea una falta de sentido a lo que está pasando, y también de control sobre su entorno extremadamente importante, que le repercutirá de modo significativo más adelante, puesto que para el bebé no existe ninguna relación directa o conexión secuencial entre lo que él o ella hace y la respuesta de su madre. Este estilo de cuidado generará en el bebé una sensación de abandono, de soledad e impotencia que le provocará una intensa ansiedad. Por lo tanto, la manera de salir de estos dominios emocionales, nefastos para su desarrollo y cargados de angustia, será aumentar sus conductas de apego, es decir, insistir en sus demandas, sus llamadas de atención y cuidado tales como llorar, gritar o jalear, hacer demandas constantes y pegarse a su madre. Persistir en su petición parece provocar una reacción del otro en última instancia tardía, lo que le dará la ilusión de lograr un sentido de seguridad y de alivio de su angustia. Esto nos hace pensar que si bien es cierto que la característica principal del estilo de cuidado parental de niños clasificados como ansioso-ambivalentes es la negligencia, tanto física como emocional, la estrategia de persistencia de la demanda del niño hacia los padres los conduce fácilmente a la intolerancia, la exasperación y finalmente a la agresión verbal y/o física.

Podemos observar, entonces, cómo a través de las conductas de apego activadas un niño organiza una manera o un estilo de interactuar y de estar con su figura de apego para conseguir una proximidad poco consistente pero de algún modo presente. También puede ocurrir que niños de padres severamente negligentes y con pocas destrezas parentales manifiesten una dependencia pasiva, depresiva, que disminuye la intensidad de su demanda, por lo que los cuidadores responden menos. Cuando eso ocurre, la angustia del niño es extrema y puede enmascararse, por ejemplo, bajo enfermedades psicosomáticas o cuadros depresivos y generar perturbación y angustia en la madre.

Sabemos que si no hay conexión secuencial entre dos elementos tampoco habrá predecibilidad y menos aún control de la situación, con lo que ésta se tornará amenazante. Es lo que pasa con estos niños: no logran obtener la suficiente confianza para sentirse relajados y fuera de peligro cuando la madre está lejos, por lo que aumenta su angustia y su necesidad imperiosa de estar cerca de su figura de apego. Pero tampoco cuando la madre está cerca es suficiente, el niño o la niña pedirán más y más. Lamentablemente, esta incoherencia entre lo que el bebé hace y la respuesta de la madre influirá negativamente en el desarrollo de los procesos cognitivos, sobre todo en los aspectos relacionados con el terreno social y afectivo. Crittenden (1997) señala: «Un hecho clave de esta estrategia [de incrementar la conducta de apego] es que si los cuidadores son inconsistentes, los niños son incapaces de hacer predicciones. Esto significa que son incapaces de organizar su conducta sobre la base de predecir mentalmente la respuesta de su cuidador. En otras palabras, la cognición les falla».

Estos niños no pueden preguntarse y tampoco pueden pensar flexiblemente sobre la mejor manera de conseguir algo del otro ni cómo ni cuándo ni cuánto. La conducta de apego está activada al máximo la mayor parte del tiempo y deja poco espacio para pensar y deducir qué sería lo mejor en determinadas situaciones. Detrás de esta conducta, por supuesto, está presente ese dolor inmenso de no sentirse suficientemente amado, agradable para el otro. Estos sentimientos mellan la autoestima, el autoconcepto y también la visión del mundo. Estas experiencias les programan, de alguna manera, para dar por sentado que nadie podrá interesarse realmente por ellos ni mucho menos llegar a quererles. Por tanto, sus estilos relacionales van a girar en torno a este supuesto, y todo lo que el otro haga o no haga en la relación será medido desde allí. Las distorsiones cognitivas, las interpretaciones o lecturas erróneas de lo que ha ocurrido en la relación estarán muy presentes ahora y en el futuro.

Brandon et al. (1999) nos señalan que la vivencia de tener necesidades y deseos no satisfechos, junto con la vivencia de rabia, resentimiento y ansiedad que ello le provoca, hace que estos dos elementos, al estar generalmente unidos, se mezclen y se confundan. Así, el niño tiene dificultades para discriminar entre unos y otros. Retomaremos este aspecto más adelante.

Las investigaciones realizadas también nos demuestran que alrededor de los dos años, cuando el desarrollo motor y del lenguaje le permiten explorar y conocer mejor su entorno, los niños con estilo de apego inseguro ambivalente presentan muchísima ansiedad al tener la oportunidad de mostrar conductas exploratorias y de curiosidad. Por supuesto, si se invierte el máximo de energía para mantener la figura de apego tan próxima como sea posible, habrá un mínimo deseo y necesidad de explorar el entorno. A diferencia de los niños con estilo de apego evitativo, aquí se prefiere la intimidad o, más bien, la fusión relacional sobre la autonomía. Por otro lado, muchas de las madres se sentirán incómodas ante los intentos de independencia y autonomía que haga el niño, lo que puede ser percibido como un mensaje de rechazo y de no reconocimiento hacia ellas. Recordemos que la dinámica de las familias negligentes y con falta de destrezas parentales se caracteriza por un ambiente frecuentemente caótico, con poca estructura y jerarquía entre los subsistemas familiares, con carencias afectivas importantes en los adultos y, por ende, en los niños, con demandas constantes de cariño y amenazas de dejar de dar afecto y cuidado entre uno y otro miembro familiar. No nos extrañará tampoco encontrar en estas familias a hijas adolescentes o jóvenes con hijos que intenten ejercer su parentalidad cuando aún no han logrado diferenciarse de su propia madre. La parentalidad, en estos casos, se hace difícil y exasperante, sobre todo cuando su propia madre toma el rol de madre con su nieta y deja al margen o descalifica a su propia hija en su rol de madre.

En esta etapa evolutiva del niño o niña, la inconsistencia de la madre también es percibida a través del lenguaje que el niño va comprendiendo mejor.

Ilustremos esto con el siguiente ejemplo:

Pablo, de 3 años, después de despertar de una siesta, se levanta llorando y pidiendo los brazos de su madre. Ana, su madre, le dice que se ponga a jugar con su prima, mayor que él, mientras ella sale de compras. Ana regresa por la noche para darle de comer y acostarlo. Pablo, por supuesto, tan pronto sale la madre, llora desconsoladamente, y aunque su prima intenta entretenerlo con la televisión, Pablo está emocionalmente secuestrado y muy angustiado. Varias horas más tarde, cuando regresa su madre, él se pega a su cuerpo sollozando ansiosamente y recriminándole su demora. La madre le grita y se exaspera intentando controlarle. Pablo insiste y aumenta la intensidad de su demanda hasta que la madre acaba enfadándose y perdiendo el control de la situación. Pablo termina en su habitación, llorando, hasta quedar exhausto y dormido. Este tipo de experiencias que se repiten una y otra vez en la cotidianidad de Pablo (inconsistencias, promesas incumplidas, falta de empatía y de respuestas mediadas por un lenguaje que explique, argumente lo que ha ocurrido y que además «semantice» la vivencia del niño), provocan en niños como él un sentimiento profundo de ambivalencia con la figura de apego, ya sea como «pegajoso», conducta que al generar rechazo en la madre se refuerza como un círculo vicioso inagotable que confirma la representación que el niño tiene sobre el otro como desinteresado y poco disponible. Otras veces puede ser agresivo, lo cual, también, genera rechazo y amenazas de abandono. Esto último aumentará más la angustia, la soledad, la rabia y el deseo insaciable de sentirse aliviado y amado por su madre.

En este ejemplo también podemos observar que la experiencia relacional temprana no le permite aprender a identificar y a reconocer sus sentimientos de miedo, rabia, impotencia, etcétera, ni a entender la conducta incoherente de su madre, porque, como mencionábamos antes, todo se encuentra mezclado. El tipo de respuesta que Ana da a su hijo también impide que aprenda a manejar y a regular las emociones que le permitan salir de su estado angustiante, puesto que ella no puede ofrecerle un registro emocional que le permita apoyarse y aliviarse. La madre tampoco puede hacer de puente para que el niño pase de un dominio emocional cargado de angustia a un dominio emocionalmente positivo, reconfortante y calmo. También podemos observar cómo la ausencia de palabras que expliquen, ordenen y den sentido de algún modo a la experiencia hará que más adelante las situaciones parecidas le reactiven esos sentimientos de desamparo, de pérdida, de inseguridad. Tanta ansiedad le será difícil de regular. Frente a esto, el niño o la niña intentarán solucionar con su conducta y no mediante la palabra, el pensamiento y la reflexión. La angustia de sentirse abandonados afectivamente «otra vez» no dará espacio a los procesos cognitivos.

Niñez

A medida que el niño crece, el mundo social que debe afrontar se hace más amplio. En nuestra cultura, se logra tras la entrada en el jardín de infancia o en la guardería. Los trabajos de Crittenden y Brandon et al. (1999) sostienen que a partir de los 3 o 4 años los niños comienzan a desarrollar «estrategias coercitivas» que les permitirán obtener algún dominio sobre su mundo social, tales como: conductas agresivas, de enfado, amenazas, etcétera, que provoquen una respuesta o una llamada de atención y, por otro lado, conductas de indefensión y desamparo para provocar cuidado y protección; ambas permitirán mantener al otro activamente involucrado el máximo tiempo posible.

a) *La estrategia coercitiva-agresiva*: mediante ella los niños reclaman, demandan constantemente, se enfadan, amenazan, culpabilizan, etcétera, provocando en los cuidadores gran ansiedad y sensación de incompetencia o ineficacia, de injusticia y de no ser suficientemente queridos. Algunas madres responderán agresivamente a sus hijos hasta presentar conductas verbales y/o físicas abusivas, como son las amenazas de abandono, el aislamiento o el castigo físico.

b) *La estrategia coercitiva-indefensa*: los niños en vez de reclamar, agredir y/o presentar una conducta que termina siendo incontrolable para la madre, van más bien a inhibir sus sentimientos de rabia y a presentar comportamientos de dependencia excesiva «pegándose» a los otros o mostrando conductas «encantadoras», incluso con desconocidos. En otros casos se presentarán como víctimas y darán lástima y compasión a los adultos.

Muchas de las madres de estos niños esperan satisfacer sus propias necesidades afectivas y de apego a través de la cercanía e intimidad que les ofrece la maternidad. Cuando esto no les resulta, la maternidad se vuelve una tarea estresante y desesperanzadora, disminuyendo así su habilidad para responder y ofrecer cuidados y apoyo a sus hijos. La inseguridad y sensación de ineficacia frente a su hijo que demanda puede paralizar a la madre o cuidadora, que entonces se vuelve sumamente negligente. Generalmente la vida familiar de estos niños gira en torno a ellos y su madre; el padre queda fuera de esta relación. La relación entre éste y el niño es mínima a excepción de aquellos padres que abusan sexualmente de sus hijos; en estos casos, según señala Crittenden (1992), se trataría de una «ansiedad incansable» de atención e intimidad, algo que también confirmamos en nuestra práctica clínica. En este ambiente familiar no hay espacio ni tiempo para satisfacer las necesidades del niño y, como anteriormente decíamos, si éste utiliza la estrategia de indefensión –pasividad y ausencia de rabia–, ésta no motivará a la madre a responder, por lo que se cronifican las conductas de dependencia y se refuerzan las representaciones de sí mismo como no «amado», indefenso y solo, y la de los otros como inaccesibles, insensibles, no fiables.

En el contexto escolar, el rendimiento del aprendizaje de estos niños será pobre y de bajos niveles de concentración. Pueden distraerse fácilmente, moviéndose de un lugar a otro. Al contrario de los niños con estilo de apego evitativo, éstos hacen demandas constantes de atención al profesor, por ejemplo, ya sea porque dicen no entender lo que se les explica o porque no saben cómo hacer sus tareas solos, demostrando así mucha indefensión y dificultad para trabajar independientemente, o presentan problemas conductuales en los que el profesor debe intervenir. Ya hemos dicho que la energía de estos niños se concentra en el terreno afectivo, por ello les queda poco para invertir en las tareas cognitivas, tareas de logro, de exploración, de curiosear y conocer, el juego constructivo, en general, para el aprendizaje en sí. Encontraremos a menudo niños con fracasos escolares, bajo rendimiento escolar, trastornos del aprendizaje, trastornos de déficit de atención y trastornos de hiperactividad.

A nivel social, tanto en el contexto escolar como extraescolar, tendrán dificultades para ser aceptados por el grupo de pares: la búsqueda constante de aprobación, la rivalidad con otros compañeros, las conductas impulsivas frente a conflictos relacionales no se lo permiten. Impera constantemente una gran preocupación por sentirse aceptados y reconocidos por los demás, entrando rápidamente en conflictos que tienen que ver con celos, posesión, deseos de exclusividad, etcétera.

Por ejemplo:

Brenda, una niña de 8 años que llega al centro de acogida de urgencia, es recibida por María, que será desde ahora su educadora referente. Ella ya tiene otras dos niñas a su cargo, una pequeña de 3 y otra de 11 años. Brenda dice a la de 11 apenas la conoce: «Ahora tengo algo que te pertenece: mi tutora, María». Así comienza una relación que con el tiempo se vuelve importante pero conflictiva y de gran ambivalencia para Brenda.

Estos niños también se sienten atraídos por participar o conformar pandillas. La pandilla está ahí presente, pero también aquí mostrarán conductas inmaduras, con dificultad de poner límites entre ellos y los otros, pues la fusión da la ilusión de sentirse más seguros y fuertes. En general, en su grupo de pares tenderán a agredir o a verse como víctimas.

Veamos el siguiente ejemplo:

Retsi es hija de una familia de 8 hermanos, nacidos casi uno detrás de otro, con padres que se casaron siendo adolescentes sin preparación y con muchas carencias afectivas. Ambos padres tienen historias de malos tratos en sus familias respectivas. Además, cuentan con una escasa red y apoyo social. Retsi no solamente ha sido víctima de negligencia física y afectiva, sino también de abuso físico y sexual por parte de su padre. Cuando tiene 4 años, ingresa con sus hermanos en un centro de acogida. Ella presenta muchos trastornos emocionales como pesadillas, miedos, dependencia excesiva y muchas manifestaciones de sufrimiento que ya conocemos. Su autoestima es muy pobre en todas las áreas. Pero veamos cómo va utilizando estrategias que le permiten aliviar la angustia del abandono y de no ser suficientemente querida. En ese entonces, las personas que la conocen desde su ingreso en el centro la describen como la más tierna de los hermanos, y le dan el sobrenombre de «osita de felpa» por estar siempre apegada a alguien, sobre todo a sus referentes. Siempre demanda atención constante de los mayores y provoca sentimientos de indefensión y desamparo. Muchas veces ha sido el foco de atención de los demás niños, que la molestan y se burlan todo el tiempo de ella. Ha tenido dificultades importantes para realizar sus deberes escolares sin intervención de su referente. En torno a los 9 años cambia su estrategia a una más activa. Continúa haciendo las demandas de atención y de cariño, pero en vez de mostrar directamente su indefensión, reclama y agrede a los mayores. Si éstos no le dan lo que ella pide, comienza a agredir verbalmente con explosiones de llanto incontrolados. Por otro lado, los niños más pequeños del centro comienzan a quejarse por las amenazas y los mandoneos que impone a los demás. Sus relaciones con sus pares y con sus hermanos han sido conflictivas y difíciles.

Adolescencia

Las investigaciones y la práctica clínica nos permiten sostener que los niños con estilo de apego ansioso-ambivalente van a continuar utilizando estrategias coercitivas que harán de las relaciones interpersonales algo doloroso de manejar. Estos adolescentes tienen mucha dificultad para saber cómo mantener una relación y disfrutar de la vida a partir de ella, porque todo se concentra en definirla. La relación con sus pares se torna negativa, con sentimientos de inseguridad, rabia y frustración y con un alto nivel de angustia. Las conductas agresivas y de frustración pueden llegar a ser altamente disruptivas, con mucha impulsividad y dificultad de controlarse. Los cambios de ánimo propios de la adolescencia se viven intensamente en ellos, y hacen que el contenido emocional pase de un extremo a otro: se puede percibir a un amigo como «super», maravilloso, y después insoportablemente odioso y cruel. En realidad, a estos chicos y chicas les invade el miedo de ser abandonados, un miedo presente en sus relaciones significativas.

Retsi ya tiene 12 años e inicia un trabajo psicoterapéutico. Manifiesta una dependencia excesiva con su educadora referente; aparecen los celos, la necesidad de ex-

clusividad total para ella. La posesión de su educadora y la gran ilusión obsesiva de que le satisfará sus necesidades afectivas caracterizan esta relación que se vuelve lo más importante para esta chica. Aunque siempre ha tenido dificultad para regular sus emociones, ahora se le hace extremadamente difícil, lo que la lleva a explotar agresivamente frente a las frustraciones y caer en un llanto incontrolado, difícil de detener. Se queja de que su tutora no tiene tiempo para ella y se resiste a hacer los deberes sin su compañía. Sus fines de semana son emocionalmente agónicos. Tanto las conversaciones como la respuesta de empatía, comprensiva, de su referente no son suficientes para que Retsi salga de estos secuestros emocionales. La palabra y la autorreflexión están prácticamente ausentes. Adolescentes como Retsi no pueden equilibrar la balanza de dar y recibir en las relaciones ni tomar conciencia de su responsabilidad frente a ellas porque todo lo que (le) ocurra siempre dependerá del otro. Esto, en parte, manifiesta que las habilidades cognitivas para pensar, reflexionar, cuestionar lo que (le) sucede en las relaciones, conversar y negociar las diferencias están melladas por su emocionalidad traumatizada.

Si no tenemos claridad ni comprendemos cómo el trastorno del apego influye en la vida de niños como Retsi, nos será difícil comprender, en el marco psicoterapéutico, cómo se sitúa y cómo regula sus relaciones interpersonales, su conducta y sus discursos, que dejan ver su «necesidad sin fondo» de ser cuidada y mimada, los conflictos con sus pares, los chantajes y manipulaciones afectivas, el miedo de terminar la terapia o la relación terapéutica, así como sus dificultades para tener logros académicos.

Manifestaciones del trastorno de apego inseguro ansioso-ambivalente en el espacio psicoterapéutico

Respecto al modo en que los niños y niñas interaccionan con la persona del terapeuta y con el trabajo terapéutico, observamos que, al contrario de los niños que presentan apego evitativo, donde la implicación en el proceso terapéutico es mínima, los chicos con estilos de apego ansioso-ambivalente se implicarán sin muchas dificultades. Al contrario, la terapia, y sobre todo la relación terapéutica, se convertirá en algo muy importante para ellos, aunque haya angustia, miedos y dificultades. Los niños y niñas más pequeños, incluso mayorcitos, si vienen acompañados de sus cuidadores o educadores referentes pueden oponerse a entrar solos a la sala, pero mostrarán gran ansiedad al comienzo. En general, la mayoría de los niños suelen mostrarse al principio de la terapia muy inhibidos y con mucho miedo de ser desaprobados y criticados.

Solange, de 12 años, por ejemplo, en la primera sesión acompañada de su tutora no puede articular palabra alguna, con la cabeza gacha y muy ansiosa, mientras su referente habla tanto de sus recursos como de sus dificultades. Recién pasados unos meses de sesiones semanales, ella explica a su terapeuta lo ocurrido en este primer encuentro: «No me gustó que mi tutora hablara sobre mí porque pensaba que te enfadarías conmigo y no te agradaría».

Generalmente, en la fase inicial de la terapia se mostrarán ansiosos y extremadamente alertas a las respuestas y reacciones del terapeuta; algunos incluso pueden mostrar conductas «encantadoras», sobre todo los más pequeños, expresadas mediante caricias, abrazos y mensajes como «eres la mejor psicóloga del mundo, te quiero mucho», y otros que dejan ver sus carencias afectivas. Algunos niños, desde muy temprano, comienzan a utilizar estrategias más coercitivas.

Marla, de 9 años, al salir de su primera sesión, mira uno de los dibujos pegados en la pared y lo observa. Al darse cuenta de que lo ha firmado Inés, una chica a la que conoce, le dice a su terapeuta: «Seguro que tú quieres mucho a Inés. Claro, ya estás acostumbrada a ella».

A menudo estos niños se muestran preocupados por lo que pasará en la siguiente sesión, si el o la terapeuta cumplirán con lo prometido, como por ejemplo esperarle la semana siguiente. Algunos rápidamente querrán adueñarse del espacio terapéutico dejando huellas o recuerdos de su existencia. También este espacio les dará la oportunidad de utilizar sus estrategias coercitivas cuando algo no sea de su agrado. Durante el transcurso de la terapia, probablemente pedirán ser acogidos o adoptados por el o la terapeuta, o serán extremadamente sensibles a los cambios o suspensiones de las sesiones aunque se hallan señalado con anticipación. La experiencia clínica también nos enseña que con frecuencia los niños y adolescentes intentarán triangular con el terapeuta en contra de sus referentes o cuidadores, es decir, intentarán obtener el apoyo del terapeuta en momentos de conflicto. Aunque no es exclusivo de los niños con este estilo de apego, esta dinámica es más frecuente y evidente en ellos.

En general, el proceso terapéutico es un proceso largo y complejo con estos niños. Primero, es difícil que se perciban como víctimas de malos tratos, que es el objetivo fundamental de la terapia. Luego es un desafío ayudarles a que se vean como sobrevivientes que deben utilizar sus habilidades, sus recursos personales y el apoyo social para responsabilizarse de sus vidas (Barudy, J., 1998). Al vivenciarse como víctimas pueden demostrar a su terapeuta que no sólo han sido víctimas, sino que siguen siéndolo en cualquier circunstancia, además de que presentan dificultades en el momento de pensar sobre la responsabilidad en el presente y en sus relaciones interpersonales. Las distorsiones cognitivas, su selectividad en focalizar lo negativo del otro, sus exigencias y reclamos provocarán en los demás agotamiento y desagrado, y confirmarán otra vez el sentimiento de abandono y de poca valía personal.

> *Nuestro quehacer terapéutico será ofrecer a los niños y niñas herramientas y técnicas que les ayuden a conectarse y comprender sus emociones y sentimientos, a auto-observarse, a pensarse, a revisar sus distorsiones cognitivas y entonces releer o redefinir sus relaciones interpersonales*

La relación terapéutica con estos niños y adolescentes brinda una rica oportunidad al terapeuta para ejercer su paciencia y perseverancia, trabajar sobre su modo de relacionarse y estar con el otro de manera creativa. Esto sería insuficiente si no brindáramos la posibilidad de una experiencia relacional reparadora al ofrecerles una vinculación segura, estructurada, confiable y afectiva, que podrá permitirles mejorar su estilo de relación y su modo de estar en el mundo.

No está de más decir que con frecuencia estos niños despiertan sentimientos de gran compasión, tristeza y ternura en los terapeutas, al mismo tiempo que deseos de ofrecer cuidados maternales para suplir las carencias afectivas, con el riesgo de dejar o de olvidar los objetivos terapéuticos. Para evitar este fallo, siempre debemos tener esto presente, no para evitar estos sentimientos y deseos que son legítimos, sino para regularlos y proteger la relación terapéutica y la terapia de nuestras propias necesidades.

Respecto al contenido narrativo, verbal o no, que traen los niños, podemos «observar» rápidamente a través de sus juegos, sus dibujos, cajas de arena, cuentos, títeres y narraciones, los contenidos cargados de afectividad y de sentimientos, emociones, deseos y necesidades, que traslucen el sufrimiento de no sentirse lo suficientemente amados.

El abandono, el temor al abandono, la pérdida, la soledad, la tristeza, la falta de valía personal, la visión de un mundo injusto, etcétera, son contenidos recurrentes en los trabajos realizados por los niños y niñas con este tipo de apego en la terapia. Los test proyectivos nos ayudan mucho en el descubrimiento de su mundo afectivo, confirmándonos lo que ya «observamos» en sus estilos relacionales, sus comportamientos y todos los aspectos de su vida en relación con su trastorno de apego. Los temas de conversación que traerán a la terapia estarán focalizados en su relación con los otros, mucho más que en cualquier otro aspecto de su vida. Si trabajamos con el diario de vida o con el cuaderno de creaciones literarias donde los niños hacen sus redacciones libres o con títulos propuestos por la terapeuta (poemas, cuentos o historias), podremos «observar» que la afectividad o su carencia siempre están presentes.

El apego inseguro desorganizado

Como hemos visto, los niños con estilos de apego inseguro, tanto evitativo como ansioso–ambivalente, organizan su forma de comportarse con el fin de obtener una vivencia de cercanía con su figura de apego, inhibiéndose o reactivándose. Pero los niños con estilos de apego inseguro desorganizado, como la palabra lo indica, tienen experiencias relacionales tempranas tan dolorosas y caóticas que ni siquiera pueden organizarse en responder de una forma regular y característica en su relación con sus cuidadores. Sus estrategias defensivas colapsan.

Main y Solomon (1990) fueron los primeros en reconocer y caracterizar este cuarto estilo de apego (grupo D) en niños con estilos inclasificables en la prueba de la situación extraña y que no correspondían a ninguna de las clasificaciones de apego tradicionalmente conocidas, como las propuestas por M. Ainsworth (1978). A saber: evitativo, seguro y ansioso-ambivalente. De acuerdo con varios autores (Carlson, Cichetti, Barnett y Braunwald, 1989; Crittenden, 1985; Egeland y Sroufe, 1981; Lyons-Ruth, Connell, Zohl y Stahl, 1987), este estilo de apego es de alto riesgo para los niños y las niñas de los grupos de apegos inseguros estudiados. Este estilo se genera en ambientes familiares con padres o cuidadores que han ejercido estilos de relaciones parentales altamente incompetentes y patológicas como consecuencia de haber sufrido experiencias severamente traumáticas y/o pérdidas múltiples no elaboradas en su propia infancia. Experiencias que no pudieron ser elaboradas, pues estos padres, cuando niños, no recibieron protección

ni ayuda. Alrededor de un 75 u 80 % de la población de niños maltratados presenta estilos de apego desorganizado.

Desarrollo del trastorno de apego inseguro desorganizado

Primera infancia

Según las investigaciones de la última década, este estilo de apego o
trastorno de apego lo presentan niños y niñas cuyas madres o padres
han sufrido sin haber elaborado pérdidas de personas significativas y, a
la vez, han vivido procesos traumáticos severos como haber sido víctimas de malos tratos físicos graves, negligencias graves y abusos sexuales. Los niños que presentan este estilo de apego son hijos de padres
con incompetencias parentales severas y crónicas, con frecuencia irre-
cuperables. Muchos de estos padres presentan una patología psiquiátrica crónica, o son alcohólicos o toxicómanos. Lo más probable es que
lo que caracterice la vida psíquica de los bebés con padres cuyo estilo
parental es violento, desconcertante, temible e impredecible, sea una
vivencia de terror, impotencia y falta absoluta de control sobre lo que
ocurre. Según Solomon y George (1999), la vivencia de estos niños ante
estos padres es «atemorizante». En estos casos, cuando el bebé intenta
acercarse y buscar respuestas de su figura de apego para satisfacer sus
necesidades físicas y afectivas, provocará ansiedad en ésta. Por el contrario, si se aleja, también la figura de apego se sentirá provocada, y ca-
nalizará su ansiedad mediante comportamientos hostiles y de rechazo.
Por lo tanto, el resultado será la vivencia repetida de angustia, miedo y
desesperanza. La figura de apego se convierte entonces en una paradoja vital, imposible de resolver para el niño. Él o ella, de quienes depende totalmente y de quienes espera su fuente de seguridad, son fuente
de su temor. Para este pequeño, la relación con la figura de apego es un
callejón sin salida y tarde o temprano responderá con rechazo, hostilidad o intrusión, y no habrá nada que el niño pueda hacer para disminuir su ansiedad, ganar cercanía afectiva para comprender lo que pasa
o sentirse más seguro y protegido.

Estos modelos relacionales donde los padres son severamente insensibles y terriblemente violentos conducen, a la larga, a que los niños
se representen como indignos y malos y que perciban a los otros como

inaccesibles, peligrosos y abusadores. Su mundo interpersonal estará impregnado de un miedo crónico intenso. Como afirman Solomon y George (1999), se trata de padres y madres que rechazan las conductas de apego de sus hijos, y muchas veces utilizan amenazas indirectas o directas de abandonarlo o de enviarlo a otro lugar. En otros casos, los niños con este estilo de apego han vivido separaciones repetidas y han pasado de un cuidador a otro. El niño, desde su nacimiento, pasa de una casa a otra, de una familia a otra, o de su familia a una residencia y, en adelante, a otras residencias. Las consecuencias de este proceso se denominan «síndrome del peloteo» (Barudy, J. y Dantagnan, M., 1999). Este síndrome está en relación directa con el trastorno de apego desorganizado. Los cambios continuos y abruptos en el contexto de vida que sufre un niño desgastan sus capacidades de vincularse, de confiar y de creer en él mismo y en los otros.

Lyons-Ruth y Block (1996) afirman que mientras más severa es la historia de violencia y de abuso de los padres, más hostil es la relación con sus hijos. Como decíamos anteriormente, estos niños son hijos o hijas de padres que han vivido también procesos traumáticos y pérdidas no elaboradas en su infancia. Estas experiencias, además, impregnan sus prácticas parentales de miedos intensos y angustias, que se transforman en rechazo, violencia física o abuso sexual. Estos padres son vivenciados por sus hijos como pavorosos, temibles e imprevisibles. Main (1995) explica que esta sensación crónica de pavor no permite que los niños identifiquen la fuente de alarma, es decir, no pueden discriminar de dónde o quién provoca ese estado, al extremo de llegar a pensarse como productores de su propio pavor. A partir de esto, los niños pueden desarrollar diversas fobias y miedos inexplicables e incomprensibles, incluso para los profesionales.

Por otro lado, si relacionamos este trastorno de apego con la memoria, veremos que los procesos traumáticos se almacenan en la memoria «implícita» y no en la memoria «narrativa». Esto es lo que diferentes autores denominan «las memorias traumáticas». El contenido de dichas memorias se caracteriza por sensaciones y afectos intensos, fragmentados, a menudo con escaso o ningún contenido verbal (Van der Kolk, 2001). Por lo tanto, estas experiencias tempranas y traumáticas de dolor, pérdida y abuso acumuladas en su memoria hacen que tengan expectativas negativas del presente y dejen poco espacio para disfrutar de experiencias positivas y gratificantes. Por eso, como no entienden lo que les pasa en estas situaciones tampoco pueden explicarlo mediante la palabra, se resienten y pueden llegar a ser agresivos con quienes intentan ayudarles. Los niños maltratados constantemente están invadidos en el presente por estas memorias traumáticas que mellan su percepción, sus sensaciones, su cuerpo, sus conductas, sus emociones.

Los contenidos de la memoria traumática pueden manifestarse en forma de diversos trastornos como el estrés postraumático o los trastornos disociativos y de la memoria y la atención. Los niños y adolescentes presentarán estos trastornos sin poder entender sus causas.

Niñez

Alrededor de los dos años, después de haber intentado encontrar una estrategia conductual que le sirva para paliar sus miedos, angustias y ansiedades en relación con su figura de apego, el niño o la niña utilizarán sus recursos para adaptarse de la mejor forma a estas situaciones. Algunas veces mostrarán una inhibición profunda y tratarán de «hacerse invisibles», como «que no están». También presentarán estallidos de cólera y hostilidad o comportamientos demandantes. Estas estrategias son una forma de adaptarse a la situación, y su contenido dependerá, en gran parte, de los estilos parentales que presenten sus cuidadores. Éstos pueden ser hostiles y físicamente abusivos, negligentes, psicológicamente violentos o una combinación de ellos (Le Doux, 1998). Sin embargo, lo que prima en los comportamientos de un niño con apego desorganizado es el intento desesperado de tener cierto control sobre el ambiente, particularmente sobre la relación con sus cuidadores. Esta necesidad de control se manifiesta a través de comportamientos violentos, pero también de cuidado y complacencia hacia los otros a fin de no perderlos, estilos poco comprensibles para el observador poco informado.

En situaciones más graves es doloroso constatar que a algunos de estos niños no les queda otra cosa que optar por autoestimularse con balanceos, dándose contra la cabeza o haciendo movimientos estereotipados para calmar su dolor psíquico. Las conductas de exploración típicas en esta etapa también se caracterizan por ser desorganizadas o incoherentes, sin continuidad en el tiempo ni en el espacio. Estos niños comienzan a descubrir un sentido de libertad y autonomía gracias a sus capacidades de desplazarse sin depender de los demás. Lo mismo sucede con el desarrollo de su capacidad de comunicarse. Sin embargo, estos logros generarán un temor y una ansiedad difícil de manejar, pues no tienen el apoyo afectivo mínimo y necesario. Estos niños pueden paralizarse y disminuir enormemente su motivación para curiosear, explorar y conocer su entorno. Por el contrario, pueden ser bruscos e impulsivos o no darse cuenta de las consecuencias de sus comportamientos. Estos niños no pueden percibir su entorno de manera realista, como prever el peligro en situaciones que niños bien tratados con la misma edad sí podrían hacer.

La percepción que los niños construyen de los otros y de sus relaciones también es procesada selectivamente. Los niños bloquean la información que les resulta insoportable. Para evitar mayor sufrimiento, filtran las experiencias y recuerdos con relación a sus padres, se aferran y amplifican las buenas y gratificantes y esconden en los rincones de su memoria las malas y las dolorosas. La idealización de los padres, por tanto, les permitirá mantenerlos cerca y salvaguardar su imagen. Estos procesos toman relevancia cuando los niños o niñas son separados de sus padres tras una medida de protección (Cyrulnik, B., 2003). En estos momentos, manifestarán sus deseos de volver a casa y culpabilizarán a quienes intenten protegerles de los malos tratos. Este fenómeno se utiliza algunas veces como argumento por los responsables de las medidas de protección sin la formación necesaria para defender una reintegración del niño a su familia.

Otro aspecto interesante es que, debido a la falta de confianza, de cuidados, de protección y coherencia en las respuestas provistas por la madre o cuidadora, el niño no puede ver a éstas como fuente de seguridad y alivio. Si vamos a un parque y observamos que cuando un niño de alrededor de dos años juega y le ocurre cualquier percance como caerse, hacerse daño o entrarle arena en los ojos, probablemente recurrirá, llorando, a su madre o cuidador. Los niños con estilo de apego desorganizado quizás se queden llorando solos o dando vueltas por el parque sin saber cómo buscar ayuda.

Alrededor de los 4 o 5 años, el desarrollo evolutivo les permite elaborar estrategias un poco más organizadas. Esta seudoorganización dependerá del carácter prevalente de las relaciones con sus cuidadores, como hemos mencionado antes. En el caso de malos tratos severos, el estilo de apego desorganizado puede manifestarse con comportamientos característicos propios de otro estilo de apego o con una mezcla de varios: el evitativo, el ansioso-ambivalente o incluso el seguro.

Diferentes investigadores han señalado que alrededor de los 5 años los niños con apego desorganizado utilizan estrategias que buscan controlar a los padres. Éstas van desde conductas castigadoras o vengativas a protectoras y de cuidado inadecuadas a su edad (Cassidy y Marvin, 1992; Main y Cassidy, 1988). Esto explica por qué madres o padres se quejan y sufren por la conducta dominante de su hija, que apenas tiene 6 años. También puede ocurrir que una madre con comportamientos abusadores, al no considerarse la responsable del daño de su hija, hable de los comportamientos parentificados de ella y se enorgullezca de su «madurez».

En el contexto escolar, los niños que sufren un apego desorganizado tendrán muchas dificultades para respetar las estructuras de un aula de clases. Socialmente, son chicos que presentan trastornos importantes del comportamiento, son conocidos y terminan estigmatizados como problemáticos, alteradores de la paz social reinante en la clase, o como los matones o agresores que protagonizan las peleas dentro y fuera del aula. Sus reacciones frente a la autoridad termina por ser insoportable a la vista del profesor cuanto más grandes son los niños: faltan al respeto, intentan probar los límites establecidos o simplemente agreden y amenazan verbal o físicamente. Puede ocurrir también que, como condicionante de género, sobre todo las niñas, presenten conductas antisociales no violentas como robos, mentiras, trampas, manipulaciones. Las chicas y chicos con apego desorganizado también pueden presentar comportamientos de excesiva inhibición, aislamiento y rechazo de ser considerados parte del grupo. Cualquiera de los dos extremos, notorios, no pasa fácilmente desapercibido por los profesores.

Con respecto al rendimiento académico, sus dificultades para concentrarse los llevan a conseguir pocos logros académicos y al fracaso escolar. El proceso de un aprendizaje exitoso requiere poner en marcha varias funciones cognitivas, tales como la memoria, la percepción, la atención, el pensamiento y la reflexión. Estas funciones o capacidades han sido afectadas como consecuencia de los traumas vividos. Por lo tanto, desarrollar estas tareas cognitivas de forma satisfactoria es un gran desafío para un niño con apego desorganizado. A su vez, la mayoría de estos niños y niñas se encuentra uno o más niveles por debajo del promedio de la clase. El aprendizaje en sí mismo se convierte en una tarea sumamente fastidiosa e inalcanzable, sobre todo si sus compañeros son buenos estudiantes. Desde muy temprano estos niños han comenzado a perder el placer o el gusto por conocer y descubrir su entorno. La información que logran obtener es confusa, incoherente y generadora de dolor. ¿Qué sentido tendría para este niño o niña aprender algo en el colegio mientras crece en un entorno caótico? El niño o niña con apego desorganizado difícilmente logra mantener y desarrollar su funcionamiento cognitivo al margen de su historia de dolor y caos. El cúmulo de experiencias traumáticas en sus primeros años provocará muchas veces daños irreversibles en este área del desarrollo (Barahal, Waterman y Martin, 1981; Pearce y Pezzot-Pearce, 1997). Tanto el trastorno de déficit de atención como el trastorno de hiperactividad están presentes en estos niños, pues lo que subyace es un estado de marcada hipervigilancia. La cronicidad de situaciones traumáticas lleva a que el cerebro crea que los próximos eventos serán también traumáticos. De aquí la necesidad de estar en constante alerta (Van der Kolk, 2001).

Sabemos que los estilos de cuidados parentales abusivos y violentos son sumamente complejos, y todavía es difícil para los investigadores conceptualizarlos y clasificarlos claramente, lo mismo que con los comportamientos característicos que se presentan en los diferentes estilos de apego. A menudo, éstos se confunden y traslapan. Sin embargo, aquí utilizaremos los criterios de clasificación más conocidos, planteados por autores como Crittenden (1992), Zeanah (1996), Cassidy y Marvin (1990), Main y Solomon (1990) y Lyons-Ruth (1996).

Existen dos grandes grupos de apego desorganizado y, dentro de éstos, subclasificaciones o subgrupos:

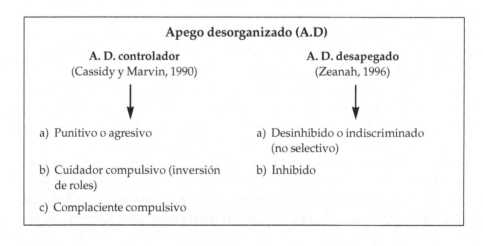

Apego desorganizado (A.D)

A. D. controlador
(Cassidy y Marvin, 1990)

A. D. desapegado
(Zeanah, 1996)

a) Punitivo o agresivo

a) Desinhibido o indiscriminado (no selectivo)

b) Cuidador compulsivo (inversión de roles)

b) Inhibido

c) Complaciente compulsivo

Como podemos observar, dentro del estilo de apego desorganizado se pueden desgranar varios tipos que, como ya hemos dicho, no siempre son fáciles de distinguir uno de otro. Desde un punto de vista práctico, lo más importante es poder llegar a reconocer e identificar los comportamientos de los niños dentro de la categoría de apego desorganizado y, posteriormente, dentro de uno de los dos grandes grupos: controlador o desapegado. A nivel teórico, describiremos cada uno de estos tipos basándonos en las investigaciones de Zeanah (1996) y Cassidy y Marvin (1990).

Modelos de apego desorganizado–controlador

Se pueden observar tres estilos de comportamiento que caracterizan este modelo:

a) punitivo agresivo
b) cuidador compulsivo
c) complaciente compulsivo

Para Crittenden (1995), estos tres subgrupos pueden ser considerados variantes dentro de los estilos de tipo evitativo, porque ellos, aunque representan intentos de mantener el acceso al otro significativo, lo hacen, pero sin intimidad. Esta autora también ha argumentado que dichos estilos controladores, presentes en el período preescolar y escolar, conforman una estrategia, conductualmente organizada pero mal adaptada, con el fin de lograr y mantener el acceso a las figuras de apego. Aquéllos pueden ser planteados hipotéticamente como una estrategia compensatoria para enfrentar las conductas amenazantes del cuidador. A través de ellas el niño intenta defenderse de las agresiones intrafamiliares o hacer frente a deficiencias parentales importantes (Crittenden, 1992; Solomon y George, 1999; Main y Cassidy, 1988). Cabe señalar que estas estrategias compensatorias conductualmente organizadas se mantienen desorganizadas en la representación mental del niño, teñidas de miedo, confusión, caos e inhibición (George y Solomon, 1996).

a) *El apego desorganizado agresivo o punitivo*

A los niños con este estilo de apego los vemos con bastante frecuencia quienes trabajamos con niños maltratados. Como hemos señalado, es característico que no pueden «sincronizar» sus comportamientos con las respuestas de sus cuidadores a sus demandas de cuidados, apoyo o protección, ya que a ellas responden con violencia, abuso, negligencia y abandonos constantes y repetidos. El miedo y la impotencia los inundan, y su grado de temor y de rabia es tan intenso que lo canalizan agrediendo y haciendo daño a los otros. A estos niños no les queda otra medida que tomar el control de la situación, de sí mismos y de los otros mediante la cólera y el abuso. No confían ni esperan confiar en nadie y, como afirman Keck y Kupecky (1995) cuando se refieren a estos niños: «El único modo que aprenden para actuar recíprocamente con otros está basado en la agresión y la violencia». Las respuestas punitivas o controladoras son la forma en que se relacionan con sus padres para adaptarse a la situación, lo que más adelante se extiende con otros adultos o cuidadores. Por tanto, lo que caracteriza este estilo es el control de la relación mediante conductas que castigan, avergüenzan y agreden. Frente a los malos tratos, el niño o la niña responderán de todas las formas defensivas que les sean posibles: comportamientos de apegos contradictorios, confusos, mezclados con conductas de irritación, evitación y rechazo, conductas coercitivas y de retirada. Las conductas agresivas pueden ir directamente a sus cuidadores, a otros y a ellos mismos.

Cuando revisamos la literatura sobre los niños con este estilo de apego, encontramos varios comportamientos típicos en diferentes grados en ellos:

– Comportamiento superficial con desconocidos.
– Propensión a actuar con grandiosidad y hacer reclamaciones extravagantes.
– Agitación.
– Rechazo de contacto físico o contacto inadecuado e invasor.
– Estallidos de cólera, rabia y violencia.
– Comportamientos oposicionistas, agresivos con sus pares y niños más pequeños.
– Culpabilizan a los que quieren ayudarle.
– Poco contacto visual.
– Pobre sentido del humor.
– Conductas coactivas.
– Mentiras.

- Robos.
- Relaciones con pares pobres.
- Falta de conciencia, empatía y sensibilidad moral.
- Crueldad hacia los animales.
- Negligencia y/o agresión hacia sí mismo, autolesiones, etcétera.
- Trastornos sexuales y alimenticios.

Jimy tiene 7 años, y es el segundo de tres hermanos. Es un niño más bien expansivo, activo y muy nervioso. Jimy ha nacido y crecido en un ambiente de violencia y caos familiar, ha recibido malos tratos físicos, constantes, de su madre, quien tiene una larga historia de toxicomanía. A los 6 años Jimy es ingresado junto a su hermano mayor en un centro de acogida. La sintomatología presente en ese momento hace que un psiquiatra le diagnostique un cuadro «pre-psicótico». Durante los primeros 6 meses en el centro, Jimy presenta graves problemas de comportamientos y los educadores tienen gran dificultad para poder ayudarle en el control de los estallidos de rabia y los comportamientos agresivos. En este contexto, Jimy entra en nuestro programa de psicoterapia. Presenta enuresis secundaria, encopresis diurna esporádica, escasa modulación emocional, conductas destructivas hacia las personas y el entorno, propensión a accidentes y trastorno del sueño. Aunque prefiere relacionarse mayormente con su educadora referente, su modo de vincularse con ella es agresivo. En los momentos de visita con su madre, Jimy se muestra muy ansioso frente a la idea de verla, pero una vez que está con ella no sabe qué hacer, se vuelve inquieto y se mantiene alejado durante la mayor parte del tiempo de la visita. Por un lado, en las entrevistas con las profesionales del caso, la madre insiste en que Jimy es un niño trastornado y que nadie puede con él. Dice que «si no fuera así todos estaríamos juntos y bien». Por otro lado, su hermano mayor, con quien Jimy está siempre en conflicto, le ha hecho saber explícitamente que su mal comportamiento ha provocado el ingreso en el centro, el sufrimiento de su madre y de todos. Además, no puede explicarse por qué su hermano está con su madre y él no.

b) *Apego desorganizado cuidador compulsivo o con inversión de roles*

Es muy frecuente ver a hijos «parentificados» o «conyugalizados» en familias con padres que presentan incompetencias parentales severas y crónicas (Barudy, 1998). Estos niños o niñas no sólo desempeñan tareas y responsabilidades hogareñas, sino que se hacen cargo del cuidado de sus padres. Seguramente, la única manera de sentirse competentes y con algo de control y de estar en cercanía con sus padres es tratando de satisfacerlos. En vez de solicitar cuidado de los padres, lo ofrecen evitando sentirse indefensos. Se muestran extremadamente solícitos hacia sus padres o cuidadores. Esto vale también en el caso de niños o niñas complacientes compulsivos. Muestran una mezcla de conductas de evitación, inhibición de sus afectos negativos y conductas exageradamente afectuosas hacia sus cuidadores. Este estilo de apego se desarrolla como una respuesta a la insuficiencia de cuidados parentales, por ejemplo en el caso de madres víctimas de violencia conyugal, con muchas carencias, depresivas o pasivas-dependientes.

> *Éste es el caso de Gema, la segunda de un grupo de 5 hermanos, víctima de malos tratos de ambos padres: un padre extremadamente violento y abusivo y una madre extremadamente pasiva y no protectora. Se trata de una familia con escasa red social, con carencias socioeconómicas extremas y niños no escolarizados. Gema tiene 8 años cuando es ingresada junto a sus hermanos en un centro de acogida de urgencia. Su hermana mayor, víctima de abusos sexuales por parte de su padre, presenta un caso típico de una relación conyugal forzada y abusiva. La dinámica familiar y los recursos propios de Gema se ajustan para que adopte un rol de cuidadora y protectora de su madre desde pequeña. Por lo que Gema y sus hermanos relatan, ella se convierte en enfermera y madre de su madre a lo largo de su infancia. Al salir de casa, continúa con este rol y es ahora la madre de sus hermanos.*

Este estilo de apego, como el estilo complaciente compulsivo, podemos relacionarlo con el concepto de «alienación sacrificial» de Barudy (1998) cuando hace referencia a que la niña sexualmente abusada silencia el abuso de su padre, sacrifica su persona y se aliena de las emociones con el fin de proteger al agresor y a la familia. Otros conceptos interesantes al respecto son «el otro dirigido» de Briere (1992), que hace referencia a la conducta hipervigilante del niño hacia su cuidador –madre o padre– para «protegerle» de no cometer más abusos. Con esto, el desarrollo de su identidad se ve seriamente comprometido. Y, por último, el concepto de la «exclusión defensiva» de McKrone (1994): para prevenirse del dolor, la rabia e impotencia producidos por la incompetencia parental de sus cuidadores, el niño tiende a idealizarlos y de ese modo salvaguardarlos de su propia rabia.

c) *El estilo de apego desorganizado complaciente compulsivo*

Más que cuidar y proteger a los adultos o a sus cuidadores, los niños y niñas con este estilo de apego muestran una necesidad exagerada por complacer a los cuidadores y otros adultos, sacrificando sus propias necesidades afectivas con el mismo objetivo que los niños cuidadores compulsivos. Son niños que muestran un alto grado de ansiedad y miedo frente a sus cuidadores. Generalmente, estos niños que ejercen este rol adaptativo de «complacientes» son hijos, y sobre todo hijas, de padres con prácticas abusivas y violentas que despiertan una tensión permanente en el hogar. Estas niñas manifiestan miedo y una marcada hipervigilancia hacia sus cuidadores.

Es el caso de Maritza, de 10 años, la hermana mayor de Gema, hija predilecta de su padre, quien ha abusado sexualmente de ella desde que era una niña. Maritza, víctima de este proceso de relación conyugal forzada, existe para el padre. Sus necesidades afectivas parecen no encontrar satisfacción complaciéndole, lo cual incluye, de algún modo, también a su madre, cómplice directa de la situación abusiva. Su estilo de apego nos permitirá reconocer que paradójicamente el sacrificio de sus propios deseos y necesidades ha sido su única estrategia para sobrevivir a este horror.

Estilos de apego desorganizado desapegado

Estos estilos de apego surgen debido a la ausencia de relaciones afectivas duraderas y continuas en el tiempo. Esto corresponde a la experiencia de niños que han sido víctimas del «síndrome del peloteo». Los continuos y repetidos traslados de un lugar a otro no les han permitido formar relaciones de apego selectivas, por lo que fallan al utilizar una figura de apego como base segura cuando el ambiente es amenazante o peligroso. Las relaciones son superficiales con todos y todas, y no hacen gran diferencia en su trato con ninguna persona. No acuden como lo harían otros niños a buscar ayuda o a refugiarse en otra persona que les brinde alivio, aunque sea momentáneo. También es posible encontrar niños con padres con graves dolencias psiquiátricas que sólo pueden ofrecer a sus hijos vinculaciones caóticas y extrañas donde los niños tienen gran dificultad para construir una identidad propia.

Recordemos la importancia que tiene cómo el niño ha desarrollado sus tareas evolutivas en el segundo año de vida. La carencia de relaciones cálidas cercanas y continuas durante los dos primeros años de vida priva al cerebro de experiencias sociales y emocionales durante una fase importante de reorganización neuronal. Por consiguiente, la interacción neuronal del cerebro se ve afectada desfavorablemente. En los casos de negligencia afectiva severa, o de hijos que han crecido con padres con trastornos psiquiátricos graves, este daño neurológico puede ser tan importante que las funciones cognitivas fallan cuando se trata de reconocer y manejar estímulos sociales y afectivos.

Los niños con este estilo de apego «desapegado» parecen haber agotado o anulado sus habilidades y capacidades para vincularse y construir relaciones constructivas. Para estos niños y niñas, por sus experiencias tempranas, no hay nada placentero en las relaciones ni en el entorno por lo que se repliegan sobre sí mismos.

Estos niños pueden presentarse socialmente inhibidos o desinhibidos:

a) *Niños con estilos de apego desapegado o indiscriminado inhibido*

Se trata de niños pasivos e hipervigilantes en relación con sus padres o con otros adultos. Muestran poco interés por la relación, el juego y la exploración, y son poco afectuosos en su presencia. Estos niños parecen no tener interés en el placer espontáneo de la interacción social, se repliegan sobre sí mismos la mayor parte del tiempo. Son comunes los balanceos rítmicos cuando son pequeñitos, aunque pueden manifestarse en otros momentos de su desarrollo. Por ejemplo, cuando se vuelven a enfrentar con situaciones estresantes que les sobrepasan. Estos niños también pueden manifestar comportamientos autísticos, los cuales muchas veces plantean diagnósticos erróneos. Éstos son nefastos para el niño o la niña porque los estigmatizan y los privan de tratamientos eficaces que logren rescatar sus habilidades para vincularse de forma más constructiva y placentera.

> *Rafael, 10 años, muy delgado, sólo mira de reojo. Su postura corporal es siempre la de un niño encorvado que se balancea continuamente, haciéndonos recordar a los niños víctimas de hospitalismo. Hijo único de una madre con una patología psiquiátrica diagnosticada como trastorno paranoico y un padre con déficit intelectual que también presenta comportamientos de balanceos, sobre todo cuando se le dirige la palabra. La pareja ha establecido una frontera impermeable alrededor del núcleo familiar, manteniendo alejados a los miembros de sus familias de origen, además de tener una escasa red social. Ambos reciben una pensión de invalidez. Rafael presenta fracaso escolar repetido, entre otras razones por haber asistido a más de nueve colegios diferentes. En el momento en que los profesores de un colegio comenzaban a interesarse por la vida familiar de Rafael para explicar sus trastornos de aprendizaje y de comportamientos, los padres retiraban al niño del colegio y lo inscribían al año siguiente en otro. De esta manera, Rafael creció sin poder vincularse de forma sana y continua con nadie sino con sus padres, cuya vincula-*

ción no le ha permitido desarrollar una identidad ni satisfacer sus múltiples necesidades. En el centro de acogida, Rafael, a sus 10 años, se muestra inhibido, rehuye mirar a las personas, comunica verbalmente poco, y si lo hace es sobre todo para reclamar por qué no está en su casa. No tolera ningún contacto físico. No soporta bañarse y se refugia en conductas obsesivas a la hora de comer, de ir a la cama, etcétera. Sus pares lo encuentran raro porque nunca juega ni se ríe. Presenta movimientos estereotipados en las manos cuando está muy ansioso, y estallidos de rabia incontrolados.

b) *Niños con estilo de apego indiscriminado desinhibido*

Este estilo es frecuente en niños a los que les ha tocado vivir desde muy temprana edad en una o varias instituciones de acogida. Lo que los caracteriza es que manifiestan un afecto confuso y poco criterio frente a los extraños. La persona que visita, por ejemplo, un centro de acogida por primera vez y que desconoce el mundo del niño maltratado y los trastornos de apego, nos comentará lo tierno y amoroso que ha sido un niño o una niña que intempestivamente se acerca y le abraza apenas entra.

En el área social, las relaciones con sus pares son pobres y escasas, pues son rechazados por sus compañeros de edad similar. Las relaciones con los adultos son de poco valor e importancia para ellos, a no ser que se establezcan con un fin funcional. Frente a la partida de un adulto (educadores, padres acogedores, profesores), responden sin mayores problemas o sin signos de angustia. Según Lieberman y Pawl (1988), estos niños muestran daño en su desarrollo en tres áreas: relaciones interpersonales, control de impulsos y regulación de la agresión. A estos niños, a largo plazo, se les va haciendo difícil establecer relaciones emocionalmente significativas. A medida que crecen, la cólera, los comportamientos destructivos y la ausencia de empatía les llevan a presentar conflictos interpersonales dentro y fuera de su lugar de vida. Si las relaciones se tornan cercanas para ellos, aumenta su ansiedad e intentan manejarlas a través de conductas de «control», exigencia o miedo. También la experiencia nos enseña que gran parte de estos niños se adaptan mejor a contextos bien estructurados, donde los límites y las reglas son claros. Esto explica, por ejemplo, que cuando son acogidos en una institución aumentan sus dificultades al acabar el año escolar, sobre todo si no hay una agenda previamente organizada con horarios y actividades que los orienten sobre lo que pasará en su día a día en vacaciones.

Zeanah (1996) describe también un subgrupo dentro del estilo de apego desorganizado. Lo llama «apego desorganizado con autorriesgo», e incluye a niños imprudentes o propensos a los accidentes. Estos comportamientos, que pueden observarse ya desde muy pequeños, se explican por la inaccesibilidad o inadecuación de la respuesta de la madre. Por lo tanto, los niños no pueden usarla como base segura cuando exploran el ambiente, y entonces se muestran insensibles al peligro. No perciben el peligro, ni la angustia y el dolor físico que les causa.

Adolescencia y apegos desorganizados

Las tareas propias de la adolescencia y los cambios que provocan en la vida de un niño son desafíos gigantescos cuando se trata de chicos que han vivido un estrés y un trauma crónico como consecuencia de malos tratos familiares e institucionales en su infancia. Los malos tratos y los abruptos y múltiples cambios de cuidadores y de contextos de vida, sobrellevados por una personalidad profundamente herida, hacen surgir el dolor de los múltiples traumas en una fase de la vida sumamente vulnerable.

Si no brindamos experiencias alternativas que modifiquen su modo de verse y ver a los otros —por lo tanto su modo de estar en el mundo—, estos adolescentes que se preparan para ser y parecer adultos reafirmarán su percepción de ser indignos de ser amados y apreciados. Al mismo tiempo, reforzarán su imagen de ser poderosamente malos y peligrosos. Si conviven —o más bien «sobreviven»— como mejor lo permiten sus estrategias en contextos que reaccionan represivamente y que no responden para ayudarles a calmar su dolor enmascarado por sus agresiones, desarrollarán relaciones interpersonales superficiales, cortas y conflictivas, o duraderas pero destructivas. Sus comportamientos de apego se balancean entre el acercamiento desconfiado y la retirada impulsiva con gran intensidad.

Muchas de las características identificadas en los estilos de apego desorganizado en la niñez continúan afianzándose en la adolescencia y en la edad adulta. Por ejemplo, el estilo agresivo en los adolescentes se manifiesta porque el modo de interactuar es básicamente antisocial, agresivo y violento con el fin de controlar las relaciones.

Mario, 14 años, víctima de malos intrafamiliares e institucionales. Desde muy pequeño ha tenido que ser tratado por varios psiquiatras y psicólogos, pero los diver-

sos tratamientos y los esfuerzos de muchos no han podido concretarse para ofrecerle un contexto que ofrezca experiencias reparadoras y gratificantes que le permitan re-aprender otra forma de vincularse que no sea a través de la violencia. Sus visitas con la familia de origen son irregulares. Mario no tiene ninguna vinculación afectiva presente en la que pueda apoyarse para hacer frente a su vida en un centro de acogida. Está actualmente medicado por su psiquiatra. Mario ha sido expulsado del colegio varias veces, y sus referentes no saben qué instancia educativa puede hacerse cargo de él con sus trastornos de comportamiento. Presenta conductas provocadoras hacia sus maestros y en clase consigue rápidamente la fama de «matón» entre sus compañeros. Las mentiras y manipulaciones que hace con los adultos para conseguir lo que se propone le juegan una mala pasada. Lo que está preocupando actualmente a sus referentes es que el grupo de amigos que comienza a frecuentar Mario tiene antecedentes policiales por robos y agresiones.

Probablemente, por los condicionantes de género, este estilo lo vemos más en varones que en mujeres. Es estilo cuidador compulsivo con inversión de roles, particularmente de las jóvenes que entran en relaciones de dependencia con alguien que tampoco puede ofrecerles una experiencia afectiva reparadora y constructiva. Por ejemplo, encontraremos una chica pareja de un chico drogadicto, al cual espera ayudar y proteger. El modelo complaciente compulsivo se desarrollará también de la misma forma, buscando y manteniendo relaciones afectivas codependientes con compañeros que exigen, controlan o abusan. En estos dos últimos modelos, los jóvenes no tienen oportunidades de satisfacer sus necesidades de apego. Estos estilos los vemos más en las chicas que en los chicos, por los condicionantes de género. Sin embargo, también en ellos podemos encontrar este estilo de apego.

Éste es el caso de Jony, adolescente de 17 años, hijo de padres alcohólicos, hermano mayor de dos hermanos. Jony nació con síndrome alcohólico fetal, y a los tres años fue retirado de su casa y puesto en un centro de acogida de urgencia durante 6 meses. Luego pasó a un centro de acogimiento residencial por un año y medio. Quienes intervienen en el caso deciden que vuelva a casa puesto que los problemas de alcoholismo aparentemente han disminuido. Sin embargo, Jony sigue viviendo malos tratos severos de parte de su madre. Su padre muere de cirrosis en su casa y el niño presencia su muerte. A partir de aquí, Jony es víctima de negligencia severa y violencia física de parte de su madre, por lo que se decide volver a ingresarlo en un centro de urgencia. Ya con 6 años y medio se intenta integrar a Jony en una familia acogedora. Desde aquí en adelante hasta cuando Jony cumple 16 años pasará por 5 familias distintas, y si contamos bien, ya son 10 cambios de residencia. Jony tiene

grandes dificultades en el área cognitiva: asiste a un colegio para chicos con dificul-
tades de aprendizaje y se esfuerza por aprender. Sin embargo, sus múltiples trau-
mas le permiten avanzar sólo hasta un nivel de aprendizaje. En lo social y afectivo,
Jony se las arregla para entrar en contacto con la gente de forma amable y amistosa,
pero sus relaciones son muy superficiales e inestables. Cuando logra relacionarse
más profundamente con amigos o adultos, incluso cuando se esfuerza por estable-
cer una relación de noviazgo, entra en una relación de dependencia tal que se deja
manipular. Así es como ha conocido los porros, los robos, etcétera. No es la agresión
lo que le caracteriza, aunque presenta estallidos de cólera en momentos de angustia
y estrés, sino el desvalimiento frente a una relación afectiva nociva para él. Presen-
ta mucha dificultad ante las frustraciones y no puede regular sus emociones frente
a eventos que le causan dolor. Hasta los 17 años, Jony es considerado por los médi-
cos y varios psiquiatras como un joven esquizofrénico y es tratado como tal. De los
cuatro que lo trataron, nadie consideró su historia de vida, y mucho menos la exis-
tencia de este trastorno de apego.

En estos jovencitos y jovencitas politraumatizados, con historias de
pérdidas afectivas importantes, con experiencias de malos tratos severos en su infancia que no han podido comprender, elaborar ni manejar,
los traumas están «contaminando» sus relaciones actuales, dejando poco espacio para «rehacer» su modo de estar en el mundo. Posteriormente, como padres, en sus prácticas parentales activarán sus traumas
no resueltos y probablemente intentarán fallidamente curar sus heridas
afectivas abusando, maltratando, descuidando o abandonando a sus
hijos.

La descripción de las carreras morales de los niños maltratados física y sexualmente nos brinda mayor claridad sobre el proceso en el que
se desarrollan los trastornos conductuales, afectivos y de personalidad
que estas víctimas presentan (Barudy, 1998). Muchos de estos jóvenes
acaban presentado trastornos depresivos crónicos, comportamientos
sociopáticos y trastornos límites de la personalidad. En este sentido, investigadores clínicos como Fonagy (1995) nos enseñan cómo y por qué
el apego desorganizado se relaciona, por ejemplo, con los trastornos de
la personalidad borderline.

Los estudios longitudinales de bebés clasificados con estilos de apego desorganizado han encontrado un riesgo elevado de desarrollar
comportamientos agresivos, desórdenes mentales, trastornos del comportamiento en la escuela y otras psicopatologías (Greenberg et al.,
1991; Solomon et al., 1999; Main, 1996).

Manifestaciones del trastorno de apego inseguro desorganizado en el espacio terapéutico

Desgraciadamente, cuando hablamos de niñas y niños víctimas de malos tratos por padres con incompetencias parentales severas y crónicas, estamos refiriéndonos, en su mayoría, a niños con estilos de apego desorganizado. A fin de reconocer estos estilos, es importante no descuidar en nuestra valoración del niño o adolescente aspectos tales como la historia personal y familiar, los estilos de cuidados parentales recibidos, la historia de sus vinculaciones, los informes antiguos y actuales de sus referentes, cuidadores o profesores. Por último, su actitud y aptitud en el espacio terapéutico.

Antes de conocer a este chico o chica, ya habremos constatado en los informes que hayamos recopilado la existencia de una historia personal cargada de sufrimiento y de múltiples experiencias traumáticas: hijo o hija de padres con incompetencias parentales severas, la mayoría de las veces acompañada de una permanencia prolongada en un ambiente familiar de extrema violencia. Además, estos niños tienen una historia de separaciones y rupturas familiares e institucionales múltiples, así como una historia escolar en la que hayaremos un largo listado de los colegios adonde el chico o la chica han asistido. Los informes recientes, realizados por sus referentes y profesores, describen muchos de los comportamientos típicos de este estilo de apego. Nos ha sido de mucha utilidad, por ejemplo, utilizar instrumentos como el listado de síntomas del trastorno de apego de Levy y Orlans (1998) para validar la existencia de un trastorno de apego mediante las observaciones de los educadores o cuidadores actuales de un determinado chico o chica.

Respecto a la relación terapéutica con estos niños con apego desorganizado, lo que más llama la atención es su urgencia por controlar la relación, de forma implícita o explícita. Recordemos que muchas veces estos niños suelen percibirse como fuertes y poderosos, pero también como peligrosos y malos. Se encargarán de convencer al terapeuta de que esto es así. Desde su punto de vista, la relación terapéutica les complicará más la vida, sobre todo por lo que exige esta relación. En otros casos, nos llamará la atención el modo extraño en que algunos se relacionan con los elementos de la sala y con el o la terapeuta.

Estos niños, dependiendo de su estilo de apego desorganizado específico, muestran oposición o rechazo a concurrir a la terapia, y pueden intentar agredir al terapeuta, además de mostrarse «seductores» o encantadores en un momento y hostiles en otro. Pueden pasar de un entusiasmo total y remarcable a un rechazo tácito a la terapia. Pueden entrar en la sala y dirigirse a uno de los rincones haciendo caso omiso de la presencia del terapeuta, mostrarse provocadores, inhibidos o extremadamente pasivos y tímidos. Algunas de estas maneras de interactuar pueden coexistir claramente en el transcurso de una sesión o en el transcurso de la terapia.

En general, la psicoterapia con niños que sufren un trastorno de apego desorganizado, controlador o desapegado, resulta ser una tarea ardua y lenta para el o la terapeuta y los otros profesionales en torno al caso, y se requerirán grandes dosis de cariño, compromiso y paciencia para hacer un trabajo lo más eficaz y coherente posible. Este esfuerzo se duplica cuando se trata de niños mayores o adolescentes. Respecto a esto, Barudy (2002) afirma lo siguiente: «Cuando se trata de preadolescentes y adolescentes, ello representa un gran desafío para los educadores y terapeutas que intentan ayudarles. De hecho, este tipo de apego dificulta mucho la construcción de un lazo de confianza mínima por parte de los adolescentes con respecto a los adultos. Además, los comportamientos agresivos, disruptivos y provocadores de éstos agotan las fuerzas personales de los profesionales y los recursos de los equipos». Esto explica que, a pesar del tiempo que transcurre en un trabajo conjunto entre adolescentes y terapeutas, puede que estos últimos experimenten la sensación de un vacío de vínculo en la relación terapéutica. Por ello, la constancia de los terapeutas es fundamental y necesaria para que los adolescentes perseveren en mejorar sus relaciones y su modo de vivir.

Aunque el objetivo de este artículo no es ofrecer técnicas o intervenciones para tratar los trastornos de apego, sino más bien comprenderlos y reconocer su tipología, no podemos dejar de resaltar aquí la gran importancia que tiene ofrecer al niño con estilo de apego desorganizado una vinculación afectiva y estructurante donde exista un compromiso genuino con él. Esta vinculación debe ser ofrecida en el marco de un proceso de psicoterapia rigurosamente estructurado. Por ejemplo, se debe respetar escrupulosamente la hora de comenzar y terminar las sesiones, la sala de terapia y sus diferentes componentes, así como el contenido de cada sesión, que también ha de ser preparado con anterioridad. El respeto de los límites y las reglas son elementos fundamentales en la terapia de estos niños y adolescentes. El carácter previsible de la sala, del trabajo a desarrollar y de su duración, así como la actitud directiva del terapeuta, brindarán al niño víctima de malos tratos un sentido de seguridad y de control que minimice su sentido de vulnerabilidad frente a un adulto a solas (visto por el niño como potencialmente peligroso). A fin de ayudar a contrarrestar el carácter imprevisible y desorganizado del mundo interpersonal del niño o adolescente, estos elementos se convierten en condición indispensable de la psicoterapia. Esto, dentro de un marco de trabajo coordinado en equipo con los otros profesionales y referentes, ya sean educadores o padres acogedores, que estén en contacto con el chico o la chica.

En relación con el contenido narrativo verbal y no verbal nos referimos aquí a las actividades y tareas realizadas por el niño en la terapia, a todo aquello que nos aporta mediante sus comportamientos, sus discursos y sus metáforas. Si bien encontraremos también aquí una amplia variedad de respuestas, éstas tienen, en su mayoría, denominadores comunes. Por ejemplo: sus historias son generalmente pobres, caóticas o catastróficas, sin orden secuencial, lógica o un fin a seguir, lo mismo que sus expresiones gráficas, sus dibujos o sus creaciones artísticas, tanto en el procedimiento como en el contenido. Muchos de sus dibujos, por ejemplo, no pasan desapercibidos por su apariencia grotesca; o más bien lo hacen por el contenido de violencia que se expresa. Frente a las situaciones difíciles o a los problemas representados por ellos mismos o planteados por el o la terapeuta, los niños acaban con soluciones inadecuadas o violentas, catastróficas o sin solución. También es común observar juegos repetitivos, estereotipados, desorganizados, sin fin ni lógica que los conduzca.

Veamos el ejemplo de Jimy, a quien hemos hecho referencia al describir el trastorno de apego desorganizado de tipo agresivo. Jimy está convencido de que es malo, se comporta como malo y ha convencido a sus pares y a algunos adultos que lo es. Jimy hace de la caja de arena su herramienta de trabajo por elección. Desde su inicio en la terapia trabaja varias semanas montando escenas con personas, personajes como Superman, monstruos, brujas, animales salvajes y objetos bélicos. Estas figuras, a pesar de lo que representan, se ubican en la caja sin ningún orden y sin otro fin que no sea el destruirse o matarse. Son escenas absolutamente caóticas; ni siquiera se podrían distinguir personajes buenos y malos, porque todos están envueltos en esa lucha destructiva. Después de varias semanas, a medida que transcurren las sesiones, Jimy pasa del caos a escenarios algo más organizados, elige personajes que desempeñan roles o tareas y comienza a diferenciar dentro de este mundo actos buenos de actos malos. Personas buenas, que rescatan y salvan, o personas que hacen daño. En sus escenas, las personas malas son severamente castigadas. Dice, por ejemplo: «Te irás mil años a la cárcel sin comida, sin agua, sin nada».

Es interesante observar cómo los niños como Jimy nos ayudan con «sus trabajos», y no por las palabras, a conocerlos y a percibirlos como niños profundamente heridos, cuya percepción de sí mismos resulta de la vivencia crónica de experiencias de vida sumamente violentas y caóticas. También puede ocurrir que las historias proyectivas o las representaciones a través del juego u otras herramientas terapéuticas como los cómics, los títeres, los dibujos, etcétera, representen historias idealizadas donde todo parece maravilloso, con la exclusión del dolor y de los sentimientos negativos vivenciados, tal como lo hacen los niños con estilo de apego evitativo. Además, tampoco es extraño encontrarnos con historias o juegos con personajes sobrenaturales, seres o monstruos omnipotentes, animales o personajes inexistentes con los poderes para destruir, cambiar o salvar. En estos casos, la amenaza de ser destruidos o quedarse solos ha sido tan impensable y sobrenatural que para contrarrestarla estos niños crean en su imaginario personajes humanos con grandes poderes para protegerles y cuidarles.

Como ya dijimos al comienzo, en nuestro programa de psicoterapia la gran mayoría de los niños presentan alguno de estos trastornos de apego. Constatamos que si bien es cierto que la cuota básica de sufrimiento en los niños y niñas se produce por malos tratos intrafamiliares, los malos tratos intra e interinstitucionales, muchas veces, agregan el resto. Sabemos que a pesar de los esfuerzos continuos de los profesionales para ofrecer recursos de calidad para estos niños, niñas y adolescentes, los sistemas de protección presentan carencias enormes. Dentro del espacio psicoterapéutico es importante tener esto en cuenta, particularmente cuando se trata de niños con estilos de apego desorganizado. La experiencia clínica nos demuestra que es imprescindible que nuestro trabajo, como psicoterapeutas de niños y adolescentes víctimas de malos tratos, se desarrolle paralelamente con un trabajo coordinado con la red de profesionales que garantice y promueva los buenos tratos en el contexto vital del niño.

Para terminar, nos parece importante recalcar que cuando los terapeutas trabajamos con niños víctimas de malos tratos debemos hacer un esfuerzo por comprender y dar un sentido a los comportamientos del niño, la niña o adolescente, dentro y fuera del espacio psicoterapéutico, a la luz de las aportaciones que tantos autores y autoras nos brindan sobre el apego. Sólo así podremos ofrecer una metodología coherente con el sufrimiento de los niños.

> *Es imprescindible ser constantes, coherentes y perseverantes cuando comenzamos a trabajar con un niño, o para decirlo de mejor forma, cuando comenzamos a vincularnos con él o con ella.*

9
Un modelo terapéutico basado en el buen trato y el apoyo a la resiliencia

Jorge Barudy y Maryorie Dantagnan

En estas últimas décadas, el mundo adulto ha advertido la necesidad de ofrecer protección y ayuda a los niños y niñas víctimas de malos tratos con modelos de intervención cuyos objetivos son mejorar su situación y brindar programas de atención para sus familias en un medio diferente de vida o en los centros de acogida.

En la medida en que los conocimientos surgen de una práctica de terreno, con experiencias en programas de atención a niños y familias, podemos afirmar que participamos en verdaderos «laboratorios» de investigación-acción sobre el maltrato y que nuestras intervenciones han sido útiles.

Cada día somos más consciente de que los sufrimientos de niños y jóvenes tienen relación con los malos tratos en los contextos familiares, sociales y culturales donde viven, sumado al dolor y a los traumas por las intervenciones tardías de profesionales e instituciones incompetentes cuya labor era educarles, cuidarles, sanarles y protegerles y que, sin embargo, no lo han hecho de manera coherente.

Los malos tratos infantiles son una producción social, comportamientos de seres adultos basados en ideologías que preconizan la violencia y favorecidos por contextos de estrés ambiental. En este sentido, los padres y los profesionales que trabajan en ámbitos que se ocupan de la infancia nunca deben olvidar que el sufrimiento infantil es, en buena medida, consecuencia de las incompetencias de los adultos para satisfacer las necesidades de los niños y niñas y garantizarles sus derechos.

Los responsables principales son los padres, pero también una sociedad en la que los adultos no han sido capaces de asegurar el bienestar y el buen trato infantil.

Los PROFESIONALES DE LA INFANCIA COMO PROMOTORES DE BUENOS TRATOS Y DE RESILIENCIA

Nuestras experiencias nos permiten afirmar que las relaciones son «terapéuticas» cuando los profesionales se asocian con los recursos naturales y con las competencias de las personas para resolver los problemas, solucionar los conflictos y hacer frente al daño causado por las agresiones. Por esta razón, consideramos «terapeuta», en un sentido amplio, a cualquier profesional de la salud, la educación o la justicia comprometido en mejorar las condiciones de vida de sus semejantes.

El buen trato debe ser el pilar en cualquier actuación terapéutica, y el apoyo de la resiliencia, su objetivo fundamental. Para lograrlo, es necesario poseer o haber desarrollado diferentes capacidades:

1) *Capacidad de vincularse como personas.* Esta capacidad implica ser capaces de ofrecer a los niños y a sus padres un ambiente emocional afectuoso, de respeto, que les acepte como personas. Para implicarnos en dinámicas de ayuda, los profesionales debemos movilizar los recursos para vincularnos emocionalmente con las personas y transmitirles que son importantes para nosotros. Se trata de construir relaciones de confianza y de seguridad para expresar nuestro desacuerdo con las prácticas parentales violentas y abusivas. Eso sí: el desacuerdo debe estar acompañado por nuestra confianza en el otro y en sus posibilidades de cambio, como señas de respeto. Lo dicho vale también cuando los niños manifiestan sus sufrimientos mediante comportamientos violentos con otros o consigo mismos. El compromiso con las personas nos lleva a involucrarnos en la protección de niños y niñas y en la reparación terapéutica de sus heridas; también en la ayuda a madres y padres para el desarrollo de sus competencias parentales. De este modo, se reconstruyen tejidos familiares más nutritivos y seguros para todos.

2) *Capacidad de facilitar conversaciones.* Ayudar a las personas significa también facilitar espacios de diálogo que determinen el origen del

sufrimiento. Además, se ha de encontrar la manera de dar un sentido al hecho de los malos tratos en una familia que respete la dignidad de los implicados. Éste es uno de los ejes fundamentales de la promoción de la resiliencia humana.

Un lenguaje respetuoso, que evite el uso de cualquier término que signifique un estigma para los padres o que victimice a los niños, es importante en el desarrollo de esta labor. Es necesario hacer esfuerzos para referirse a los padres y a las madres que dañan a sus hijos como «personas con prácticas negligentes, abusivas o maltratadoras» y no como «padres maltratadores o abusadores».

Facilitar la resiliencia también es acompañar a los protagonistas de estos dramas en la recuperación de sus memorias. Por ejemplo, todo niño o niña víctima de malos tratos tiene el derecho de acceder a un relato de su historia y de la historia de sus padres y de su familia. Muchas partes de esta historia podemos verlas en los múltiples informes que los profesionales han escrito sobre la situación. Cuando los niños acceden a estas informaciones, pueden comprender lo que les ha pasado y el por qué de las medidas tomadas para protegerles. Si los adultos los acompañan en estos procesos, pueden exteriorizar las causas de sus sufrimientos y tomar conciencia de que ellos no son culpables de lo que les ha ocurrido, de que las causas son exógenas. Así se abren alternativas para trabajar y superar los trastornos provocados por el daño de sus padres y de otros adultos. Gracias a este tipo de conversaciones, las víctimas son sujetos de sus procesos de recuperación.

La práctica también nos ha permitido constatar que para los niños es importante comprender los factores y las circunstancias que impidieron que sus madres y sus padres aprendieran a cuidarles, a protegerles y educarles. Ser conscientes de que sus progenitores lo hicieron por falta de competencias, les permite dar un nuevo sentido a lo ocurrido, a la vez que facilita los procesos de duelo, necesarios en la reconstrucción de un proyecto de vida en un centro o en una familia de acogida.

3) *Capacidad de trabajar en red para proporcionar apoyo a todos los implicados.* Si bien cada situación de malos tratos implica el fracaso de varias personas, la superación del daño en los niños y niñas y el cambio de las dinámicas de maltrato y abusos necesita del compromiso, la generosidad y la valentía de muchas más. Las prácticas de redes

son el instrumento elegido para afrontar las distintas tareas que implica la protección: la reparación del daño en los niños y el desarrollo de programas que ayuden a los padres y permitan, dentro de lo posible, una mejoría de sus competencias.

4) *Capacidad de elegir el espacio relacional adecuado para intervenir.* Para que una intervención terapéutica sea eficaz, es importante que el sujeto elegido sea el adecuado. En las situaciones de malos tratos, la elección del sistema social más idóneo para actuar es fundamental.

a) Trabajar con la familia como sistema:

Cuando trabajamos con la familia, optamos por mejorar el «cuerpo familiar» porque pensamos que de este modo mejorarán las personas, tanto en el sentido de reparar las heridas de las víctimas como en el de rehabilitar las conductas de los responsables de los malos tratos. Esta opción sólo nos parece válida cuando los padres, con sus recursos y capacidades personales, pueden aceptar su responsabilidad en el sufrimiento y daño a sus hijos. En esta labor la familia colabora activamente con los profesionales que le ofrecen ayuda, y presentando indicadores de cambio mientras avanza el proceso terapéutico. Los niños y niñas beneficiados con esta clase de intervenciones terapéuticas y familiares son los hijos e hijas de padres o madres con diferentes grados de incompetencias transitorias, donde los factores de estrés, presentes en el entorno, juegan un papel esencial.

b) Trabajar con las personas que componen la familia:

Existe la opción de ofrecer un espacio diferenciado a cada uno de los miembros de la familia, siempre y cuando su importancia sirva de contexto. El objetivo de este enfoque que denominamos «individual sistémico» es ofrecer un espacio propio a los protagonistas del drama para que reciban en su lugar los cuidados que necesitan. La opción también está destinada a preservar y proteger a los niños y niñas de las estrategias de manipulación de los padres responsables de los malos tratos. Brinda además la posibilidad de establecer una alianza con la madre, quien en ocasiones también es víctima de la violencia y del acoso de su cónyuge. Dicho modelo de intervención es aplicable en casos donde los padres presenten indicadores de una incompetencia parental crónica, severa e irreversible: no tienen los recursos para colaborar realmente con los profesionales porque no reconocen los malos tratos ni su responsabilidad en el origen del daño y el sufrimiento de sus hijos. Generalmente este tipo de casos se presenta en familias con padres que en su infancia sufrieron malos tratos y abusos, sin haber recibido la protección necesaria ni el reconocimiento de sus sufrimientos como víctimas.

Por esta razón el objetivo de nuestro modelo es restituir un ambiente de buenos tratos para los niños que les proporcione los recursos necesarios para reparar el daño por los malos tratos y les ofrezca nuevas relaciones familiares, integrando así modelos más competentes y sanos de parentalidad.

Sea cual sea la opción elegida en el momento de actuar, jamás debe olvidarse que lo que organiza la intervención en el caso de los malos tratos infantiles es la protección de los niños y niñas y de la mujer cuando hay violencia conyugal. Saber influir en las personas que maltratan para que aprendan a convivir sin violencia ni abuso es la etapa siguiente a la primera.

> *El foco de la intervención no es conservar la familia en tanto institución, sino restablecer una dinámica de respeto y de protección de todas las personas y, fundamentalmente, de las más vulnerables. Lo único urgente es detener el abuso y proteger a las víctimas.*

La finalidad principal de todos los terapeutas debe ser su compromiso ético y político con los semejantes. Ético, porque su acción debe proteger los derechos de las personas y el respeto de la vida. Político, porque reconoce que la violencia y los malos tratos son una manifestación del abuso de poder y que, por lo tanto, la alianza social fundamental debe dedicarse a la protección y reparación del daño a las víctimas.

La erradicación de las prácticas maltratantes para restaurar dinámicas de buenos tratos es una forma de prevenir la repetición de los circuitos de violencia.

LOS TRES EJES DE LA INTERVENCIÓN TERAPÉUTICA PARA ASEGURAR EL BUEN TRATO DE LAS NIÑAS Y LOS NIÑOS

Nuestra experiencia clínica ha permitido que descubramos modos de intervención operativos. Esto quiere decir que con nuestra investigación clínica y teórica hemos determinado, dentro de las múltiples posibilidades de intervenir, qué actuaciones nos permiten asegurar respuestas concretas a los problemas. Pensamos que para ofrecer un ambiente de buenos tratos a niños y niñas maltratados sólo hay tres niveles operativos fundamentales:

– La evaluación y rehabilitación de las incompetencias parentales responsables de los malos tratos.
– El cuidado y el autocuidado de los profesionales que trabajan en los programas de protección infantil.
– La evaluación y tratamiento del daño de los niños víctimas de malos tratos.

1. La evaluación y rehabilitación de las incompetencias parentales

Cuando afirmamos que uno de los ejes de nuestras acciones que asegure el buen trato infantil es el de las competencias parentales, estamos refiriéndonos a la necesidad de evaluar las prácticas parentales incompetentes e intervenir si es necesario. En otras palabras, intervenir para que los padres mejoren las prácticas sociales de su rol y respeten siempre la importancia simbólica de la filiación biológica. En función de los intereses, los derechos y las necesidades de los niños y de las niñas, lo importante es saber si los progenitores disponen de los recursos mínimos necesarios para asegurarles una vida sana.

El desafío de la intervención es reconocer el valor simbólico de la parentalidad biológica, sin excluir a los niños de ella (Berger, M., 1992). La intervención terapéutica en los casos de padres que infligen malos tratos consistirá en aportar a los niños una parentalidad complementaria, y a sus padres, si son incompetentes, programas educativos y terapéuticos para el desarrollo de esta competencia. Si los procesos informan que no se desarrollará jamás, otros adultos deben ofrecer una parentalidad social compatible con sus derechos y necesidades, ya sea mediante un acogimiento residencial o familiar o una adopción. El objetivo es ofrecer a los niños y niñas condiciones de vida donde puedan recibir los cuidados, la protección y la educación que necesitan. Este modelo sólo puede funcionar si se regulan de una forma adecuada los contactos y las visitas de sus padres biológicos.

Para aceptar este modelo los profesionales deben asumir que las historias de vida y los factores contextuales no siempre permiten que un grupo de padres y madres desarrollen competencias para cuidar a sus hijos. Algunos, incluso, apenas tienen recursos para cuidarse ellos mismos como consecuencia de que fueron víctimas de malos tratos severos en su infancia sin haber recibido una protección adecuada: ingresaron en una institución donde no tuvieron posibilidades de conocer una vida familiar y, por ende, de conocer modelos donde identificarse como padres o madres competentes.

Afortunadamente esta situación ha ido evolucionando. En muchos programas se considera la necesidad de que los niños y las niñas protegidos tengan la posibilidad de vivir experiencias familiares. Los programas de acogimiento familiar han demostrado su utilidad en este sentido; los centros con una dimensión y un funcionamiento que permiten una experiencia de vida en familia, también. Asimismo, existen centros de acogida con programas de apadrinamiento familiar o familias de apoyo, gente solidaria que ofrece a los niños o niñas residentes la posibilidad de compartir experiencias o pasar fines de semana o períodos de vacaciones juntos.*

2. El cuidado y el autocuidado de los profesionales que trabajan en los programas de protección infantil

Los programas de protección infantil dependen en gran medida del compromiso de los profesionales, y éstos, a su vez, de la capacidad de las instituciones para desarrollar programas que ofrezcan los cuidados necesarios para protegerlos del «síndrome del queme» o del agotamiento profesional. La prevención de este «queme profesional» debe ser la finalidad de cualquier programa de apoyo a la infancia.

---

* El avance de nuestras investigaciones nos ha permitido establecer un conjunto de criterios técnicos que ha dado origen a lo que hemos denominado «Guía de valoración de competencias parentales» (Barudy, J. y Dantagnan, M., 1999). Su objetivo es ayudar a los y las profesionales a fundamentar sus medidas e intervenciones terapéuticas a partir de criterios clínicos. A través de esta guía, se puede recoger información para decidir cuál es la intervención más adecuada con los padres, ya sea para complementar, rehabilitar o sustituir la parentalidad social.

El compromiso del profesional con los niños debe comprenderse como una implicación emocional en el sentido de la «emocionalidad del amor» (Maturana, H., 1990). La fuente de este compromiso es la vinculación afectiva y solidaria que ofrece a los niños y niñas que se benefician de la ayuda. Para lograrlo, es fundamental que los profesionales sean respetados en sus centros de trabajo, que sus necesidades y dificultades sean reconocidas y que sus logros sean celebrados.

En muchas instituciones, los directivos aún no son conscientes de que el «queme de un profesional o de un equipo» implica una pérdida inaceptable de recursos, tanto en el aspecto económico –por el alto costo que significa perder un profesional formado y con experiencia– como en el humano: la pérdida de una persona significativa para muchos niños que necesitan, para reparar el daño de sus malos tratos, no sólo cuidados y protección, sino, sobre todo, una continuidad en sus vínculos afectivos. En este sentido, toda institución que no sea capaz de cuidar a sus profesionales y promover programas de autocuidado puede provocar un doble daño: a los profesionales y a los niños que reciben sus cuidados.

Resulta útil señalar que la noción de «autocuidado» debe ser considerada en una doble perspectiva: una referida a la necesidad de que las instituciones cuiden la salud de sus profesionales y otra, a la capacidad de los profesionales para «autocuidarse».

En esta última perspectiva, la noción de autocuidado corresponde al concepto de «justicia relacional» que Boszormengy-Nagy (1994) aplicó a los procesos familiares. Con este concepto el autor se refiere al hecho de que, en una familia, cada miembro aporta cuidados y protección a los otros de acuerdo con sus posibilidades y habilidades a cambio de cuidados y protección. El mismo proceso puede aplicarse en otros dominios, como los equipos de trabajo, donde cada miembro puede ser una fuente de apoyo para el grupo y también recibir un apoyo recíproco y equivalente.

Programas de autocuidado de los profesionales

En la actualidad, los programas de autocuidado son llevados a la práctica por los mismos profesionales a partir de la toma de conciencia de la necesidad de cuidarse. Afortunadamente, las administraciones responsables de la protección infantil están sensibilizándose poco a poco con la necesidad de cuidar y proteger a sus profesionales. Trabajar en redes sociales es uno de los mejores antídotos para prevenir el «queme profesional». Por redes sociales nos referimos a las agrupaciones de profesionales vinculadas por el afecto y la amistad, cohesionadas por el hecho de compartir una postura ética y política de defensa de los derechos humanos y, en particular, la defensa de los niños. Estas redes son una manifestación de la capacidad de organizarse de los miembros de la sociedad civil para contribuir, en este caso, al bienestar infantil mediante acciones que promuevan los buenos tratos. Participar en redes permite el intercambio de información y de recursos, así como una acción colectiva y coordinada y el apoyo social entre sus miembros. Esta dinámica protege del aislamiento y de la impotencia y es un factor decisivo en la prevención del agotamiento profesional.

Por su carácter interdisciplinario e interprofesional, con el trabajo en redes se aprovecha la riqueza de la diversidad al proponer soluciones a problemas tan diversos y variados dentro de la violencia familiar. Para que las redes de profesionales garanticen el cuidado y la protección de sus miembros es necesario que cumplan con tres requisitos: la coherencia interna, la plasticidad estructural y la capacidad de asociación.

1. *La coherencia interna.* Se trata de mantener la cohesión de la red mediante una coherencia en el desarrollo de las acciones destinadas a cumplir con un fin determinado. Por ejemplo, una red que se ocupa de la protección infantil deberá ser coherente en la definición y explicación de los fenómenos que provocan los diferentes tipos de malos tratos y en las acciones destinadas a prevenirlo y a tratar sus consecuencias. Cuando la coherencia no se produce, existe el riesgo de que las soluciones propuestas agraven la situación de los niños. Por ello, para lograr y mantener esta coherencia, una red de profesionales debe definir, a través de consensos, a qué personas se quiere ayudar, qué problemas deben resolverse y qué modelos explicativos se seguirán para elaborar un plan de acción que considere el papel, la función y el mandato de los profesionales implicados.

2. *La plasticidad estructural.* Este requisito se relaciona con la capacidad de creatividad de un sistema, es decir, con la posibilidad de encontrar la respuesta adecuada a los problemas que se presentan en el desafío de existir. En el caso de las redes, se refiere a una plasticidad

creativa que les permita funcionar y realizar el trabajo pese a la complejidad y a la heterogeneidad de las situaciones de maltrato en las familias donde se produce. Esta capacidad permite que sus miembros hagan frente a las múltiples paradojas derivadas de la escasez de recursos para la infancia.

La creatividad de una red puede expresarse en su capacidad para desarrollar estrategias en las situaciones en que interviene. Esta creatividad, ligada a la plasticidad estructural, permite utilizar de mejor manera los recursos humanos y cumplir los objetivos. De este modo, con la disminución de los sentimientos de fatiga e impotencia, se previene el queme profesional.

3. *Capacidad de asociación.* Las redes de profesionales son la expresión de una capacidad natural, humana, de asociarse para producir dinámicas sociales que beneficien al conjunto, aunque plantea el desafío de coordinar las diferencias individuales del grupo. Para ello es útil designar un organismo que coordine los intercambios de saber, las competencias y recursos y que, al mismo tiempo, evalúe las diferentes etapas para alcanzar los objetivos. La posibilidad de un consenso tanto sobre la causa y las consecuencias de los malos tratos infantiles como sobre un modelo de intervención asegura la continuidad del trabajo en común.

3. La evaluación y el tratamiento del daño en los niños y niñas provocado por los malos tratos

Como ya planteábamos, el carácter extremadamente mórbido de los malos tratos no sólo se explica por su contenido e intensidad. Éstos son, además, el resultado de las acciones de personas significativas para los niños. No se trata de adultos en general, sino de los propios padres; es decir, son maltratados por personas que deberían cuidarles, protegerles y educarles. Los malos tratos tienen consecuencias concretas para los niños, no siempre visibles e imaginables pero siempre presentes.

De esta situación se deriva la complejidad del daño como consecuencia de los malos tratos en los niños y las niñas y justifica la necesidad de ofrecerles un apoyo educativo y psicoterapéutico singular y especializado, que se inserte en la práctica de los buenos tratos.

> *Como profesionales de la salud, nuestra finalidad última es la co-construcción de modelos de relaciones interpersonales, familiares, profesionales y sociales que sean altruistas, de cuidados y de buen trato. Estas relaciones constituyen la base de moléculas sociales cuya cohesión se basa en la vinculación amorosa, en la reflexión permanente, en una ética del riesgo y en una práctica de la defensa de los derechos humanos y del respeto a la naturaleza.*

El tratamiento especializado a que todo niño o niña tiene derecho tiene tres finalidades:

– Contribuir a la reparación del daño traumático (físico, psicológico y social) provocado por los diferentes malos tratos, y en sus consecuencias posibles en los procesos de aprendizaje y desarrollo.
– Prevenir y contrarrestar el daño iatrogénico de las intervenciones tardías o inadecuadas, tanto en el ámbito administrativo como en el judicial.
– Facilitar y potenciar las capacidades de resiliencia de los niños.

La reparación del daño en los niños y las niñas

Los diferentes tipos de malos tratos que los niños sufren no son simples accidentes ni hechos aislados de su vida; por el contrario, constituyen un cúmulo de sufrimientos que determina en gran parte su personalidad, su forma de ser y de relacionarse con los demás. Por esa razón consideramos a los niños y niñas maltratados víctimas de «procesos» traumáticos y no de «eventos» traumáticos.

Es importante recordar que muchos niños y niñas viven situaciones de malos tratos antes de que sean detectadas y se les brinde protección. Cuando no reciben una ayuda precoz y eficaz, algunos niños pueden desarrollar mecanismos de adaptación para sobrevivir en contextos adversos.

Muchas veces estos mecanismos se expresan mediante síntomas que un observador podría calificar de trastornos del comportamiento pero que, en realidad, son la manifestación del daño provocado y las conductas que les han permitido sobrevivir. Si no se les aporta el apoyo y la ayuda terapéutica necesaria, pueden perder toda capacidad para vivir y convivir de forma sana y constructiva en el futuro.

Los mecanismos que son capaces de desarrollar para protegerse del sufrimiento se traducen en conductas agresivas o lesivas, comportamientos disruptivos, trastornos disociativos, dificultades de aprendizaje, precocidad o promiscuidad sexual, etcétera. Sin protección ni terapia reparadora, se puede correr el riesgo de que el día de mañana sean destructivos consigo mismos o maltraten a sus parejas y a sus hijos.

El daño producido por los malos tratos produce importantes trastornos del apego y diferentes traumas, además de trastornos y retrasos importantes en el desarrollo. Como ya hemos señalado, los hijos, por su dependencia biológica y social de sus padres en particular y de los adultos en general, creen que los malos tratos son legítimos, puesto que los adultos los provocan y los justifican con buenas «razones». Así, los golpes y las palizas se presentan como un medio eficaz para asegurar una «buena educación». En otros casos, los abusos sexuales se presentan como formas de cariño necesarias para iniciar a las niñas en la sexualidad. En casos más perversos, hay adultos abusadores que acusan a sus víctimas de haberlos provocado.

El adulto que quiere ayudar realmente a un niño víctima de malos tratos debe perseverar en la relación hasta lograr un vínculo de confianza donde el niño sienta que se interesan por él como persona singular y que, a pesar de sus problemas y comportamientos, se le quiere y se confía en sus recursos y capacidades.

Hay que tener presente que para ayudar a los niños se requiere un gran esfuerzo para adaptarse a los modos de comunicación infantiles. No se puede esperar ni pedir a los niños que hablen de sus experiencias, de sus vivencias, emociones o sentimientos como lo harían los adultos. Los mecanismos que se ponen en juego para enfrentar el sufrimiento y el dolor, así como la dinámica relacional inducida por los adultos, conducen a que los niños no puedan, o no quieran, hablar de sus experiencias. Como ya hemos indicado, los adultos maltratan en un marco de comunicación que impide a los niños y niñas reconocerse como víctimas utilizando las mentiras, las amenazas de abandono, la imposición de secretos, la negación y el chantaje afectivo.

Los programas terapéuticos especializados

A partir de lo señalado, es indispensable y urgente incorporar programas terapéuticos especializados para contribuir a la reparación del daño y del sufrimiento traumático de los niños y niñas. Con ellos, además, se puede prevenir una serie de problemas en la adolescencia que provocan alarma social. Nos referimos, por ejemplo, a los comportamientos violentos, la deserción escolar, el uso de drogas, los comportamientos delictivos o las agresiones sexuales juveniles.

Por otro lado, nuestra experiencia y la investigación clínica demuestran la relación evidente entre las experiencias de malos tratos y la incapacidad de las víctimas, una vez adultos, para ejercer, de una forma suficientemente adecuada, las funciones conyugales y parentales. Por lo tanto, cuando los niños y niñas no son ayudados en la reparación del daño provocado por sus propios padres, existe un riesgo considerable de que no desarrollen las competencias parentales mínimas suficientes para asumir los cuidados y la protección de quienes serán sus hijos.

Numerosas niñas, por ejemplo, que han sido maltratadas en sus familias, detectadas tardíamente y ayudadas ineficazmente por las instituciones de protección, al quedar embarazadas, no tienen las competencias parentales para ocuparse de sus propios hijos. Esto obliga a nuevas intervenciones para proteger a la nueva criatura. Si no son las adecuadas, puede producirse una dramática repetición de los malos tratos, cuyas causas se encuentran no sólo en el daño provocado en las familias, sino también en el daño iatrogénico de modelos de protección inadecuados e insuficientes.

El acompañamiento terapéutico para contrarrestar los efectos iatrogénicos de las intervenciones de protección

Cualquier intervención destinada a ayudar a un niño o niña víctima de la violencia de los adultos en su familia puede provocarle dolor. Ello es casi inevitable en la medida en que interviene una parte importante de su mundo, de «su cuerpo familiar». Las acciones de protección pueden compararse, metafóricamente, con las intervenciones quirúrgicas que un niño o una niña pueden sufrir como consecuencia de una enfermedad o un accidente. Que las operaciones sean dolorosas no significa que sean traumáticas, y si lo son es porque algún factor iatrogénico, como la falta de un acompañamiento psicológico y social adecuado, complica la elaboración del sufrimiento provocado por la intervención.

Desgraciadamente, como ya exponíamos en el capítulo 7, son muchos los efectos dañinos que los niños y las niñas pueden sufrir por intervenciones de protección infantil intempestivas e incoherentes que transforman el sufrimiento en un trauma. En el caso de los malos tratos intrafamiliares, las víctimas infantiles no se dan cuenta de las incoherencias de las acciones porque éstas se presentan como ayudas. Se corre el riesgo de que sean inundados otra vez por una vivencia traumática que se sume a lo vivido en la familia. Por lo tanto, uno de los objetivos de los programas terapéuticos es ayudar a que los niños sean protagonistas participativos y reflexivos de las intervenciones para que siempre puedan transformar las vivencias traumáticas en experiencias elaborables. Para lograrlo, hay que ayudarles a tomar conciencia de las dinámicas abusivas intrafamiliares que les han dañado, así como de las incoherencias de los sistemas de protección y judiciales cuya responsabilidad es ayudarles.

En relación con los efectos iatrogénicos de las intervenciones de los profesionales, nos detendremos en el análisis de tres situaciones: a) la detección tardía, b) la inadecuación y prolongación innecesaria de los procesos diagnósticos y c) la falta de acompañamiento de los niños en las medidas de internamiento.

a) *La detección tardía.* Es evidente que las políticas de protección infantil han mejorado la sensibilidad del mundo adulto hacia los niños víctimas de malos tratos. El fenómeno dramático se transformó en un problema social visible y, por ende, con posibilidades de ser transformado. Esta sensibilización ha permitido, sin duda alguna, una detección mayor y más precoz de los malos tratos, pero aún falta mucho por hacer y mejorar.

b) *La inadecuación de los procesos diagnósticos.* Es importante reconocer que una parte de las dificultades de la validación o diagnóstico del maltrato infantil es consecuencia de las características singulares de las dinámicas familiares y sociales en que se produce. Pero además se suma el hecho de que a menudo los profesionales no cuentan con la formación adecuada ni con la posibilidad de una supervisión continua ni mucho menos con un acompañamiento que les permita evaluar el impacto de sus intervenciones. De este modo, son numerosas las situaciones en que los diagnósticos son vagos o insuficientes. El diagnóstico requiere de competencias profesionales porque la mayoría de los casos de malos tratos no pueden objetivarse a través de signos exteriores. Los niños y las niñas, por el tipo de relación impuesta por sus padres, no están en condiciones de revelar lo que les ocurre realmente en el seno familiar. Además, con frecuencia los demás miembros de la familia prefieren guardar silencio o negar la existencia de la violencia.

En este contexto de dificultades, los profesionales deben contar en el ejercicio de sus funciones con la formación que mejore sus competencias. Además, deben ser nutridos continuamente con los resultados de las investigaciones. Sus diagnósticos deben permitir la toma de una decisión en lo que se refiere a la medida de protección más adecuada y también a la propuesta de un proyecto terapéutico que incluya acciones destinadas a reparar el daño en las víctimas y recuperar el desarrollo de las competencias parentales. Las carencias actuales a este respecto traen como consecuencia numerosos casos de niños que permanecen largo tiempo sin atención mientras los profesionales buscan la seguridad en sus diagnósticos. No olvidemos que la «noción de tiempo» para un niño no es la misma que para un adulto. Un bebé en un contexto de malos tratos y de negligencia puede ser dañado de forma irreversible en muy poco tiempo.

c) *La falta de acompañamiento de los niños.* Resulta imprescindible que cuando se tome una medida de protección que implique la separación de la niña o del niño de su familia, se les acompañe en el momento de ingresar en un centro o de pasar a una familia de acogida. Es vital ofrecerles un espacio de conversación que les ayude a dar un sentido constructivo a la medida.

Asimismo, nos interesa señalar que los niños tienen el derecho de saber que cuando una medida de protección llega demasiado tarde o es inadecuada el motivo es una disfunción del sistema social. El reconocimiento de la injusticia es uno de los factores de resiliencia más importantes para cualquier persona, pero especialmente para los niños y las niñas.

Hay que prevenir aquellos casos en que un niño o una niña ingresan en un centro o familia de acogida pensando que son culpables de los problemas de su familia o, lo que es más grave, culpables del sufrimiento de sus padres. Cuando esto ocurre, los mecanismos de culpabilidad utilizados por los padres se refuerzan. También los procesos de estigmatización social. Éste puede ser el caso de los trastornos conductuales de un niño o una niña en la escuela, donde las consecuencias de los malos tratos pueden convertirlos rápidamente en los perturbadores de la clase.

Los procesos educativos y terapéuticos como forma de facilitar y potenciar las capacidades de resiliencia en los niños

Si bien el concepto de resiliencia es relativamente nuevo, estaba implícito desde el comienzo de nuestro trabajo con víctimas de violencia en la medida en que siempre hemos centrado las intervenciones terapéuticas en el apoyo de los recursos naturales o de las competencias de las personas para enfrentarse a los problemas, conflictos o dificultades de su vida (Barudy, J., 1971, 1972, 1978). Como se explicaba anteriormente, la noción de resiliencia se refiere a la capacidad o recursos de un niño o una niña para desarrollarse normalmente a pesar de las condiciones difíciles en que ha vivido. Esta capacidad, lejos de ser una característica individual, es resultado, sobre todo, de los procesos relacionales en que el niño o la niña están inmersos desde su concepción, durante su vida intrauterina, en el nacimiento y posteriormente en su desarrollo como niños y luego como adolescentes.

El concepto de resiliencia permite comprender teóricamente los pilares de nuestro modelo terapéutico-educativo, con el que intentamos ayudar a niños y niñas víctimas de malos tratos (Vanistendael, S. y Lecomte, J., 2000; Manciaux, M., Vanistendael, S., Cyrulnik, B., 2003; Rutter, 1993; Cyrulnik, 2003; Bowlby, 1972).

Entre los factores que han podido identificarse como contribuyentes al desarrollo de la resiliencia infantil se encuentran:

1) *El apego seguro,* es decir, una vinculación sana entre los niños y las figuras de apego. Esta experiencia es una seguridad de base que permite al niño hacer frente a la adaptación en los diferentes cambios que implica el crecimiento. Aunque la experiencia de apego haya sido deficiente en la familia, es posible, hasta cierto punto, repararla con una relación de calidad y, de este modo, contribuir al desarrollo de capacidades resilientes. Por esta razón, uno de los ejes de nuestro modelo es la calidad de la relación terapéutica.

2) *La toma de conciencia de la realidad individual, familiar y social.* Cuanto más precozmente el niño o la niña sean ayudados a comprender su

condición de víctimas de malos tratos, más posibilidades tendrán de buscar, creativamente, alternativas constructivas para hacer frente al daño y optar por formas diferentes de relación en el futuro. De nuestras experiencias podemos afirmar que numerosos niños y niñas maltratados se dieron cuenta de su condición y que, a partir de esa experiencia, pudieron afirmar una opción de futuro como la siguiente: «Cuando sea grande, no haré nunca a mis hijos lo que mis padres me han hecho a mí». El darse cuenta de una situación injusta casi siempre se ve favorecido por la vinculación afectiva con personas significativas que ayuden al niño o a la niña a tomar conciencia de su situación. Estas personas son, al mismo tiempo, fuentes de diferentes formas de apoyo social.

El acompañamiento terapéutico tiene también como objetivo facilitar la emergencia de una narrativa que permita al niño y a la niña apropiarse de la verdad de su historia, por muy dolorosa que sea.

> «El horror de lo real siempre tiene un punto de esperanza. El horror de lo imaginario es total.»
> B. Cyrulnik

3) *El apoyo social.* Sentirse apoyado, comprendido y ayudado por otras personas, adultos y pares, es otro de los ingredientes de la resiliencia. Esta realidad explica nuestra insistencia en que los terapeutas que trabajan con niños y adolescentes colaboren con la red social y profesional en que están insertos el niño o la niña. Como terapeutas deberíamos facilitar dinámicas de red con los profesionales que se ocupan de ayudar a estos niños (educadores, padres de acogida, equipos técnicos de centros o programas de acogimiento familiar, equipos de atención a la infancia, profesores, etcétera.). El trabajo en red, uno de los ejes de nuestro programa terapéutico, debe ser la metodología elegida en lo que se refiere a la coordinación de los recursos terapéuticos ofrecidos a estos niños para evitar que sean rehenes de diferencias de modelos y de poder entre los profesionales que se ocupan de ellos.

Otra de las formas concretas de apoyo social a los niños y adolescentes que han sufrido malos tratos es, por ejemplo, organizar actividades terapéuticas de grupo como complemento del trabajo individual. En el grupo, los niños pueden participar en una dinámica social que les permita recibir y dar apoyo a aquellos de sus pares que hayan vivido dificultades semejantes. Además, las dinámicas de grupo son una posibilidad de nuevos aprendizajes para comunicar, actuar y reflexionar en relación con lo pasado y así «descontaminarse» de lo aprendido en los procesos abusivos y maltratadores.

LAS TERAPIAS GRUPALES EN NUESTRO PROGRAMA

Lo señalado anteriormente explica lo importante que es para nuestro programa la realización de talleres terapéuticos grupales. Las terapias grupales tienen tres objetivos fundamentales:

- Ser fuente de apoyo social.
- Permitir expresar y elaborar las experiencias traumáticas para aprender nuevas formas de relación sin victimizar a nadie ni victimizarse.
- Aprender nuevas habilidades sociales para reconocerse, expresar emociones, manejar sentimientos, verbalizar experiencias, desarrollar capacidades de empatía, aprender a respetar y respetarse y acceder a una percepción y a una manera sana de modular la agresividad y la sexualidad.

LA PSICOTERAPIA REPARATIVA PARA NIÑOS Y ADOLESCENTES VÍCTIMAS DE MALOS TRATOS

Una psicoterapia especializada en niños y niñas víctimas de malos tratos es relativamente nueva. Sólo en los últimos veinticinco años han venido desarrollándose diversas metodologías específicas para ofrecer a los niños y niñas que han sufrido politraumatismos por malos tratos, en cualquiera de sus formas, tratamientos psicoterapéuticos acordes con sus necesidades y características.

Las investigaciones clínicas, las experiencias de psicoterapeutas pioneros y los resultados de nuestra investigación y acción en este campo nos han conducido a sostener la idea de que todos los niños y niñas maltratados tienen derecho a un tratamiento reparador del daño infligido por sus padres o cuidadores, adaptado a la singularidad de cada niño o niña y especializado e integral, es decir, que considere todos los niveles de daño existentes (James, B., 1989; Gil, E., 1991; Pezzot-Pearce, 1997; Friedrich, W., 1990; Briere, J., 1992; Davis, N., 1982; Hughes, D., 1997; Berger, M., 1999; Sgroi, S., 1982 y O'Connor, J., 1997).

Denominamos a nuestro modelo «Terapia individual sistémica de los daños traumáticos basada en los recursos resilientes de niños y niñas víctimas de malos tratos».

A continuación, expondremos sintéticamente los aspectos más relevantes del modelo terapéutico que proponemos. En éste, el tratamiento del sufrimiento y los daños de niños y niñas víctimas de malos tratos posee tres niveles:

- Un tratamiento psicoterapéutico destinado a la reparación de los trastornos del apego, al tratamiento y la elaboración de los traumas infantiles múltiples y de los déficits y retrasos del desarrollo.
- Un tratamiento psicológico y farmacológico, destinado a aliviar y curar los contenidos ansiosos y depresivos de los trastornos de estrés postraumáticos agudos y de evolución crónica.
- Un acompañamiento «psico-socio-educativo», destinado al aprendizaje de nuevas formas de comportamiento mediante el desarrollo de un control emocional adecuado, de una mayor confianza en sí mismos y en los otros, y de un mejor control de la agresividad y la pulsión sexual.

Paralelamente, se les enseña a desarrollar destrezas sociales para establecer relaciones interpersonales constructivas y, por lo tanto, no violentas.

Este acompañamiento también implica facilitar conversaciones donde los niños comprendan el contenido y las causas de las dificultades de sus madres y padres para asegurar una función parental adecuada. Hay que considerar que, a veces, se debe abordar y apoyar la idea de la desvinculación afectiva de uno o de los dos padres biológicos para que se posibilite un proceso adecuado de apego con otros cuidadores que les aseguren su integridad.

Además, en este acompañamiento debe incluirse un programa de apoyo escolar con trabajos de estimulación y rehabilitación que contribuyan a la superación de los trastornos de aprendizaje. Por ejemplo, concienciar a los maestros y a otros profesionales de la necesidad de una atención escolar personalizada y adecuada a las necesidades y al nivel de desarrollo evolutivo en que se encuentran el niño o la niña. Y, por último, promover un conjunto de acciones destinadas a favorecer el desarrollo de la resiliencia infantil. Por ejemplo, promoviendo la participación de estos niños en actividades y grupos de la comunidad.

El trabajo en red

Uno de los ejes del programa psicoterapéutico es trabajar coordinadamente con la red de profesionales y con cada uno de los niños o niñas. Ésta ha sido nuestra experiencia y la de otros terapeutas que trabajaron con niños víctimas de violencia (Delaney, 1997; James, B., 1989; Gil, E., 1991), donde la eficacia de los tratamientos se apoya, precisamente, en un trabajo de equipo. Es esencial que estén presentes profesionales de distintos ámbitos: servicios de salud mental, servicios de protección a la infancia, centros de atención primaria, colegios, servicios sociales de protección... Sin embargo, siempre debe existir alguien que participe activa y presencialmente en el proceso terapéutico con el niño y que colabore directamente con el psicoterapeuta. Para el niño es el «referente o los referentes», un educador si está en un centro de acogida residencial, o padres de acogida si se trata de una familia. El equipo terapéutico se completa, además, con el psiquiatra que lleva el tratamiento psicofarmacológico del niño y el psicoterapeuta. La presencia y participación del referente en las sesiones terapéuticas es necesaria y fundamental para un trabajo terapéutico-educativo-reparativo coherente y consistente. Con el referente será posible coordinar las fuentes de apoyo social y evaluar en presencia del niño o de la niña los logros o las nuevas dificultades que se presenten.

Antes de enunciar los aspectos específicos de nuestra metodología es importante señalar que la psicoterapia reparativa para niños y adolescentes víctimas de malos tratos es un trabajo de reparación donde se asocian los recursos personales y técnicos de los psicoterapeutas con los recursos y capacidades naturales de los niños y niñas. Este trabajo debe insertarse en una ecología protectora, es decir, los niños y niñas deben estar protegidos por una medida de acogimiento residencial o familiar o por una intervención familiar en la que se asegure la integridad de los niños. Esto último sólo es posible cuando delante de todos los miembros de la familia se ha hecho explícita la presencia de los malos tratos. En otras palabras, que los padres hayan aceptado sus responsabilidades en el origen y den muestras de una verdadera colaboración con los profesionales. Además, es indispensable que un miembro de la familia sea designado como garante de la protección de los niños e interlocutor privilegiado del equipo terapéutico. Este interlocutor, además, es análogo a la figura del referente cuando se trata de niños y niñas acogidos. Iniciar un trabajo terapéutico sin la garantía de que el niño o la niña dejarán de ser víctimas de malos tratos no sirve de nada a los niños. Incluso es contraproducente. Enviar u ofrecer tratamiento psicoterapéutico sin asegurar protección puede tener graves consecuencias, pues las víctimas se sentirán causantes de los problemas familiares. Pero lo que es aún más grave, desarticula las defensas que les han permitido enfrentar la violencia y las carencias familiares. Con ello aumenta la confusión y la vulnerabilidad en el niño y se agravan los síntomas, además de ampliar el riesgo de la designación. A pesar de que existen suficientes argumentos técnicos para sostener lo contraproducente de estas medidas, se siguen realizando.

Estructura del tratamiento

El primer elemento que debe considerarse es la cantidad óptima de niños y niñas que participarán en un programa. Para asegurar la coherencia y la calidad del tratamiento, los programas deben estar dirigidos a un número determinado de niños y niñas según los recursos profesionales disponibles. El programa, además, debe asegurar todas las finalidades enunciadas y, por lo tanto, ofrecer una sesión semanal de trabajo para los niños hasta que sea indispensable.

En lo que se refiere a los recursos profesionales, el apoyo terapéutico deben ofrecerlo aquellos profesionales de la psicología o de la psiquiatría infantil que, en el ámbito personal, tengan una predisposición para hacer un trabajo terapéutico y aceptar la necesidad de un acompañamiento profesional (no psicológico, sino de su trabajo). La formación especializada y continua en modelos terapéuticos para reparar el daño de la victimización infantil es indispensable. Conscientes de la carencia de centros de formación, hemos formado a los terapeutas de nuestro programa, contando con dos psicólogos con formación adecuada y con el proyecto de ofrecer un programa de formación para otros profesionales.*

Un recurso indispensable y de gran importancia es el espacio de trabajo, es decir, la sala de terapia. Debe estar adaptada a la metodología específica de que se trate y sus elementos –por ejemplo, los juguetes, las marionetas, las figuras humanas o los materiales de trabajo para la caja de arena– deben responder a las necesidades evolutivas de los niños y al marco teórico en que se sustenta la metodología. Estos dos últimos aspectos determinan las herramientas terapéuticas que utilizaremos y el momento en que lo haremos. Por tanto, un requisito indispensable del proceso terapéutico es un espacio físico fijo cuya infraestructura no esté en función del terapeuta sino del niño. Por esta razón, el espacio no es el clásico despacho con un gran escritorio y un canasto de juguetes situado en un rincón de la sala.

La sala de terapia puede tener tres áreas básicas organizadas: área de juego, área de expresión artística (que deberá contar con materiales de arte adecuados para los niños) y el espacio para la caja de arena. Rodeada por estas tres áreas, en el centro de la sala, debe haber una mesa redonda (sin esquinas), que es el lugar de trabajo, conversación y encuentro entre el niño y el terapeuta, o entre el niño, el referente y el terapeuta.

Con respecto a la duración del tratamiento, en general, la terapia individual para niños y niñas víctimas de malos tratos graves dura cerca de un año y medio. Considerando los aportes de varios investigadores clínicos, hemos adoptado trabajar con un régimen de tratamiento secuencial o de puertas abiertas, es decir, que los niños, niñas y adolescentes puedan volver a contactar con el programa cuando lo requieran, aunque hayan terminado su terapia. Así, chicos que al cumplir los 18 años deben salir del sistema de protección pueden contactar con el programa para un apoyo terapéutico o farmacológico puntual aunque ya no cuenten con un referente.

La frecuencia de las sesiones dependerá básicamente de las características propias de cada niño o niña, de la evaluación del daño y de sus necesidades. En su mayoría, los niños acuden al programa una vez a la

---

* Formación que brinda el Instituto de Formación e Investigación-Acción sobre la violencia intrafamiliar y sus consecuencias, desarrollada en Barcelona desde el año 2000, a cargo de los autores de esta publicación.

semana. En nuestra práctica, utilizamos una frecuencia máxima de dos sesiones semanales y una mínima de dos mensuales. El seguimiento es mensual o bimensual, al comienzo, y luego bianual. Respecto al tratamiento farmacológico, el psiquiatra regula la frecuencia de las visitas según estime necesario.

Metodología y técnicas

Durante muchos años, los psicoterapeutas infantiles abordaron el daño provocado por los malos tratos a partir de modelos tradicionales de psicoterapia. Sin embargo, ninguno de ellos ha respondido eficazmente al tratamiento de estos niños. A partir de las investigaciones realizadas por diferentes autores (Hughes, D., 1997; Davis, N., 1996; Keck, G. y Kupecky, R., 2002; Donovan y McIntyre, 1990; Pezzot-Pearce, 1978) y de los resultados de nuestra experiencia clínica, proponemos una metodología que integra técnicas y herramientas terapéuticas procedentes de las distintas orientaciones vigentes.

El estudio de las consecuencias de los malos tratos en las diferentes áreas del desarrollo infantil, la diversidad de recursos con que cuentan los niños y niñas para comunicarse y su dificultad para expresar el sufrimiento mediante la palabra, nos han llevado entonces a proponer una metodología con un enfoque técnico de carácter ecléctico. En este sentido, las técnicas más utilizadas son las siguientes: terapia de juego directiva y no directiva, terapia con caja de arena (*sandplay therapy*), arteterapia,

> *Utilizar modelos terapéuticos a partir del sufrimiento de los niños y las niñas, así como de sus dificultades y de sus recursos, y no a partir de lo que los modelos teóricos clásicos nos dictan hacer, constituye un signo de profunda comprensión y empatía con el niño y la niña víctimas de malos tratos.*

terapia verbal y terapia narrativa. Esta última consiste en un trabajo de reconstrucción de la historia de las víctimas con el objetivo de encontrar un sentido a sus sufrimientos. Esto se logra con el relato de historias, la construcción de cuentos y poemas, o la elaboración de un diario de vida o diversas creaciones literarias. No debemos olvidar que lo que resulta más importante es la adaptación asertiva entre estas actividades en función del niño o de la niña y de sus características y situaciones únicas y particulares.

En nuestro programa, el espacio y las técnicas de trabajo con la caja de arena han resultado ser unas herramientas maravillosas de gran utilidad diagnóstica y terapéutica. Nuestro mérito consiste en haber adoptado y adaptado una técnica cuya predecesora fue la pediatra Margaret Lowenfeld, quien comenzó a trabajar con la técnica del *worldplay* en Inglaterra en 1929 (Labovitz, B.). Dicha técnica se enriqueció luego con las aportaciones de Dora Kalf, quien en 1950 le da el nombre de *sandplay*, y de Gisela de Doménico en la década de 1980. Actualmente, esta técnica se conoce en los países europeos y anglosajones como *sandplay therapy*.

Nunca hay que olvidar que los niños víctimas de malos tratos muestran al principio desconfianza y miedo a revelar sus heridas y sus sentimientos. Además, tienen una dificultad para verbalizar su mundo interno porque los contextos violentos, el dolor y el estrés han dañado el desarrollo de un lenguaje interno que dé sentido a sus experiencias. Los niños maltratados y abusados tienen menos posibilidades de pensar lo que les ocurre, de discriminar los afectos y las emociones, porque sobreviven en contextos extremos. Por lo tanto, contar o contarse lo que les acontece es difícil para ellos. Los terapeutas deben jugar aquí un rol activo que facilite el surgimiento de un discurso referido a emociones, afectos, sentimientos, eventos y comportamientos de los niños. Para lograrlo, deben conocer técnicas terapéuticas activas, como jugar o proponer ejercicios para la expresión emocional como las marionetas, las técnicas terapéuticas con la caja de arena, los dibujos o la plastilina para modelar. Además, deben estar familiarizados con técnicas que permitan escenificar cuentos e historias que permitan a los niños reflejar su mundo interior.

A medida que los niños progresan en el trabajo para superar sus problemas, el terapeuta debe ser capaz de reforzar y celebrar los logros y esfuerzos de sus pacientes en el transcurso del tratamiento, así como manifestar en todo momento su confianza en las capacidades y recursos de aquéllos.

Otro aspecto relevante en la metodología es la actitud directiva del terapeuta. Cuando un niño víctima de malos tratos sufre las consecuencias de los trastornos del apego ya descritos, y particularmente del apego desorganizado, el terapeuta ha de trabajar con un enfoque directivo. Los niños malinterpretan o confunden la no directividad con la permisividad lo cual les lleva a intentar controlar la relación con el terapeuta y a usar la hora de terapia como medio para evitar las frustraciones, aumentando así sus destrezas manipuladoras, pero sobre todo como modo de evitar una experiencia afectiva mutuamente gratificante. Varios clínicos sugieren adoptar en estos casos una posición directiva en la relación terapéutica (James, B., 1989, 1994; Jernberg, A., 1979; Hughes, D., 1997). En nuestro programa, concretamente, utilizamos el concepto de *semidirectivo* para promover una comunicación auténtica donde el terapeuta muestre una directividad mayor frente a conductas inapropiadas. No es lo que los niños desean, pero sí lo que necesitan.

La relación terapéutica

Una de las consecuencias más graves de los maltratos intrafamiliares e institucionales en los niños y niñas es la incapacidad para apegarse a los adultos y relacionarse sanamente consigo mismos y los demás. Por ello, uno de los desafíos principales para los psicoterapeutas es ofrecer a los niños y niñas experiencias relacionales alternativas, basadas en una vinculación de respeto fundamental, de autenticidad y de empatía que facilite la emergencia de experiencias de apego seguro en el niño o el adolescente. En otras palabras, la relación terapéutica debería contar siempre con los siguientes ingredientes:

– *Amor*. El apego seguro es sinónimo de amor, es decir, la habilidad de sentir un cuidado especial y genuino y un compromiso real con otro ser humano. Los niños con trastornos de apego generalmente son incapaces de experimentar y demostrar amor hacia ellos mismos y hacia otros debido a la inexistencia de una relación temprana de apego necesaria para crear ese sentimiento. Nuestro modelo terapéutico provee un contexto relacional, basado en el cariño y el compromiso por el niño. Una relación humana basada en el amor, en el respeto, en el interés por el otro, puede convertirse para un niño víctima de malos tratos en un factor resiliente fundamental para su vida. Sólo cuando un niño o niña se da cuenta de que es verdaderamente importante para alguien, puede mostrar signos de resiliencia y optar por una vida sana y constructiva.
– *Estructura*. Esta relación cálida o «nutritiva» no debe dejar de ser, fundamentalmente, estructurante. A esto nos referimos cuando hablamos de un rol más directivo del terapeuta. Una estructura estable de-

be ser consistente y predecible, de modo que permita al niño o a la niña sentirse tranquilo, seguro, protegido y confiado. Ofrecer un ambiente terapéutico con estas características ayuda a contrarrestar el mundo desorganizado, impredecible y violento que han vivido crónicamente a lo largo de su infancia. Esta relación estructurada también debe ser lo suficientemente flexible para adaptarse a las necesidades de desarrollo del niño o de la niña. Es fundamental ser firmes y consistentes cuando el niño o la niña, con sus comportamientos o actitudes, puedan provocar la tendencia al rechazo o a ser furiosos o abusivos con ellos. El mensaje es: «*Yo te ayudaré a sentirse seguro y protegido. Recibirás de mí respeto y aceptación fundamental, pero también te haré saber que no permitiré que controles nuestra relación, ni el espacio terapéutico de modo destructivo*». Esta actitud del terapeuta modela y enseña al niño o niña otras maneras de manejar las emociones y, por lo tanto, de relacionarse (James, B., 1989). La estructura conforma parte de la relación entre el terapeuta y el niño. También está presente en el espacio terapéutico de formas variadas; por ejemplo, en el horario y el día de la sesión, en la estabilidad del orden y de los objetos de la sala, en la carpeta que contiene los trabajos del niño, en los rituales del proceso terapéutico como la primera sesión, la celebración de los logros y esfuerzos, el término de la terapia, etcétera.

— *Sensibilidad*. Las terapeutas deben ser sensibles a las necesidades del niño o la niña, a sus sentimientos y a su modo de relacionarse dentro y fuera del espacio terapéutico. Por ejemplo, es fundamental que se comprenda que la hostilidad de los niños o adolescentes y sus intentos por controlar la relación terapéutica son una estrategia defensiva para protegerse de sus sentimientos reales y de su dolor. En el fondo son síntomas de una vulnerabilidad extrema, de un miedo profundo a no ser amados, a ser rechazados o abandonados o a sufrir daño físico o psicológico.

— *Empatía*. Los terapeutas deben mantenerse proactivos, con signos de empatía, cálidos y cuidadores, pues estas actitudes les impedirán reaccionar negativamente, con hostilidad, distancia o indiferencia, a las provocaciones de los niños. El mensaje terapéutico que debe transmitirse mediante el discurso, los gestos y las conductas es el siguiente: «*Es muy injusto y muy triste todo lo que has vivido, y siento mucho que hayas sido tratado de ese modo; comprendo lo que sientes y me puedo imaginar cuánto dolor hay dentro de ti*».

– *Apoyo.* También se debe proveer a los niños y adolescentes de un sostén, es decir, de una especie de bastón psicológico donde apoyarse mientras las heridas se reparan. Las respuestas de apoyo deben ser adaptadas a las necesidades y capacidades del niño o niña en particular. Por ejemplo, durante la fase inicial del tratamiento los terapeutas deben implicarse y participar activamente en la relación, además de ofrecer un abanico de herramientas y técnicas para que el niño o la niña puedan comunicarse y expresarse.

Proceso del trabajo terapéutico

Cuando un niño, una niña o un adolescente son derivados al programa terapéutico, realizamos los siguientes pasos:

a) *Análisis del contenido y del contexto de la demanda.* La idea de derivar a un niño o a una niña al programa terapéutico puede provenir del director o de la directora del centro de acogida, de los padres acogedores, de los educadores del centro, de un equipo de atención primaria o de otros profesionales que quieren hacer algo para ayudar. La mayoría de las veces la demanda no emerge espontáneamente de los niños, sino que lo frecuente es que provenga de un adulto que cree que la terapia resolverá los problemas que los niños presentan y que les crean dificultades. Además de dar una connotación positiva al hecho de apoyar a los niños, siempre debe establecerse un espacio donde éstos expresen su estado de ánimo y su opinión al respecto, donde reflexionen con el apoyo del profesional y del terapeuta sobre las ventajas y los riesgos de iniciar un tratamiento terapéutico. Esto constituye una forma ritualizada de permitir la participación activa del niño en el proceso desde el inicio. En nuestra experiencia, algunas veces la demanda provino directamente del niño o de la niña. Lo más común es que la motivación se haya producido en el marco de conversaciones cotidianas con otros niños y adolescentes que se benefician del programa.

Por nuestra parte, después de clarificar el contenido y el contexto de la demanda, aceptaremos que el niño o la niña entren en el programa de acuerdo con nuestras disponibilidades. Cuando existen limitaciones fijamos prioridades en función de las características de los malos tratos sufridos, las manifestaciones del daño, la ausencia de otros recursos terapéuticos, la cronicidad de su situación antes del ingreso o la situación de crisis actual.

La única contraindicación absoluta se produce cuando nos parece que los niños no están suficientemente protegidos.

b) *Fase de recopilación de información.* Un tratamiento eficaz y coherente, es decir, que no agrave la situación de las víctimas, depende de una «evaluación comprensiva» de la historia de vida del niño o de la niña y de su situación actual. Para ello es fundamental conocer los informes sobre su historia personal, familiar, y las intervenciones realizadas. Se trata de estudiarlos con detalle para contar con la información necesaria y establecer, junto con otros elementos, los ejes singulares del tratamiento. Esto es fundamental para comunicar al niño y a la niña nuestro interés por su historia y sus circunstancias actuales.

Al respecto, y como testimonio de lo que vive un niño cuando este procedimiento se realiza, expondremos la experiencia de Griselda, una adolescente de 14 años que pudo convencerse del interés y afecto que otros pusieron en ella:

La madre de Griselda es una de las tantas mujeres que llegó a Europa desde otro continente con la ilusión de ofrecer una vida mejor a sus hijos. En este caso vino con dos hijas de 8 y 6 años. La situación de esta familia se deterioró rápidamente. La madre no tenía papeles de residencia y sí muy pocas posibilidades de conseguir un trabajo. Un hombre con el que vivió un tiempo la maltrató y la obligó a prostituirse. En este marco, Griselda, la menor, y su hermana ingresaron en un centro de acogida de urgencia. A los pocos días la niña reveló los abusos sexuales del agresor de su madre. Cuando la derivan a nuestro programa, la psicoterapeuta estudia los informes y se entrevista con los profesionales que conocen a la niña: pediatra, profesores, animadores de un taller de tiempo libre. Con esta información acoge a Griselda en la sala de psicoterapia. Su empatía nace del conocimiento de la historia de la niña, que siente el interés y la comprensión hacia ella y sus difíciles circunstancias. Griselda, a pesar de sus dificultades, se vincula con la terapeuta y se esfuerza en superar los problemas para encontrar un sentido positivo a la separación de su madre. Después de diez meses, Griselda pasa a un centro residencial, gestionado por otra asociación. Desgraciadamente para Griselda existe un viejo conflicto entre los dos centros. La directora cree que nuestro programa terapéutico depende del primero de ellos y decide retirar a la niña. De nada sirvieron los argumentos técnicos, éticos y humanos para cambiar su decisión; sólo existía un reglamento en el que la directora del centro decidía lo «bueno» para Griselda. Pensaba que lo mejor era ser atendida en el Centro de Salud Mental Público. Es importante recordar que, en efecto, nues-

tro programa no pertenece a la red de salud pública; es una iniciativa social de los autores de este libro para entregar parte de su tiempo a la reparación del daño provocado por la violencia de los adultos. La atención es gratuita, aunque sólo podemos atender a 25 niños y niñas.

En el caso de Griselda, nuestra petición de que la encargada de la Dirección de la Infancia interviniera tampoco dio resultado. Se refugió en el reglamento administrativo, que afirma que «los niños de ese centro deben ser atendidos por el Servicio Público que les corresponde de acuerdo a la ubicación territorial del centro», tal como respondió en una de sus cartas. Después de haber realizado un ritual de despedida con Griselda y de ofrecerle nuestra disposición y la información de utilidad a la futura terapeuta, tuvimos que aceptar con impotencia este abuso de poder que confirma lo que a menudo planteamos: para proteger realmente a los niños y niñas hay que crear una instancia que los proteja de los protectores y protectoras.

Siete meses más tarde recibimos una llamada telefónica de Griselda. Nos dijo que hacía esfuerzos para salir adelante, pero que se sentía sola, que echaba de menos el apoyo de antes. Además, nos pidió que le diéramos noticias de sus amigas, las que iban con ella a terapia, que la ayudáramos a contactar con una de sus amigas de su centro antiguo, pues allí no dejaban que tuviera contacto con nadie. Cuando le preguntamos cómo le iba en su terapia, Griselda nos respondió: «Ya no voy más; la psicóloga me veía sólo una vez al mes y no sabía nada de mí. Me pedía que le hablara, pero la mayoría de las veces no sabía qué decir. Cuando decía algo, me explicaba cosas que yo no entendía. Una vez me pidió que dibujara a mi familia. Yo no quería hacerlo, pero insistió tanto que hice cualquier cosa para que me dejara tranquila. Otra vez quiso que dibujara un árbol. Dibujé uno, pero no supe para qué había que hacerlo. ¿Tú sabes? Me gustaría ir allá, conversar contigo me hacía tanto bien. Es que tú me conocías. Siempre había algo diferente que hacer en la sala. Recuerdo las historias que inventábamos en esa caja con arena». Le agradecimos la llamada y le dijimos que demostraba, una vez más, que teníamos razón al quererla y confiar en ella. Era capaz de recibir y de dar. Le manifestamos nuestra solidaridad y le transmitimos apoyo. Quedamos en que podía llamarnos cuando quisiera. Griselda continúa llamándonos y nosotros esperando sus llamadas.

c) *La convocatoria de la red de profesionales.* Aunque no siempre es posible, convocar una reunión con los profesionales que conocen o han conocido al niño, niña o adolescente puede ser útil, pues nos permitirá contactar con los profesionales de la red en torno al caso y consolidar un trabajo en equipo, además de compartir las visiones sobre la situación del niño y nuestra metodología de trabajo. Esta primera mirada indirecta al pasado y al presente del niño nos ayudará a acercarnos de manera comprensiva, con empatía, al encuentro.

d) *El rito de la derivación.* La primera sesión en presencia de la niña o del niño conforma un paso importante en el proceso terapéutico, pues constituye «un rito de pasaje»: el referente presenta al niño al terapeuta, ritualizando el comienzo de un arduo trabajo en el que todos harán esfuerzos, sobre todo el niño, para contribuir a su resiliencia. Por ejemplo, en presencia de su educador referente o de los padres acogedores y, por supuesto, del niño, niña o adolescente y el terapeuta, quien debe dejar claro cuatro puntos: quién es, por qué y a qué se viene a terapia, y qué se hace en ella. El niño o la niña tienen aquí la oportunidad de expresar lo que piensan o sienten en relación con la idea de trabajar sobre su vida, su historia y sus dificultades en la terapia. Siempre tienen algo que decir, pero necesitan una oportunidad para que se les escuche con respeto y seriedad. Eso no significa que siempre estemos de acuerdo con lo que desean, digan o hagan. Debemos tener presente que la calidez, la autenticidad, la firmeza, la empatía y la seguridad son factores importantes para despertar la confianza en un niño o una niña heridos en sus relaciones con los adultos. Este primer encuentro deja muchas veces huellas imborrables en ellos, sobre todo cuando se sienten escuchados y reconocidos en su sufrimiento.

e) *Fase de valoración.* Esta fase, que dura alrededor de cinco o seis sesiones, nos permitirá valorar la actitud y la aptitud terapéutica del niño. La actitud terapéutica corresponde a la manera en que el niño reacciona y se comporta ante al hecho de participar en una terapia. Por otra parte, la aptitud terapéutica se refiere a la capacidad del niño o de la niña para aprovechar el espacio terapéutico para la comunicación y el cambio. Se evalúan, además, los recursos resilientes y las dificultades, el nivel de desarrollo evolutivo en las distintas áreas física, emocional, conductual y cognitiva, así como el estilo de comunicación y de vinculación. Todos estos aspectos nos ayudarán a conocer con profundidad el contenido y la gravedad del daño como consecuencia de los malos tratos. Aunque la valoración es un proceso permanente, la información específica que se obtiene en las primeras seis sesiones nos permite estructurar el plan de tratamiento, es decir, fijar la frecuencia de las sesiones, planificar con la niña o el niño las metas y tareas para cada problema enunciado conjuntamente y revisar los objetivos en presencia de su referente.

f) *Fase de tratamiento.* Si bien las sesiones son individuales y transcurren en un tiempo y espacio estructurado, pueden agregarse sesiones de trabajo en grupo para tratar temas que incumben a un número determinado de niños, como por ejemplo las consecuencias de los abusos sexuales. Las sesiones con los hermanos y hermanas son una herramienta útil en el trabajo de las rivalidades, los secretos y la manipulación de los adultos de la familia. El objetivo es que la fratría se transforme en una fuente de apoyo social para los hermanos y hermanas.

Las sesiones con lo que en nuestro modelo llamamos el referente son de suma importancia. Como hemos mencionado anteriormente, la figura del referente del niño o la niña es el adulto, ya sea el educador o el padre o madre acogedores que le cuida, protege, educa y socializa en su vida cotidiana. Se espera que al niño lo acompañe la misma figura del referente durante el proceso terapéutico. Es fundamental ayudar al niño o niña a que comprendan este proceso terapéutico como un trabajo con objetivos realistas y claros, planificados y revisados cada dos o tres meses con el niño y el referente.

El proceso terapéutico tiene un inicio y un final ritualizado. Un buen modo de ilustrar este proceso y hacerlo comprensible para los niños es utilizar la metáfora de «la escalera», esto es, una serie de peldaños dibujados diagonalmente. El niño sabe así que en la medida en que hace logros y esfuerzos puede llegar a la meta.

g) *Fase de finalización.* Cuando se han cumplido los objetivos propuestos al principio del proceso psicoterapéutico, podemos plantear la finalización de la terapia. Como durante el tratamiento, inevitablemente, surgen otros objetivos y tareas a lograr, ya sea por cambios contextuales o por el modo en que el niño o la niña reaccionan a la terapia, es importante hacer con el niño y su referente revisiones regulares acerca de los objetivos. También es fundamental que la finalización del tratamiento sea

En nuestro programa terapéutico, la subida por la escalera simboliza también el trabajo perseverante y comprometido de algunos adultos que se ponen de acuerdo para acompañar a un niño o niña en su lucha por lograr su bienestar. En el caso del niño o niña, es una manifestación de sus fuerzas resilientes, las cuales, con el apoyo social y afectivo de otros, le permiten reparar el daño y seguir creciendo constructivamente pese a lo vivido.

consensuada por el equipo terapéutico (referente, psicoterapeuta y psiquiatra) y el niño. Además, a este último se le debe preparar uno o dos meses antes de que la terapia finalice, puesto que muchos niños han vivido situaciones de pérdida y la relación terapéutica puede vivirse como tal. En el ritual de finalización de la terapia el niño recibe del terapeuta y de su referente el reconocimiento a través de un diploma en donde se especifica el gran progreso realizado y su continuo entusiasmo por crecer como persona, dando lo mejor de sí mismo a pesar de las duras y tristes experiencias que le tocó vivir.

Una vez finalizado el tratamiento, el niño o la niña pueden mantener un contacto con nuestro programa hasta que lo estimen conveniente. Nuestra metodología es ofrecer una psicoterapia de puertas abiertas. Ello radica en que, al igual que las fracturas óseas que pueden volver a doler por accidentes o sencillamente por un cambio climático, las heridas psíquicas provocadas por los malos tratos pueden reaparecer. Además, si bien es cierto que los eventos o procesos traumáticos vividos en el pasado tendrán un significado distinto en la medida que el niño o la niña maduran, el dolor puede reaparecer en momentos de crisis, de fracasos y de pérdidas. En ocasiones, la reminiscencia de los momentos traumáticos de la infancia puede opacar momentos felices como un enamoramiento o la paternidad. Por esto es importante saber que los traumas provocados por los malos tratos pueden prevenirse. Pero una vez que se han producido, sólo pueden curarse; no sanarse. Ello dependerá de que seamos capaces de ofrecer tratamientos adecuados y coherentes. Lo que cada ser humano hace de sus heridas curadas depende de ese fenómeno maravilloso que hoy llamamos resiliencia y que nos permite afirmar, junto a Boris Cyrulnik, que «una infancia infeliz no determina la vida». Nosotros creemos que esto es posible, pero agregamos: siempre y cuando los adultos humanos tengan la valentía de reconocer el daño que hacen a sus hijos y hagan todo lo necesario para reparar ese daño y ofrecer los recursos para el desarrollo de las competencias parentales de las familias.

Bibliografía

ACARÍN, N., *El cerebro del rey*, RBA Libros, Barcelona, 2001.

AINSWORTH, M. (1978), *Patterns of attachment*. Citado en: Solomon y George, *Attachment desorganization*, Guilford Press, Nueva York, 1999.

AMAR, J. J., «Pobreza, resiliencia y aprendizaje infantil», Universidad del Norte, Barranquilla, 2003.

ARÓN, A. M., *Violencia en la familia*, Galdoc, Santiago de Chile, 2002.

— y MILICIC, N., *Clima social escolar y desarrollo personal. Un programa de mejoramiento*, Andrés Bello, Santiago de Chile, 1999.

BALEGNO, L. y COLMENARES, M. E., «La resiliencia del niño de la calle. Una gran ciudad: Cali; una pilluela: Mar». En: Manciaux, Michel (comp.), *La resiliencia : resistir y rehacerse*, Gedisa, Barcelona, 2003.

BANDURA, A., *Aprendizaje social*, Espasa-Calpe, Madrid, 1982.

BARAHAL, R., WATERMAN, J. y MARTIN, H. (1981), *The social. Cognitive development of abused children*. Citado en: Pearce, J. y Pezzot-Pearce, T., *Psychotherapy of abused and neglect children*, Gilford Press, Nueva York, 1997.

BARUDY, J., «Las brigadas de Liberación Obrera. Guía para la Organización de la Lucha Antialcohólica», en *Medicina*, vol. 1-2, Chile, 1972.

— «Le Collectif Latino-américain de travail psycho-social: facteurs psychosociaux et santé », en *Editions de l'Université Libre de Bruxelles*, Bruselas, 1978.

— « Nuevos caminos de la lucha contra el alcoholismo », en *Medicina*, vol. 1-1, Chile, 1971.

— *El dolor invisible de la infancia: una lectura ecosistémica del maltrato infantil*, Paidós, Barcelona, 1998.

— Discurso en ocasión del Premio Houtman 2002, Bruselas.

— *Maltrato infantil. Ecología social: prevención y reparación*, Galdoc, Santiago de Chile, 2000.

— , MARQUEBREUCQ, A. P. y CRAPPE, J.Y., «La parentelité bientraitante et responsable dans des familles victimes de la guerre, de répressions politiques et de génocidies, venues chercher refuge en Belgique», *Fonds Herman Houtman*, ONE, 2000.

— , MARQUEBREUCQ, A.P. y CRAPPE, J.Y., «Reencontre d'un destin, destin d'un reencontre», en *Thérapie Familiale*, vol. 22, n.° 2, págs. 169-186, 2001.

— y MARQUEBREUCQ, A.P., *Les enfants des mères résilientes. La marentalité bientraitante dans des situations extrêmes: violence de genre, guerres, génocides, persécutions et exil*, Éditions Solal, Marsella, 2005.

— y MARQUEBREUCQ, A. P., «Soutenir la bientraitante des familles fragilisées par la guerre, la répression politique et les génocidies, venues chercher refuge en Belgique», *Fonds Herman Houtman*, ONE, 2002.

— y DANTAGNAN, M., *Guía de valoración de competencias parentales*, IFIVF, Barcelona, 1999.

BATESON, G., *Vers une écologie de l'esprit*, Seuil, París, 1977.

BELSKY, J. y NEZWORSKY, T. (eds.), *Clinical implications of attachment*, Hillsdale Nj: Lawrence Erlbaum Associates, 1988.

BENTOVIM, A., *Sistemas organizados por traumas: el abuso físico y sexual en las familias*, Paidós, México, 2000.

BERGER, M., *L'echec de la protection de l'enfance*, Dunod, París, 2003.

— *El niño hiperactivo y con trastornos de atención: un enfoque clínico y terapéutico*, Síntesis, Madrid, 1999.

— *L'enfant instable: diagnostic et price en charge de la pathologie du mouvement*, Col. « Enfances », 1999.

— « Les séparations parents-enfant à but thérapeutique », Dunod, París, 1992.

— y LUCKMAN, T., *La construcción social de la realidad*, Amorrortu, Argentina, 1986.

BONNIER, C., NASSOGNE, M. C. y EURARD, P., « Outcome and prognosis of whiplash shakeninfant syndrome, late consequences after a symptom-free interval, en *Review Developmental Medicine and Child Neurology*, 37, 1995.

BOSZORMENGY-NAGY, I., *Lealtades invisibles. Reciprocidad en terapia familiar intergeneracional*, Amorrortu, Buenos Aires, 1994.

BOWLBY, J., *Attachment and Loss*, vol. III: *Loss, Sadness and Depression*, Hogarth Press, Londres, 1980.

— *Attachment and Loss*, vol. II: *Separation: Anxiey and anger*, Nueva York, Basic Books, 1973.

— *Cuidado maternal y amor*, Fondo de Cultura Económica, México, 1972.

— *A segure base: parent-child attachment and healthy human development*, Basic Books, Nueva York, 1988.

— *Comité et discontinuité: vulnerabilité et resilience*, Devenir, París, 1992.

BRANDON, M., HIGINGS, D. y HOWE, D., *Attachment, child treatment and family support: a practice and assessment model*, Lawrence Erlbaum Associates, Nueva York, 1999.

BRAZELTON, T. B. y CRAMER, B. G., *La relación más temprana: padres, bebés y el drama del apego inicial*, Paidós, Barcelona, 1990.

BRETHERTON y WATERS, E. (eds.), *Growing points of attachment theory and research*, Monographs of The Society for Research in Child Development, 50, (1-2), 1985.

BRIERE, J., (1992), *Child abuse trauma: theory and treatment and healthy human development*, Nueva York, Basic Books. Citado en: APSAC Handbooks on Child Maltreatment, 2.ª ed., Newbury Park, CA Sage Publications, 2002.

BRONFENBRENNER, U., *La ecología del desarrollo humano*, Paidós, Barcelona, 2002.

BUDD, K. y MICHELLE, J., «Issues in clinical assessment of minimal parentig competence», en *Journal of Clinical Child Psychology*, vol. 25, 1, 1996.

BURNS, R.B., *El autoconcepto*, Bilbao, Ediciones Ega, 1990.

CANNON, W. B., *The wisdom of the body*, Norton, Nueva York, 1932.

CARLSON, V., CICHETTI, D. y BRAUNWALD, K., «Disoriented/disorganized attachment relationships in maltreated infants», *Developmental Pyschology*, 25, 1989.

CARTER, C. S., «Neuroendocrine perspectiva on social attachment and love», en *Psychoneuroendocrinology*, 23, 1998.

CASSIDY, J., «Child-mother attachment and the self in six-year-olds », en *Child Development*, 59, 1988.

— y MARVIN, R. (1990/1992), *Attachment organization in preschool childrel*, Coding Guidelines. Citado en: *Attachment disorganization*, Guilford Press, Nueva York, 1999.

— y BERLIN, L., « The insecure/ambivalent pattern of attachment : Theory and Research, en *Child Development*, 65, 1994.

— y KOBAK, R., «Avoindance and its relation to other defensive proceses». Citado en: Belsky, J. y Nezworski, T. (eds.), *Clinical implications of attachmenttheory*, Hillsdale, NJ: Erlbaum, 1988.

CIRILLO, S. y DI BLASIO, P., *La famille maltraitante*, ESF, París, 1992.

COOPERSMITH, S., *The adolescents of self-esteem*, San Francisco, 1967.

CORSI, J. et al., *Violencia masculina en la pareja: una aproximación al diagnóstico y a los modelos de intervención*, Paidós, SAICF, Argentina, 1995.

CRITTENDEN, P., «Attachment and psychopathology». En: Goldberg, S., Muir, R. y Kerr, J. (eds.), *Attachment Theory: Social, Development and Clinical Perspectives*, Hillsdale, NJ: Analytic Press, 1995.

— «Quality of attachment in the preschool years», en *Development and Psychopathologie*, 4, 1992.

— «Social networks, quality of parentig, and child development», en *Child Development*, 56, 1985.

— «Treatment of anxious attachment in infancy and early childhood», en *Development and Psychopathologie*, 4, 1992.

— «Patterns of attachment and sexual behavior: risk of disfunction versus opportunity for creation integration». En: Atkinson, L. y Zucker, K. (eds.), *Attachment and Psychopathology*, Nueva York, Guilford Press, 1997.

CYRULNIK, B., *Los patitos feos. La resiliencia: una infancia infeliz no determina la vida*, Gedisa, Barcelona, 2001.

— *El murmullo de los fantasmas: volver a la vida después de un trauma*, Gedisa, Barcelona, 2003.

— *Los alimentos afectivos*, Nueva Visión, Buenos Aires, 1994.

248

— *Sous le signe du lien*, Hachette, París, 1989. [Trad. cast. (en prensa): *Bajo el signo del vínculo*, Gedisa, Barcelona, 2005.]

DANTAGNAN, M., CUETO, J. y BARRERA, E., *El autoconcepto en niños de 5 y 6 años en desventaja socioeconómica*, Universidad del Norte, Barranquilla, 1993.

DAVIS, N., *Once upon a time... Therapeutic Stories that Teach & Heal...*, 1996

DELANEY y KUNSTAL, F., *Trouble Trasplants*, Wood'n'Barne Publishing, Oklahoma, 1997.

EGELAND, B. y SROUFE, L., «Attachment an early maltreatment, en *Child Development*, 52, 1981.

FINKELHOR, D. y BROWNE, A. «The traumatic impact of child sexual abuse: a conceptualisation», en *American Journal of Orthopsyquiatry*, 55, 1985.

FONAGY, P. et al., «Attacment, the reflexive self, and bordeline states: The predictive specifity of the Adult Attachment Interview and pathological emotional development». Citado en: Goldberg, Muir, R. y Kerr, J. (eds.), *Attachment theory: Social development and clinical perspectives*, Analytic Press, Nueva York, 1995.

FREUD, S., *Dora, cinq psychoanalyses*, P.U.F., París, 1954.

FRIEDRICH, W., *Psychotherapy of sexuality abused children and their families*, W. Norton Ed., Nueva York, 1990.

FROMM, E., *El arte de amar*, Paidós, Barcelona, 1987.

GARBARINO, J., DUBROW, N., KOSTELNY, K. y PARDO, C., *Children in Danger: coping with consequences of community y violence*, San Francisco, CA, Josey-Ban Inc. Publishers, 1992.

GARMEZY, N., «Children in poverty: resilience the spite risk», en *Psychiatric Interpersonal and Biological Processes*, 56 (1), 1993.

GEARY, D. C., «Evolution and development sex differences», en *Current Directions in Psychological Science*, 8, 1999.

GEORGE, C. y SOLOMON, J., «Representational models of relationships: links between caregiving and attachment», en *Infant Mental Health Journal*, 17 (3), 1996.

GIL, E., *The healing power of play: working with abused children*, Guilford Press, Nueva York, 1991.

GOFFMAN, E., *Internados: ensayos sobre la situación social de los enfermos mentales*, Amorrortu, Buenos Aires, 1970.

GOLDBERG, S., «Attachment and chidhood behavior problems in normal, at-risk, and clinical samples». En: ATKINSON, L. y ZUCKER, K. (eds.), *Attachment and Psychopathology*, Nueva York, Guilford Press, 1997.

GOLEMAN, D., *Inteligencia emocional*, Kairós, Barcelona, 1996.

GOODYER, I. M., «Risk and resilience in childhood and adolescents», en *Bengt Lindstiöm niek spencer social paediatrics*, Osford University Press, Londres, 1995.

GREENBERG, M. T., SPELTZ, M. L. DeKLYEN, M. y ENDRIGA, M., «Attachment security in preschoolers with and without externalizing behavior problems: a replication», en *Development and Psychopathology*, 3, 1991.

GUÉDENEY, A., «Les déterminats précoces de la résilience ». En : *Ces enfants qui tiennent le coup*, Hommes et perspectives, Revigny-sur-Ornain, 1998.

JAMES, B., *Treating traumatized children: new insights and reactive interventions*, The Free Press Ed., Nueva York, 1989.

KECK, G. y KUPECKY, R., *Adopting the Hurt Child*, Colorado Springs, CO: Piñon Press, 1995.

KREISLER, L., *La resilience mise en spirale*, Spiralel, 1996.

LACAN, J., *Eventos 1 y 2*, Nueva Visión, Argentina, 1975.

LAING, R. D., *El yo dividido*, Fondo de Cultura Económica, España, 1964.

LE DOUX, J., *The Emotional Brain*, Londres, Weidenfeld y Nicolson, 1998.

LEVY, T. y ORLANS, M., *Attachment, Trauma, and Healing : understanding treating attachment disorder in children and families*, CWLA Press, Washington, 1998.

LIEBERMAN, F. y PAWL, J., «Clinical applications of attachment theory». En: Belsky, J. y Nezworski, T. (eds.), *Clinical Implications of Attachment*, Hillsdale, NJ: Lawrence Erlbaum, 1988.

LÓPEZ, F., *Prevención de abusos sexuales*, Ministerio de Asuntos Sociales, Madrid, 1995.

LÓPEZ, F., «El apego a lo largo del ciclo vital». En: Ortiz Barón, J. y Yarnoz Yaben, S., *Teoría del apego y relaciones afectivas*, Universidad del País Vasco, Bilbao, 1993.

LUTKENHAUS, P., GROSSMANN, K. E. y GROSSMAN, K., «Infant-mother attachment at 12 months and style of interaction with a stranger at the age of 3 years, en *Child development*, 56, 1985.

LYONS-RUTH, K. y BLOCK, D., «The disturbed caregiving system: relations among chilhood trauma, maternal caregiving, and infant affect and attachment», en *Infant Mental Health Journal*, 17, 1996.

— , CONNELL, D., GRUNEBAU, H. y BOTEIN, S., « Infants at social risk : maternal depression and family support services as mediators of infant development and security of attachment », en *Child development*, 61, 1990

—, CONNELL, D., ZOHL, D. y STAHL, « Infants at social risk : relations among infant maltreatment, maternal behavior, and infant attachment behavior, en *Development Psychology*, 23, 1987.

MAIER, H., *Tres teorías sobre el desarrollo del niño: Erikson, Piaget y Sears*, Amorrortu, Buenos Aires, 1984.

MAIN, M., «Recent studies in attachment: overview, with selected implications for clinical work». Citado en: Goldberg, S., *Attachment Theory: Social, Development and Clinical Perspectives*, Hillside, NJ: Analytic Prss, 1995.

— «Introduction to the special section on attachment and psychopathology: 2. Overview of the field of attachment», en *Journal of Consulting and Clinical Psychology*, 64 (2), 1996.

— y CASSIDY, J. (1988), «Categories of response to reunion with parent at age six: predicted from infant attachment classifications an stable over a one-month period», en *Development Psychology*, 24. Citado en: Solomon y George, *Attachment Desorganization*, Guilford Press, Nueva York, 1999.

— y SOLOMON, J. (1986), «Procedures for identifying infants as disorganized/disorientated durin the Ainsworth strange situation». Citado en: Greenberg, M., Cicchetti, D. y Cummings, M. (eds.), *Attachment in the Preschool Years*, Chicago, University of Chicago Press, 1990.

—, KAPLAN, N. Y CASSIDY, J. *Security in infancy, childhood and adulthood: a move to the level of representation*. Citado en: Bretherton y Waters, E. (eds.), *Growing points of attachment theory and research*, Monographs of the Society for Research in Child development, 50 (1-2), 1985.

— y WESTON, D. R. «Avoidance of the attachment figure in infancy: descriptions and interpretations». En: Parker, C. M. y Stevenson-Hinde (eds.), *The place of attachment in human behavior*, Nueva York, basic Books, 1982.

MANCIAUX, M., VANISTENDAEL, S., LECOMTE, J. y CYRULNIK, B., «La resiliencia: estado de la cuestión». En: *La resiliencia: resistir y rehacerse*, Gedisa, Barcelona, 2003.

MATURANA, H., *Emociones y lenguaje en educación política*, Hachette/Comunicación, Santiago de Chile, 1990.

— y VARELA, F., *El árbol del conocimiento*, Universitaria, Santiago de Chile, 1984.

MAYSELESS, O., «Attachment patterns and their outcomes», en *Human Development*, 36, 1996.

MCKRONE, E., EGELAND, B. KALKOSKE, M. y CARLSON, E. A., «Relations between early maltreatment and mental representations of relationships assessed with projective storytelling in middle childhood», en *Development and Psychopathology*, 6, 1994.

MILAN, A.M. En una comunicación verbal, 2003.

O'CONNOR, J., *Manual de terapia de juego: avances e innovaciones*, vol. 2, Manual Moderno, México, 1997.

ORTIZ, M.ª J. y YARNOZ, S., *Teoría del apego y relaciones afectivas*, Universidad del País Vasco, 1993.

PANKSEEP, J., *Affective neuroscience*, Oxford University Press, Londres, 1998.

PEARCE, J., PEZZOT-PEARCE, T., *Psychotherapy of abused and neglect children*, Gilford Press, NuevaYork, 1997.

POURTOIS, J. H. y DESMET, H., *L'education postmoderne*, P.U.F., París, 1997.

RANDEL, A., WILBURG y S. STEVENSON, R., «Síndrome de Münchhausen por poders en serie», en *Pediatrics* (edic. española), vol. 30, n.º 4, 2002.

— y COL, *Síndrome de Münchhausen por poderes en serie*, Department of Pediatrics and Radiology, Universidad de Iowa y Virginia Health Sciences Center, Virginia, Estados Unidos, 1990.

RODRÍGUEZ, C. Y AGUILAR, M. L., «Aplicabilidad de la resiliencia en los programas sociales: experiencia en Latinoamérica». En: Manciaux, Michel (comp.): *La resiliencia : resistir y rehacerse*, Gedisa, Barcelona, 2003.

ROGERS, C., *El proceso de convertirse en persona*, Paidós, Argentina, 1961.

ROSENBERG, D., «The quality and content of preschool fantasy play». Citado en: Main, M. (1995), 1984.

RUTTER, M., «Resilience: some conceptual considerations», en *Journal of Adolescent Health,* 14, n.º 8, 1993.

SELYE, H., *The stress of life*, McGraw-Hill, Nueva York, 1956.

SGROL, S., *Handbook of clinical intervention in child sexual abuse*, Lexington, MA: Lexington Books, 1982.

SOLOMON y GEORGE, C., *Attachment disorganization*, Guilford Press, Nueva York, 1999.

SPITZ, R., *El primer año de la vida del niño*, Fondo de Cultura Económica, México, 1977.

STERN, D., *La constelación maternal: la psicoterapia en las relaciones entre padres e hijos*, Paidós, Barcelona, 1997.

— *El mundo interpersonal del infante: una perspectiva desde el psicoanálisis y la psicología evolutiva*, Paidós SAICF, 1991.

STIERLIN, H. et al., *Terapia de familia*, Gedisa, Barcelona, 1981.

TAMAIA (Associació de Dones contra la Violència Familiar), *Memoria*, TAMAIA, Barcelona, 2002.

TAYLOR, S. E., *Health Psychology*, McGraw-Hill, Nueva York, 1999.

— *Lazos vitales: de cómo el cuidado y el afecto son esenciales para nuestras vidas*, Taurus, Madrid, 2002.

TOUSIGNANT, M., *Les origines sociales et culturelles des troubles psychologiques*, P.U.F., París, 1995.

UNICEF, Boletín del 2003.

VAN DER KOLK et al., «Exploring the Nature of Traumatic Memory: Combining Clinical Knowledge with Laboratory Methods, en *Journal of Agression, Maltreatment & trauma*, vol. 4, n.º 2, 2001.

VANISTENDAEL, S. y LECOMTE, J., *La felicidad es posible. Despertar en niños maltratados la confianza en sí mismos: construir la resiliencia*, Gedisa, Barcelona, 2000.

VARELA, F., *Ética y acción*, Dolmen,, Santiago de Chile, 1996.

WATZLAWICK, P. et al., *Teoría de la comunicación humana: interacciones, patologías y paradojas*, Herder, Barcelona, 1997.

WERNER, E., *Children of the Garden Island*, Scientific American, 1989.

— «Protective Factors and Individual Resilience», en *Handbook of Early Intervention*, Cambridge University Press, Cambridge, 1986.

— Y SMITH, R. S., *Overcoming the odds: hight risk children from birth to adulthood*, Cornell University Press, Nueva York, 1982.

— y SMITH, R. S., *Vulnerable buy Invencible : a longitudinal study of resilient children and youth*, McGraw-Hill, Nueva York, 1982.

WINNICOTT, D. W., *Deprivación y delincuencia*, Paidós S.A.I.C.F., Buenos Aires, 1984.

ZEANAH, C., «Beyond insecurity: a reconceptualization of attachment disorders of infancy», en *Journal of Consulting and Clinical Psychology*, 64 (1), 1996.